Nuevo orden mundial

Nuevo orden mundial
La reconfiguración del mundo tras las guerras de Ucrania y Oriente Medio

MANUEL HINDS

El papel utilizado para la impresión de este libro ha sido fabricado a partir de madera procedente de bosques y plantaciones gestionadas con los más altos estándares ambientales, garantizando una explotación de los recursos sostenible con el medio ambiente y beneficiosa para las personas.

Nuevo orden mundial
La reconfiguración del mundo tras las guerras de Ucrania y Oriente Medio

Primera edición: julio, 2024
Primera reimpresión: octubre, 2024

D. R. © 2024, Manuel Hinds

D. R. © 2024, derechos de edición mundiales en lengua castellana:
Penguin Random House Grupo Editorial, S. A. de C. V.
Blvd. Miguel de Cervantes Saavedra núm. 301, 1er piso,
colonia Granada, alcaldía Miguel Hidalgo, C. P. 11520,
Ciudad de México

penguinlibros.com

Penguin Random House Grupo Editorial apoya la protección del *copyright*.
El *copyright* estimula la creatividad, defiende la diversidad en el ámbito de las ideas y el conocimiento, promueve la libre expresión y favorece una cultura viva. Gracias por comprar una edición autorizada de este libro y por respetar las leyes del Derecho de Autor y *copyright*. Al hacerlo está respaldando a los autores y permitiendo que PRHGE continúe publicando libros para todos los lectores.

Queda prohibido bajo las sanciones establecidas por las leyes escanear, reproducir total o parcialmente esta obra por cualquier medio o procedimiento así como la distribución de ejemplares mediante alquiler o préstamo público sin previa autorización.
Si necesita fotocopiar o escanear algún fragmento de esta obra diríjase a CemPro (Centro Mexicano de Protección y Fomento de los Derechos de Autor, https://cempro.org.mx).

ISBN: 978-607-384-572-4

Impreso en México – *Printed in Mexico*

*Para Carmen Beatriz, Eleonora, Eva María,
Thomas, Renée, Marco, Natalia, Sebastián y Martin*

Índice

Preámbulo 13

PARTE 1. EL IMPACTO DEL CAMBIO..................... 15
   1. El espíritu de las estepas 19
   2. El nacimiento de los dos órdenes 35
   3. La Revolución Industrial 53

PARTE 2. LAS MENTES UNIDIMENSIONALES............. 59
   4. Las religiones materialistas 63
   5. Nietzsche y la voluntad de poder 79
   6. El pensamiento unidimensional 101

PARTE 3. OSCURIDAD AL MEDIODÍA 113
   7. El nazifascismo 117
   8. La Unión Soviética 137
   9. La sociedad multidimensional......................... 157
   10. La flexibilidad de la democracia liberal 167

PARTE 4. DE LA CONECTIVIDAD A LA INTELIGENCIA
ARTIFICIAL... 193
   11. La economía del conocimiento....................... 197
   12. El orden internacional 219
   13. El cisma en el alma 231

14. Hacia una sociedad unidimensional. 243
15. ¿La hora veinticinco?. 253

Bibliografía 261

Las lámparas se están apagando en toda Europa; no las volveremos a ver encendidas en nuestras vidas.

Sir Edward Grey, ministro de Relaciones Exteriores del Reino Unido, en el anochecer previo al comienzo de la Primera Guerra Mundial.[1]

---

[1] Barbara Tuchman, *The Guns of August*, Bantam Books, Nueva York, 1967, p. 146.

PREÁMBULO

> La civilización es como una fina capa de hielo sobre un profundo océano de caos y oscuridad.
>
> WERNER HERZOG

El orden mundial que heredamos de la Segunda Guerra Mundial se está desintegrando frente a nuestros ojos. La hegemonía mundial de Estados Unidos y Occidente ya no es respetada. Las acciones de sus rivales en la invasión rusa a Ucrania, las amenazas chinas a Taiwán, el apoyo de Irán a Hamás, los ataques a las rutas marítimas internacionales y las continuas amenazas de ataques nucleares por parte de Rusia lo evidencian. Estos tres países, están a la búsqueda de arrebatar la corona de Estados Unidos para sí mismos, o al menos de crear un orden multipolar sin un Estado hegemónico único. Este proceso solo puede terminar con una reafirmación del poder de Estados Unidos dentro de un orden mundial nuevo, o con un orden mundial también nuevo bajo el control de alguien más, porque un orden multipolar no es estable en el largo plazo.

Una situación semejante a principios del siglo XX desencadenó conflictos nacionales e internacionales que duraron más de 30 años y llevaron a revoluciones, guerras civiles, dos guerras mundiales y el Holocausto.

Los conflictos de esa época fueron consecuencias de cambios en los equilibrios de poder causados por las transformaciones económicas, sociales y políticas resultantes de la Revolución Industrial, que cambió al mundo multiplicando el poder del músculo. Ahora estamos viviendo otra revolución tecnológica que está demoliendo el orden mundial al multiplicar el poder de la mente. Un nuevo orden mundial tendrá que salir de este proceso.

Este libro se centra en cómo evitar que regrese a nuestro tiempo la espantosa destructividad desencadenada por la lucha por el poder que acompañó a la Revolución Industrial. Abordo el tema en cuatro partes del libro, cada una de ellas estructurada alrededor de una pregunta.

En la primera parte contesto la primera de estas preguntas: ¿por qué una revolución tecnológica, que en el largo plazo representa el camino a una sociedad más desarrollada y humana que la nuestra, puede causar en el corto plazo conflictos tan graves como los causados por la Revolución Industrial?

En la segunda parte analizo la pregunta: ¿qué tipos de pensamiento hacen que unas sociedades reaccionen a una revolución tecnológica creando un régimen democrático y liberal y que otras reaccionen creando regímenes tiránicos como el comunismo y el nazismo?

En la tercera parte del libro ilustro con la historia de varios países, ahora industrializados, la manera en la que las ideas que daban apoyo al orden de estos países determinaron su reacción destructiva o constructiva a los cambios de la Revolución Industrial.

En la cuarta parte combino las lecciones aprendidas en las primeras tres partes para analizar la revolución tecnológica actual, la que nos ha llevado del mundo industrial, separado en dos grandes pedazos, los países industriales y los no industriales, a un mundo en el que las ideas, las personas y las líneas de producción se han unido en las cadenas mundiales de la sociedad global del conocimiento. El tema de esta última parte es cómo evitar que este nuevo mundo y el Occidente se vean destruidos en la lucha por el poder mundial que se ha desatado en nuestro tiempo.

PARTE 1
EL IMPACTO DEL CAMBIO

"A través del orgullo siempre nos engañamos a nosotros mismos", escribió Jung en su libro *Sincronicidad*. "Pero en el fondo, debajo de la superficie de la conciencia promedio, una voz suave y apacible nos dice: algo está desafinado […] un susurro persistente que nos dice que nos dirigimos a una era de crisis, que nuestro sistema político es impotente para evitarlo y tal vez contribuya activamente a ello".

Matthew Syed[1]

---

[1] Matthew Syed, "Confusing Knowledge with Wisdom is the Blunder that Defines our Age", *The Sunday Times*, 21 de agosto de 2022.

1

El espíritu de las estepas

LAS ESTEPAS

La belleza de las estepas rusas es casi abstracta. Son como sinfonías de líneas rectas que se entrecruzan en ángulos ortogonales. El plano horizontal sin límites es verde, mezclado con la tierra más negra que se pueda imaginar. Las líneas verticales son los abedules, delgados, blancos y salpicados de hojas, que suben erguidos como columnas en un templo de altura infinita.

Aunque sencillas, las estepas no son aburridas. Sutilmente, cambian a través de las estaciones, e incluso a través de los días, creando una sorprendente variedad de efectos de inmensidad. El más inquietante de ellos es el producido por la luz difusa de los días nublados de invierno. En esos días, la luz se refleja en ángulo sobre la nieve y fluye casi uniformemente a través de la atmósfera, dando la misma coloración plateada a todo lo que está a la vista. El horizonte desaparece y uno tiene la impresión de estar dentro de un mundo redondo e infinito donde la vida siempre termina en el mismo lugar, sin importar dónde comenzó, porque todos los lugares se ven iguales.

La belleza de los campos alcanza su apogeo durante el otoño. En esa temporada hay días que empiezan lo más radiantes que pueden ser. Hay una brisa tonificante, un ambiente de vitalidad y alegría en las inmensas extensiones de la estepa. Los abedules bailan con el viento, lanzando cascadas de colores con sus hojas.

Pero luego, a medida que pasa el tiempo, el cielo cambia de color de manera imperceptible y la brisa cambia su carácter. El cielo se vuelve gris y la brisa siniestra. Los árboles siguen bailando con el viento, pero más que proclamar la alegría de la vida parecen gemir de un dolor profundo y permanente. Sutilmente, muy sutilmente, una presencia maléfica enfría el ambiente.

Es en esos momentos que se puede sentir que la tierra se enrojece, que la sangre derramada en las terribles tragedias de Rusia brota de la tierra, creando lagos turbios que no se pueden contener, ni en el pasado ni en la inmensidad de las llanuras. Aquí, en estos campos, bajo el mismo cielo gris y bajo la influencia de este viento maléfico, la gente de este país cometió algunas de las masacres más horribles del siglo y tal vez de la historia. Campesinos como los que hoy caminan hacia la carretera, cargando sus productos para venderlos a los automovilistas que pasan, perseguían y eran perseguidos en una orgía de matanzas y odios. Otros, otros millones, anduvieron en el vagabundeo sin rumbo de los hambrientos, cayendo muertos aquí y allá ante la envidia de los sobrevivientes.

Ciertamente, las estepas deberían haber sido del color de la sangre. De 1932 a 1933, cinco millones de campesinos murieron de hambre ahí, en la Región de la Tierra Negra, justo donde yo escribí estas líneas. Los que ahí habían caído no murieron porque sus cosechas habían fallado. Había mucho grano en sus campos y silos. Perecieron porque resistieron la colectivización de la agricultura, negándose a ser concentrados en las granjas colectivas recién creadas. Los comunistas, queriendo dar el ejemplo de las consecuencias de oponerse a sus decisiones, gravaron en especie prácticamente toda la producción de los campesinos ucranianos. Para hacer cumplir las recaudaciones se apoderaron de las parcelas y no permitieron que los campesinos sacaran granos de sus propiedades para alimentar a sus familias. Los campesinos que intentaron hacer eso durante la noche fueron ejecutados sumariamente. Escuadrones comunistas patrullaban los ríos para evitar la pesca.

Los escuadrones no permitían el ingreso de los campesinos a las ciudades, donde se disponía de alimentos, pero solo para la población urbana, que no estaba involucrada en el conflicto de las granjas colectivas. Buena parte del grano producido por las víctimas se pudrió en las estaciones de ferrocarril, olvidado por el ineficiente sistema de transporte del país. El resto se exportó para obtener las divisas necesarias para la industrialización de la Unión Soviética. Durante ese periodo, los funcionarios del Partido Comunista tenían comedores especiales, donde la comida era abundante y barata. Sin embargo, como un giro final de la perversidad, cuando la hambruna llegó a su clímax a principios de la primavera de 1933, los comunistas dejaron de dar comida a los activistas que habían perseguido a los campesinos y los dejaron morir de hambre también.[1]

Obligar a cinco millones de personas a morir de hambre puede haber sido la manifestación más impactante de la destructividad de los comunistas. Sin embargo, el genocidio soviético fue mucho más allá. La magnitud de las tragedias que tuvieron lugar en el país fue tan asombrosa como el carácter infinito de las estepas. De 1930 a 1935, los comunistas mataron a entre 10 y 15 millones de personas, encarcelaron a muchos millones más en campos de concentración inhumanos y redujeron a toda la población a una abyecta esclavitud. Para estimar el número de muertos, estas cantidades deben agregarse a los nueve millones de personas asesinadas durante el mandato de Lenin de 1917 a 1922, y a muchas más víctimas que perecieron en el Terror estalinista de 1935 a 1940 y posteriormente.

Ahora ninguna de las víctimas hace ruido. Pero el clamor de su sufrimiento es tan permanente como el ir y venir de las estaciones. Al escuchar este clamor silencioso, hay una pregunta que surge en la mente: ¿podrá el espíritu maléfico que causó todos estos daños seguir vagando por los caminos de este mundo?

~

Estas ideas fueron las primeras que puse en orden cuando empecé a escribir este libro en el otoño de 1990 mientras observaba las infinitas estepas de la Región de la Tierra Negra, que se extiende a lo largo de la frontera entre Rusia y Ucrania. Estaba visitando la Unión Soviética como parte de un equipo de economistas que evaluaba su situación económica en nombre de varias instituciones financieras occidentales multilaterales. Esa noche, mientras pasaba mis notas a mi computadora en mi cuarto del hotel en Kursk, ya en el lado ruso, decidí que iba a escribir un libro para contestar esta pregunta.

Esa posibilidad sonaba muy improbable desde la perspectiva de los años noventa. Después de la caída del comunismo pensábamos que el nuevo siglo estaría libre de las luchas ideológicas que plagaron el xx. En todos los países

---

[1] Robert Conquest, *The Harvest of Sorrow. Soviet Collectivization and the Terror-Famine.*

había surgido un consenso de que los mercados y la democracia eran la base de sociedades sanas. La perspectiva de una guerra entre superpotencias parecía haberse desvanecido en el pasado; una "nueva economía" nacida de la combinación de computadoras y telecomunicaciones estaba emergiendo con tal fuerza que millones de personas pensaron que marcaría el fin de las recesiones cíclicas que afligieron a la economía mundial durante siglos. La globalización estaba uniendo al mundo en un feliz conglomerado de personas que se entendían entre sí. Era casi imposible pensar que un sistema tan destructivo como el comunismo pudiera regresar al mundo después de su terrible fracaso en la Unión Soviética y en China, y en todos los lugares en el mundo en los que se había instalado.

En el primer instante pensé que el libro se referiría solo a la Unión Soviética. Era ahí donde el comunismo se había instalado primero y donde se había desarrollado en la vida real. Pero un instante después me di cuenta de que los comunistas no habían sido los únicos que habían derramado sangre en las estepas que me habían inducido al tema. Menos de una década después de la hambruna del campesinado ucraniano, las legiones nazis habían atravesado las estepas camino hacia el corazón industrial de la Unión Soviética, extendiendo su oscuridad por esos ilimitados horizontes. Eran completamente diferentes de los escuadrones comunistas que habían surgido entre los campesinos rusos para masacrarse unos a otros. Cabalgaban erguidos en enormes tanques y vehículos blindados aparentemente invencibles. Los peores vestían uniformes con el emblema de la calavera y sus huesos cruzados. Sus cañones pusieron en fuga al Ejército Rojo y a los escuadrones del Partido Comunista.

Muchas personas que se encontraron en su camino pensaron que, finalmente, la civilización había llegado a rescatarlos, solo para ser decepcionadas trágicamente. Poco después de su llegada, los alemanes comenzaron su propio genocidio, asesinando, deportando y torturando masivamente. Millones de judíos, gitanos y rusos desaparecieron en espantosos trenes con destino a diabólicos campos de exterminio. Al igual que sus vecinos que habían sido asesinados por los comunistas, ahora otros fueron asesinados por los nazis, víctimas de dos ideologías que se consideraban enemigas entre sí pero que eran gemelas idénticas en su destructividad a sangre fría.

Tres años después, tras terribles derrotas en las profundidades de la Unión Soviética, los nazis regresaron a las estepas de la Tierra Negra en su retirada, combatiendo en Kursk, muy cerca de donde yo estaba, la mayor batalla de tanques de la historia. Cuando los nazis se retiraron, derrotados, los comunistas regresaron, y mataron y deportaron a Siberia a millones de ciudadanos soviéticos que sospecharon que habían colaborado con el enemigo. Aquí, en estas estepas, así como en miles de kilómetros en todas direcciones, en lo más profundo de los infiernos soviético y nazi, los niños de aquellos días nacían a una vida que nunca podrían haber entendido, abriendo los ojos solo para ver que el sol estaba ocultándose en una noche interminable llena de terrores.

Pero las estepas no habían sido el único lugar donde las nuevas ideologías desencadenaron esta terrible destructividad. El comunismo mató a 65 millones de personas en China y 20 millones en la Unión Soviética. También mató a 4 millones en Camboya y Corea del Norte, 1.7 millones en África, 1.5 millones en Afganistán, un millón en cada uno de los estados comunistas de Europa del Este y Vietnam, y 150 000 en América Latina (principalmente en Cuba). En total, el comunismo fue responsable de casi 100 millones de muertes durante el siglo XX. Sumando a estos los 25 millones asesinados en nombre del nazismo, el siglo XX dejó cerca de 125 millones de víctimas fatales de estas ideologías de destrucción.[2]

Al final, la maldad que los nazis y los comunistas desataron contra sus víctimas se volvió contra los perpetradores. La Alemania nazi se destruyó a sí misma en su confrontación suicida con el resto del mundo. Cincuenta años después, mientras yo escribía esto en las estepas, la Unión Soviética se derrumbaba bajo el peso de la esclerosis social que el comunismo había introducido en su sociedad. El país se hundía en el lodo de su pasado sangriento.

¿Podría esto regresar?

Para contestar esta pregunta, era necesario contestar otras primero, principalmente: ¿qué era lo que había causado esta explosión de destructividad surgiendo de dos ideologías que habían nacido casi al mismo tiempo y que, a pesar de decirse enemigas a muerte, impulsaban las dos un regreso al pasado absolutista?

---

[2] Stéphane Courtois *et al.*, *The Black Book of Communism: Crimes, Terror, Repression.*

Las ideologías gemelas

La destructividad nazi y comunista había sido especial en cuatro aspectos. En primer lugar, su magnitud era extraordinaria desde cualquier punto de vista. Hubo que inventar una nueva palabra, *genocidio*, para describir la enormidad de sus crímenes. En segundo lugar, la mayoría de sus víctimas no fueron asesinadas de improviso, sino en esfuerzos sostenidos destinados a eliminar de la faz de la tierra razas o clases sociales enteras. Estos regímenes tenían un enfoque institucional del asesinato, lo que dio lugar a una organización de la destrucción escalofriantemente eficiente. En tercer lugar, para sus partidarios el genocidio era un paso legítimo en su búsqueda de un estado de perfección social, el Paraíso Comunista o el Reich de los Mil Años del nazismo. En cuarto lugar, las víctimas no tenían escapatoria posible. No se les acusaba de haber *hecho* algo, sino de *ser* algo, judíos o burgueses.

No había precedentes de este tipo de destructividad. Había sido una contribución original del siglo XX a los anales de la humanidad.

Aunque la destructividad del nazismo fue reconocida casi desde sus inicios, la del comunismo fue ignorada hasta hace muy poco. De hecho, la progresión de la violencia que llevó a su formalización en la Unión Soviética fue glorificada en muchos libros de historia como la lucha heroica de las masas para liberarse de la pobreza y la opresión política que las minorías gobernantes les habían impuesto en la era preindustrial. Incluso las personas que piensan que el comunismo era una ideología destructiva pueden creer que las olas de violencia que culminaron con la creación de la Unión Soviética tenían como objetivo la liberación.

Se han aducido muchas razones para explicar el hecho inconveniente de que todas estas luchas glorificadas terminaran con terribles explosiones de destructividad similares a las del nazismo. De acuerdo con estas explicaciones, la destructividad comunista fue el resultado de varios factores: el desafortunado pero fortuito escalamiento de asesinos en serie como líderes de los regímenes destructivos; el resultado natural de sangrientas batallas que los revolucionarios tuvieron que librar contra el antiguo régimen, tanto para hacerse con el poder como para defenderlo una vez que lo habían logrado; la consecuencia de la pobreza generalizada, o empobrecimiento, de la sociedad revolucionaria, y el único camino disponible para abrir el camino al progreso frente a los obstáculos planteados por el antiguo régimen.

Estas ideas se han convertido en sabiduría convencional. Sin embargo, ninguna de estas explicaciones tiene sentido. Así, la visión de que la terrible destructividad del siglo XX fue el resultado de la aparición casual de psicópatas como líderes de la Unión Soviética, Alemania, China y tantos otros países es difícil de aceptar. ¿Cómo es que en todos los países comunistas se dio esta captura por locos asesinos? Como discutiremos en un capítulo posterior, había razones que establecían una cadena muy clara de causalidad entre las ideas marxistas y la destructividad a sangre fría. Además, es evidente que una persona por sí sola no puede matar a millones de individuos. Necesita la cooperación de la población para hacerlo. La terrible verdad es que Lenin, Stalin, Hitler y sus similares fueron capaces de dominar sus países porque su terror era coherente con lo que sus países querían. No hay duda de que estas sociedades sufrieron terribles dolores en los desmanes destructivos en los que se involucraron. Sin embargo, ellos mismos los trajeron para sí.

Los hechos muestran que la destructividad de los comunistas, como la de los nazis, no fue ejercida por un dictador loco que actuaba solo, sino por toda la sociedad. Se necesitan millones para matar a millones. Esa violencia tampoco era necesaria para liberar a los pueblos, no tenía por objeto eliminar la pobreza y la opresión política y, por supuesto, nunca alcanzó estos pretendidos objetivos. En realidad, la introducción del comunismo llevó a un empobrecimiento terrible en todas las sociedades que capturó, causando colapsos en la producción y hambrunas terribles que mataron millones, además de las víctimas directas de la violencia revolucionaria.

La destructividad tampoco surgió naturalmente en sangrientas batallas que los revolucionarios tuvieron que librar contra los regímenes que los habían mantenido en la pobreza. Tal violencia fue escenificada por revolucionarios una vez en el poder, no por los viejos regímenes o las turbas revolucionarias durante la lucha por el poder. Tales turbas, actuando de improviso, causan y sufren un número sorprendentemente reducido de bajas.

La idea de que la destructividad a sangre fría fue provocada por la pobreza generalizada tampoco encaja con los hechos. En Europa, las peores manifestaciones de la destructividad tuvieron lugar en dos países completamente diferentes, Rusia y Alemania. Mientras que el primero era uno de los países más pobres del continente, el segundo era uno de los más ricos y prósperos. Lo mismo puede decirse con respecto a la distribución del ingreso.

Y lo que es más importante, la idea de que las turbas enloquecidas son la fuente de la democracia es una mentira verdaderamente peligrosa. La destructividad no era necesaria para abrir el camino al progreso, como sostiene el mito de la Revolución francesa. Los revolucionarios franceses retrataron la Revolución francesa como un avance que aceleró el progreso en todo el mundo. Extendiendo este mito a la Revolución rusa, los comunistas lograron retratar el marxismo como una ideología "progresista", calificando de "reaccionaria" a cualquier tendencia que se opusiera a él.

Todas estas revoluciones tuvieron lugar en medio de grandes cambios, todos causados por la Revolución Industrial, así como por los cambios filosóficos que la acompañaron y que apuntaban a la liberación de la superstición y el absolutismo. Junto con ellas estaba surgiendo la democracia liberal, creada principalmente por las tradiciones anglosajonas que habían venido desarrollándose desde la carta magna, el surgimiento de la monarquía constitucional y la creación de Estados Unidos.

Pero las tradiciones revolucionarias que llevaron al comunismo (y al nazismo) no impulsaban esos cambios que llevaban a la democracia liberal, sino más bien estaban del lado de la resistencia al cambio en términos del nuevo orden social que estaba surgiendo. Ambas tradiciones, proclamándose progresistas, llevaron a la reinstalación del absolutismo. Así, la Revolución francesa, que destronó a un rey absolutista, resultó en la entronización de un emperador todavía más absolutista unos años más tarde y luego en la de varios reyes que, aunque simulaban ser parte de una monarquía constitucional, eran gobernantes absolutos en distintos grados. Solo después de la caída de Napoleón III en 1870 y del subsiguiente sangriento periodo de la Comuna de París de 1871, se estableció una democracia sostenible en Francia. Esto fue casi un siglo después de la Revolución francesa original. Para entonces, Gran Bretaña, que no había tenido violencia interna desde mediados del siglo XVII, ni caos revolucionario desde tiempos inmemoriales, se había convertido en el país industrial más avanzado del mundo y en un país mucho más democrático que Francia. Cuando al fin Francia se convirtió en una democracia liberal, la Revolución estadounidense, que había precedido por más de una década a la francesa, estaba por celebrar su centésimo aniversario.

El caos que derrocó al káiser en 1918, y que también generó una revolución bolchevique y una república democrática insostenible en Alemania, terminó en 1933 con el ascenso de un superkáiser, Adolf Hitler, que era mucho peor que el káiser absolutista del Segundo Reich. La Revolución rusa, que puso fin a la dinastía autocrática Romanov en febrero de 1917, estableció una nueva dinastía bolchevique más autocrática ocho meses después. En todos estos casos, los nuevos regímenes reafirmaron el autoritarismo que había sido la base de los regímenes que destronaron, solo que peor. Es decir, las revoluciones volvieron al pasado, pero a un pasado más radical.

De acuerdo con su enfoque en el pasado, los comunistas y los nazifascistas establecieron estructuras económicas como las que existían en la era preindustrial. Para controlar la economía alemana, los nazis volvieron al feudalismo en la agricultura y a los gremios en la industria. Los comunistas soviéticos establecieron un sistema industrial controlado por el Estado que se asemejaba al creado por Pedro el Grande a principios del siglo XVIII. Sus granjas estatales convirtieron a los campesinos en siervos que trabajaban por casi nada y les dejaron una pequeña parcela para subsistir, exactamente como lo había hecho el feudalismo. Los líderes de la Francia napoleónica, la Rusia soviética y la Alemania nazi encarnaban lo que la población quería. La gente revelaba sus preferencias a través de ellos.

Esto invalida todo lo que dicen los marxistas, que el comunismo es la doctrina del futuro, la liberación del mundo. Pero, como el mismo Karl Marx dijo, "mientras que en la vida ordinaria cada comerciante es muy capaz de distinguir lo que alguien profesa ser y lo que realmente es, nuestros historiadores aún no han logrado ni siquiera esta visión trivial. Toman la palabra de cada época y creen que todo lo que dice e imagina sobre sí mismo es verdad".[3]

Si nos fijamos en lo que estos revolucionarios, de ambos signos, hicieron, su preferencia revelada fue detener los cambios que llevaban a una mayor libertad política y económica, ambos cambios asociados a la naciente democracia liberal. Este es el factor común de nazis y comunistas. Fueron la reacción del absolutismo a lo que era la verdadera revolución que acompañó a la industrialización: el nacimiento del gobierno que Abraham Lincoln definió como el del pueblo, por el pueblo y para el pueblo. Esta reacción no se dio porque los pueblos fueran pobres, y no fue tan destructiva porque serlo era necesario para

---

[3] Karl Marx, "The German Ideology", en Robert C. Tucker (ed.), *The Marx-Engels Reader*, p. 175.

liberar a los pueblos, ni porque por casualidad estos movimientos habían sido controlados por psicópatas. Fueron controlados por estos psicópatas porque la destructividad que el pueblo quería tenía que ser manejada por psicópatas.

Al mismo tiempo que el comunismo y el nazifascismo desencadenaban esta destructividad, otras sociedades estaban desarrollando la democracia liberal, que no solo creó órdenes sociales más eficientes sino también más humanos que el comunismo y el nazifascismo. Estos países pasaron por pobrezas tan grandes y por decisiones de cambio tanto o más radicales que las sufridas por los países que cayeron bajo el yugo del comunismo y del nazifascismo.

Si la pobreza y la opresión hubieran sido las causas de la destructividad de estas sociedades, el espíritu que las guio no podría regresar a nuestro tiempo, no al menos a los países industriales y democráticos. Así, la contestación a si este espíritu podría regresar hubiera sido que no. Sin embargo, mi respuesta fue que sí, enfocándome en un aspecto de la situación de nuestro tiempo con la existente cuando el comunismo y el nazifascismo emergieron: ambos, igual que la democracia liberal, surgieron de un mundo en total transformación, en el que una revolución tecnológica estaba cambiando todas las relaciones existentes en la sociedad. En tiempos normales, las instituciones canalizan estas relaciones de manera automática, creando un orden social al que las personas se acostumbran y que se convierte en la estructura que norma su vida. Cuando una revolución tecnológica cambia las relaciones, esta estructura se derrumba, creando un caos que se convierte en la fuente de un pánico que eventualmente lleva a la destructividad. Confrontadas con el caos, las sociedades renuncian a todo, incluyendo a su libertad, con tal de recuperar el orden, y en ese acto tornan su apoyo a los tiranos que ofrecen identificar a los villanos que causan el cambio, la masacre de aquellos y la imposición de terribles dictaduras que no permiten que vuelvan a emerger las disidencias que llevaron al caos.

En ese momento, comprendí que lo que estaba pasando en la Unión Soviética, el colapso de un orden social que no podía absorber los cambios de la Revolución de la Conectividad, podía suceder en Occidente. El problema que llevó a la destructividad de la primera mitad del siglo XX no fue la pobreza ni la opresión, que habían existido por siempre y que se iban a volver peores por la destructividad misma. Los colapsos económicos de la Unión Soviética y de China cuando se instaló el comunismo no tuvieron precedentes en la historia. La opresión que estos regímenes instalaron tampoco tenía precedentes. El problema que llevó a la destructividad fue el colapso del orden social anterior al comunismo y al fascismo, causado por la revolución tecnológica más radical en la historia hasta ese momento.

El caos y las revoluciones tecnológicas

Todas estas sociedades habían entrado en caos en el momento en que tuvieron su revolución. El caos provenía de los cambios estructurales causados por una revolución tecnológica, los principios de la primera etapa de la Revolución Industrial en el caso de Francia, los finales de la última etapa de dicha revolución en el caso de Rusia y Alemania. Estos cambios, que dieron origen a nuevas clases sociales, desplazaron enormes cantidades de personas del campo a las ciudades y volvieron obsoletas muchas profesiones, asimismo crearon la necesidad de un nuevo orden social en el que estos cambios se vieran reflejados, principalmente por el deseo de las nuevas clases medias y los nuevos proletariados industriales de participar en política y de organizarse en sindicatos y partidos políticos. Las élites de las sociedades que posteriormente cayeron en el comunismo y el fascismo se resistieron a ceder estos poderes y esto pulverizó el orden social que había cohesionado a estas sociedades alrededor del absolutismo. La sociedad se fragmentó en miles de intereses encontrados que no podían ponerse de acuerdo en nada, amenazando con llevar al país al caos. Y no hay nada que una sociedad tema más que el caos. Los miles de problemas que separaban a la sociedad se concentraron en uno: evitar la disolución de la sociedad.

Lo más peligroso en estas circunstancias es la confusión generada por los muchos cambios que aparecen en distintas partes del orden social. Como lo describió Walter Lippmann en 1933, el año en el que Adolf Hitler y Franklin Delano Roosevelt tomaron el poder en sus países, cuando Stalin estaba llevando a cabo sus terribles orgías de destrucción en la Unión Soviética, y mientras el Occidente se veía cada vez más débil y desorientado:

> Las viejas relaciones entre las grandes masas de la gente de la tierra han desaparecido, y todavía no hay una relación ordenada entre ellos. Los puntos de referencia

han desaparecido. Los puntos fijos por los que nuestros padres dirigían el barco del Estado se han desvanecido [...] Porque los códigos morales tradicionales no se aplican fácilmente a circunstancias tan nuevas e intrincadas, y, como consecuencia, hoy en día hay un sentimiento generalizado entre la gente que sus códigos, sus reglas de vida y sus ideas carecen de relevancia, que carecen del poder de guiar la acción, de componer y fortificar sus almas [...] Por lo tanto, subyacente al desorden en el mundo exterior, hay desorden en el espíritu del hombre.[4]

Esto fue lo que llevó a estas sociedades a la destructividad. Querían regresar a la seguridad que les había dado un pasado idealizado que estaba desapareciendo por los embates de un nuevo orden social que estaba surgiendo de la Revolución Industrial. Y la fundación de esa seguridad en sociedades que no querían la democracia liberal tenía que ser un tirano que no diera espacio a las dudas e incertidumbres de dicha democracia, sino que identificara al enemigo culpable del caos y fuera capaz de eliminarlo de una vez por todas. Así, en este libro, y en tres más que he escrito sobre el tema en los últimos 30 años, sostengo lo siguiente: *La tendencia a la violencia revolucionaria, el dogmatismo que la acompañó y la destructividad de los regímenes posteriores surgieron como una cura perversa para la disolución social causada por el cambio rápido e incontrolable en sociedades demasiado rígidas para manejarla de manera armoniosa.*

Las circunstancias así descritas identifican no solo la época en la que aparecieron el comunismo y el nazifascismo sino también la nuestra. Esta similitud proviene de que estamos viviendo una época de cambios tan profundos como los que sufría el mundo de las primeras décadas del siglo pasado y esto está desintegrando el orden social que heredamos de la época industrial, aunque todavía no hemos visto surgir el orden de la sociedad que está emergiendo, la del conocimiento.

Como escribió Antonio Gramsci, un marxista italiano que murió presidiario de Mussolini: "La crisis consiste precisamente en que lo viejo se muere y lo nuevo no puede nacer; en este interregno aparece una gran variedad de síntomas mórbidos".[5]

---

[4] Walter Lippmann, *A New Social Order*.
[5] Antonio Gramsci, "Wave of Materialism" y "Crisis of Authority", en *Selections from Prison Notebooks*, p. 556.

Estamos viviendo los síntomas mórbidos de un interregno similar al que vivieron Gramsci y sus contemporáneos. A pesar de todas las apariencias de los años noventa el regreso del espíritu de la destructividad ya podía preverse dada la profundidad de la transformación tecnológica que estaba comenzando. En las tres décadas siguientes se volvió cada vez más obvio que iba a darse.

Los síntomas mórbidos

En los siguientes 30 años escribí tres libros sobre el tema, explicando las razones por las que pensaba que esto sucedería, primero arguyendo que las nuevas tecnologías multiplicando el poder de la mente estaban incubando una revolución tecnológica tan profunda o más que las que conformaron la Revolución Industrial y su multiplicación del poder del músculo; segundo, que esto estaba cambiando las maneras en las que nos relacionamos y que esto a su vez iba a llevar a una crisis institucional similar a la de la primera mitad del siglo XX; y, tercero, que en esa crisis iban a regresar las ideologías absolutistas y destructivas que llevaron a dos guerras mundiales, a una gran depresión y al Holocausto. La democracia liberal, que parecía haber triunfado para siempre con la caída del comunismo, confrontaría la crisis más grave de su historia.

El primer libro, titulado *Flujos turbulentos*, lo escribí a principios de los noventa. Varios editores me dijeron que encontraban el tema interesante, pero poco vendible en el momento del gran triunfo del capitalismo. En realidad, el síntoma más grande que podía mostrar de que algo así podía venir era la magnitud del cambio tecnológico que ya se estaba dando. Pero aun eso no era innegable. La mayor parte de la gente pensaba que comparar la conectividad con la Revolución Industrial era una exageración.

Sin embargo, en los siguientes años los síntomas de cambios que podían llevar a conflictos como los de la Revolución Industrial comenzaron a emerger. La ola de innovaciones comenzó a crear grandes diferencias de ingresos entre los que tomaban ventaja de las nuevas tecnologías y los que no. Grandes fortunas se crearon de un momento a otro en procesos similares a los que habían creado las de la Revolución Industrial, cuando John D. Rockefeller, J. P. Morgan, Andrew Carnegie, Leland Stanford, Henry Ford y sus pares crearon gigantescos imperios en muy pocos años, tomando ventaja de las nuevas tecnologías. Algo similar estaba sucediendo con la emergencia de las grandes empresas tecnológicas que estaban creando la economía del conocimiento a finales del siglo XX y comienzos del XXI. Del otro lado de la distribución del ingreso, las nuevas tecnologías estaban volviendo obsoleto el capital humano y físico de mucha gente que vivía tranquilamente en el orden industrial que estaba comenzando a desaparecer.

Por otro lado, la capacidad de manejar tareas complicadas a distancia en tiempo real, resultado de la conectividad, cambiaron radicalmente la distribución de la producción mundial. El mundo del siglo XX había creado dos tipos de economías: las industriales, en las que todas las actividades industriales se llevaban a cabo, y las primarias, que las alimentaban de materias primas y compraban de ellas los bienes industriales. De pronto, en la década de 1980, el matrimonio de las computadoras con las telecomunicaciones permitió romper las cadenas de producción industrial de acuerdo con la sofisticación de la mano de obra necesaria para producir cada parte de un producto. Así, antes toda la producción de un automóvil, con sus partes simples y complejas, tenía que realizarse en un solo lugar; ahora las partes más simples, con menos contenido de conocimiento, podían producirse en fábricas dentro de países en desarrollo en los que la mano de obra menos capacitada cobraba salarios más bajos, mientras que las partes de la producción más sofisticadas se mantenían en los países industriales, con mano de obra más cara y con mayor capacitación. De este modo, una parte de la producción podía hacerse en unos países y otra en otros, para terminar uniéndose en un producto en otros países y venderse en el mundo entero. Esto causó la desindustrialización de grandes zonas en los países industriales, sumiéndolos en la pobreza y el descontento. Esto ya estaba pasando a finales de 1990. Como 100 años antes, la distribución del ingreso se estaba deteriorando a consecuencia de cambios tecnológicos y el resentimiento comenzaba a sentirse.

Con estos síntomas, decidí escribir el segundo, que se publicó en 2003 (*The Triumph of the Flexible Society: The Connectivity Revolution and Resistance to Change*, Praeger, 2003), y el tercero, publicado en 2021 (*In Defense of Liberal Democracy*, Charlesbridge, 2003). Todos ellos han seguido una estructura similar, enfocados en los efectos de los cambios tecnológicos en el orden social y en la creciente posibilidad de un reto directo a la democracia liberal y la posibilidad de una vuelta de la destructividad de la primera mitad del siglo pasado. El tema y los razonamientos han sido esencialmente los mismos. Pero en cada uno de ellos los síntomas del regreso de la destructividad se han ido volviendo no solo más numerosos sino también más graves, y lo han ido haciendo con cada vez más velocidad.

En el primero de los dos ya publicados, el que salió a la luz en 2003, mi énfasis fue en la necesidad de fortalecer la democracia liberal, porque es el régimen más adecuado para enfrentar una crisis como la que se venía, al ser el más flexible y por tanto el más capaz de absorber los cambios minimizando los conflictos internos causados por una revolución tecnológica. De ahí el título, *El triunfo de la sociedad flexible*. Mucha gente pensó en ese tiempo que el libro contenía dos exageraciones: primero, decir que lo que se estaba gestando, la multiplicación del poder de la mente, constituía una revolución tecnológica tan profunda como la industrial, y, segundo, que esta nueva revolución traería consigo el colapso del orden social industrial que se había instalado hace un siglo.

Dieciocho años después cambié el énfasis de un nuevo libro: de decir que deberíamos promover la democracia liberal a decir que es necesario defenderla porque algunos de los síntomas más preocupantes de la destructividad —el terrible divisionismo que está destrozando varias de las sociedades más desarrolladas del mundo y el surgimiento de líderes populistas prometiendo imponer un orden autoritario en esos países— estaban ya claramente visibles. De ahí el nombre de este nuevo libro, publicado en 2021: *En defensa de la democracia liberal. Lo que hay que hacer para sanar un Estados Unidos dividido*.

En este, mi tercer libro publicado, el tono se vuelve todavía más urgente. Los cambios y la percepción que la gente tiene de ellos se han ido acelerando. Cuando comencé a escribir de estos temas mucha gente veía las comparaciones de nuestros tiempos con los años treinta del siglo pasado como una gran exageración. Hoy, mucha gente acaba de ver la similitud, pero cuando ya es demasiado obvia y cuando hay otras cosas peores, mucho peores, que se vislumbran en el futuro. Aunque yo discutí (antes de la invasión rusa a Ucrania) en *En defensa de la democracia liberal* el claro incentivo que el divisionismo prevaleciente en Estados Unidos crea para que las potencias que quieren apropiarse del orden mundial ataquen a Occidente y generen una guerra mundial, como lo hizo Hitler en los años treinta, nunca me imaginé que el antisemitismo iba a resurgir en Occidente y menos después de tres años de la publicación del libro.

En resumen...

Con la democracia bajo ataque, con la posibilidad de una recesión muy fuerte, con los países occidentales divididos entre sí y dentro de sí, con una guerra que no es fría sino el comienzo de algo mucho más grande, la gente ha vuelto a la complacencia de los años treinta, cuando la opinión generalizada en Estados Unidos era que lo que los nazis estaban haciendo en Europa no tenía nada que ver con ellos, y que si Hitler tomaba Checoslovaquia y después Austria, Polonia, Holanda, Bélgica, Francia y atacaba al Reino Unido y después a la Unión Soviética, eso no les afectaría en nada. Igual posición están tomando los republicanos con respecto a Rusia y Ucrania, y en general a la OTAN, aunque Putin ha dejado claro que sus ambiciones incluyen recuperar el territorio que tenía el imperio ruso y la Unión Soviética.

Así, los síntomas que presenta nuestro mundo se parecen mucho a los que presentaba en las primeras cuatro décadas del siglo XX, especialmente en los años treinta. El impacto del cambio está siendo tan dramático como fue el de la Revolución Industrial, las fuerzas divisivas han avanzado tanto como hace un siglo, y podemos esperar que el proceso de desintegración del orden siga avanzando. El problema no está en el futuro: ya lo estamos enfrentando.

Estos peligros no dependen de ninguna persona en particular. Los peligros que presenta la expansión de Rusia, China e Irán no dependen de Putin, ni de Xi Jinping, ni del Ayatola Khamenei. Las elecciones de 2024 en Estados Unidos presentan peligros ominosos, sea que gane Donald Trump o Joe Biden. Los problemas que enfrenta Europa no dependen de nadie en especial. La terrible amenaza que se cierne sobre la democracia liberal no es específica de ningún populista. Son problemas históricos que pueden enfrentarse con dos actitudes: la horizontal o la vertical.

En el capítulo siguiente veremos cómo se generaron estas dos actitudes con los ejemplos de Rusia y Occidente. Entender cómo se generaron es clave para comprender lo que tenemos que hacer para adaptarnos más armónicamente a los cambios de la nueva revolución.

2

El nacimiento de los dos órdenes

La inestabilidad inherente de las sociedades

¿Por qué algunas sociedades se adaptan mejor al cambio que otras? ¿Cuál es el origen de la rigidez y flexibilidad de una cultura y de un país? ¿Qué tiene la democracia liberal que no tienen los países que cayeron en la destructividad?

La respuesta a estas preguntas está íntimamente relacionada con la forma en que las diferentes sociedades abordan el problema de armonizar la diversidad potencialmente caótica de sus ciudadanos con la necesidad de un orden social uniforme. Está relacionada con el conjunto de ideas que mantienen a la sociedad funcionando como un cuerpo unificado mientras se acomoda al cambio social.

Las sociedades son como campos magnéticos que dirigen a sus miembros individuales hacia el logro de un objetivo común. Las características de este campo —la naturaleza de las ideas magnéticas, su fuerza y su dirección— dan a las sociedades su identidad y carácter. Las ideas básicas de una sociedad dada no están necesariamente explicitadas en su totalidad; incluso pueden ser vagas. Sin embargo, producen lo que se llama carácter nacional y expectativas de comportamiento muy precisas. Esto es lo que está implícito en afirmaciones como: "Esto nunca sucedería en Inglaterra", "Todo funciona en Alemania" o "Este es el estilo estadounidense". Tales afirmaciones son el resultado de comparar un posible curso de acción o un evento con el concepto que la mente colectiva tiene de sí misma.

Como señaló el famoso psicólogo austriaco Alfred Adler, las ideas colectivas, y el carácter que generan, están enraizadas en última instancia en las necesidades psicológicas de los individuos, que se definen a sí mismos en términos de sus objetivos y su éxito en alcanzarlos en la búsqueda de toda la vida. Las personas ven su vida como un acto unificado de actuación, y la unidad es proporcionada por la persecución de sus objetivos finales. El respeto propio proviene del éxito en el acercamiento a estas metas, y las sociedades son campos que intentan establecer un terreno común para la infinidad virtual de metas individuales.

En medio de esta diversidad, las sociedades son inherentemente inestables. Solo pueden alcanzar el equilibrio en el tiempo. Puesto que las metas de los individuos solo pueden conocerse después de que se hayan manifestado en acciones, la vida social está destinada a ser caótica. En un momento dado, millones de personas están tomando medidas que producirán resultados solo después de un tiempo, en algunos casos minutos, en otros casos años o incluso décadas. No hay certeza de que los resultados de esos millones de acciones sean ni remotamente coherentes entre sí cuando lleguen a serlo. Y a menudo, por supuesto, el éxito de algunas personas conduce a la frustración de otras.

La sociedad solo puede funcionar cuando la dispersión de estos resultados, incluidas las reacciones de quienes se sienten frustrados o descontentos, se reduce a niveles aceptables; es decir, cuando existe un nivel mínimo de previsibilidad que permite a las personas creer que podrán cosechar los beneficios de sus acciones. Las instituciones, que encarnan los complejos sistemas de reglas de comportamiento que enmarcan a las sociedades, proporcionan este nivel mínimo de previsibilidad social.

Un orden social necesita elementos permanentes, características que no cambien aunque todo lo demás lo haga. Es este conjunto de elementos permanentes el que da identidad a una sociedad y, lo que es más importante, el que da una previsibilidad esencial a su comportamiento. El crecimiento y el cambio necesitan esos elementos permanentes para florecer. Las conexiones estables entre el pasado y el futuro son esenciales para calcular si vale la pena invertir hoy para obtener beneficios en el futuro. Esto es cierto no solo en términos económicos, sino en todos los demás aspectos de la vida. Construir sobre una infraestructura existente solo tiene sentido si se quiere que dicha infraestructura sea duradera. ¿De qué sirve un orden social si no es estable, si no se puede estar seguro de que va a durar?

Así que tenemos una contradicción fundamental. Para introducir la previsibilidad, las instituciones tienen que restringir el comportamiento individual. Al mismo tiempo, tienen que permitir la libertad individual para satisfacer el ansia de crecimiento de las personas. Resolver esta contradicción es la clave para crear una sociedad estable.

Examinar las soluciones que las diferentes sociedades han encontrado a este conflicto entre la previsibilidad y el cambio social nos permite determinar la diferencia entre la absorción saludable de cambios rápidos y los comportamientos que producen un equilibrio que es inestable y destructivo.

CAMBIO, ORDEN Y CAOS

Asociamos orden con firmeza y permanencia y, por lo tanto, en oposición al cambio. Sin embargo, el orden también surge del cambio. El factor más importante que determina la existencia del orden en una sociedad es su capacidad para organizarse en la búsqueda de objetivos comunes que es, en sí mismo, un proceso dinámico, un proceso de cambio. El desarrollo comienza cuando las sociedades adquieren esta capacidad y el progreso avanza a medida que madura. El cambio es la fuente tanto del orden como del caos.

Las sociedades introducen el orden a través de instituciones, que pueden adoptar la forma de normas y reglamentos, como la constitución y el cuerpo de leyes o el de las organizaciones encargadas de realizar ciertas tareas, como el sistema judicial, el gobierno y las empresas comerciales. Estas instituciones facilitan el crecimiento social y económico principalmente porque se encargan de todas las transacciones rutinarias en la sociedad, estableciendo reglas para realizarlas y asignando responsabilidades claras para las personas encargadas de aplicarlas.

Debido a tales instituciones, las personas no tienen que preocuparse por los medios para enviar comunicaciones a otras personas, o reflexionar diariamente sobre si robar es bueno o malo, o preocuparse todos los días sobre cómo organizar la distribución de alimentos. Esto libera las energías de la sociedad para la búsqueda de objetivos relacionados con el crecimiento, aprovechando las rutinas incrustadas en las instituciones existentes. Con el crecimiento, las actividades que habían sido desafiantes en el pasado se convierten en parte de la rutina de la sociedad, y las instituciones se encargan de ellas. De esta manera, por ejemplo, una materia que es objeto de especulación científica en una etapa del proceso se convierte en conocimiento de ingeniería en la siguiente y de ahí se convierte en técnica de producción. Cuanto más amplia es la base institucional, más puede una sociedad repartir sus energías para crecer.

Por lo tanto, el crecimiento se basa en el inventario del orden ya establecido en la sociedad, y da como resultado niveles de orden más altos y complejos. Expresado de otra manera, el orden social existente es un stock, que fue construido con los flujos de la actividad creativa del pasado. *El orden, la capacidad de organizarse sobre las organizaciones ya existentes, es como un activo de capital, tiene un valor económico, es la base de la riqueza de un país.*

Pero, como cualquier activo de capital, el orden social debe renovarse continuamente. Los cambios sociales de cualquier tipo, como la introducción de nuevas tecnologías o las mejoras en el nivel educativo de la población, plantean desafíos a las instituciones existentes porque modifican las relaciones y transacciones que estas instituciones se establecieron para regular y canalizar.

En tiempos normales, las instituciones luchan por adaptarse a estas nuevas relaciones, redefiniendo sus objetivos para ampliar su alcance. La adaptación exitosa da como resultado instituciones más fuertes y un sentido de logro que genera más energía, enfocándola en la dirección que ha demostrado ser exitosa. Bajo el entorno adecuado, el cambio es como la sangre, que empuja y expande las venas y arterias, fortaleciendo un cuerpo vivo. Dentro de algunos límites, cuanto mayor es el nivel de actividad canalizada a través del entorno institucional de una sociedad dada, más fuertes se vuelven estas instituciones y más complejos son los desafíos que dicha sociedad puede asumir y superar.

Este proceso, sin embargo, no es lineal. Por mucho que el cambio pueda llevar a las sociedades al orden y al progreso, también puede destruir las instituciones y, con ellas, el tejido que mantiene unida a la sociedad. Esto sucede cuando el ritmo del cambio abruma la capacidad de ajuste de las instituciones existentes. Las personas comienzan a crear relaciones que pasan por alto esas instituciones, alterando el orden social y amenazando la estabilidad de la sociedad. Las relaciones sociales desbordan el orden social, produciendo resultados que las personas consideran caóticos, injustos o ambos. Cuando las instituciones de un régimen se convierten en cadáveres, el régimen pierde legitimidad. El ajuste a las condiciones cambiantes tiende a tener lugar de manera catastrófica, y el riesgo de violencia es alto. Amenazadas por el caos, las personas recurren a sus instintos más primitivos para restaurar el orden.

Por lo tanto, la relación de cambio, orden y caos no se puede predecir en abstracto. A veces el cambio conduce al orden, a veces al caos, dependiendo de las circunstancias, no solo entre países, sino también dentro de la misma sociedad.

Las circunstancias cambian porque el ritmo del cambio social varía de la misma manera que la velocidad del flujo de un río. Hay largos tramos de flujo constante y predecible, y periodos de aguas rápidas y turbulentas. Cuando el flujo es constante, las partículas viajan de manera ordenada, alineadas entre sí, como si estuvieran unidas por las fuertes relaciones que son la marca de una sociedad altamente organizada. El camino de cada partícula, y de cada capa de la sociedad, es predecible. Incluso las embarcaciones pequeñas y débiles, como los barcos de origami, pueden flotar en aguas tranquilas, y su camino se puede rastrear de antemano. Cuando el flujo se vuelve turbulento, el caos reemplaza el orden, las cosas no fluyen juntas y se pierde la previsibilidad. Todos los vínculos se rompen por la tremenda energía de las aguas que se mueven caóticamente. Incluso los buques fuertes y flexibles pueden hundirse en esas aguas.

La probabilidad de un colapso del orden social aumenta con la velocidad del cambio de las relaciones sociales. Pero la velocidad del cambio no es el único factor que explica por qué los órdenes sociales colapsan. Algunos buques se hunden en tramos particulares de aguas turbulentas, mientras que a otros les va bien en los mismos rangos. De la misma manera, algunas sociedades se transforman armoniosamente bajo los mismos desafíos que llevan a otras a la disolución. Así, todas las sociedades que se industrializaban en el siglo XIX y principios del XX sufrieron las mismas tensiones. Sin embargo, unas cayeron víctimas de las doctrinas destructivas pero otras no.

La diferencia la hace el grado de rigidez o flexibilidad de la sociedad. Las instituciones flexibles sobreviven a los cambios porque se ajustan a ellos; las rígidas resisten el cambio hasta un momento en el que se quiebran y dejan a la sociedad en el caos, abriendo la puerta para que los ciudadanos acepten una tiranía con tal de restaurar lo que tiene más valor para ellos, el orden social. En esos momentos la gente acepta la destructividad con tal de recuperar el orden.

Si todos los países que están pasando por una revolución tecnológica sufren las tensiones de la transformación, ¿por qué unos países caen en caos y tiranías y otros no? En el resto del capítulo hacemos una revisión de la historia de Rusia y de Europa Occidental para entender por qué la primera cayó en tiranías y la mayor parte de la segunda no.

La finca privada de Oriente[1]

La historia y el desarrollo de Rusia se vieron fuertemente afectados por la dominación de los mongoles entre los siglos XIII y XV, que no estaban interesados en gobernar Rusia, sino solo en extraer ingresos de ella. Dictaminaron que cada localidad podía mantener su propia forma de gobierno siempre que pagara su tributo. Advirtieron que destruirían a cualquier comunidad que no entregara su contribución a tiempo y sentaron algunos precedentes ejemplares. Además, volvieron responsables solidarios a todos los habitantes de una comunidad del pago de los impuestos comunales, de modo que si uno de los habitantes no pagaba lo que le correspondía, los demás tenían que pagar por él.

Debido a que este sistema convirtió a las personas en opresoras de sus vecinos, con esta medida el gobierno mongol introdujo fuerzas fuertemente divisivas dentro de las comunidades rusas y eliminó la posibilidad de una relación directa entre el individuo y el Estado central; para los dirigentes mongoles no importaba el individuo, solo las colectividades contribuyentes. Además, el sistema rompió cualquier vínculo entre los impuestos y sus potenciales beneficios: el Estado no proporcionaba ningún beneficio a sus súbditos, excepto el negativo de no ser destruido. El Estado central solo tenía derechos, y el súbdito solo tenía obligaciones.

Estas características del panorama político ruso han sobrevivido hasta nuestros días. Se convirtieron en la base del poder de los zares una vez que los mongoles se fueron, y también en el del Estado comunista. Apuntalan la tiranía que Vladimir Putin está imponiendo hoy. Irónicamente, estos sistemas

---

[1] La discusión de la historia de la Rusia zarista se basa principalmente en Richard Pipes, *Russia Under the Old Regime*; W. Bruce Lincoln, *The Romanov: Autocrats of All Russias*, y George Vernadsky, *A History of Russia*.

dominados por el Estado surgieron de un régimen que negaba la existencia del Estado: el régimen patrimonial de los zares.

Iván de Moscovia, príncipe ruso durante el dominio mongol, se ganó la confianza de los gobernantes hasta el punto de que le confiaron el cobro de los tributos de otros príncipes rusos, que llevó a cabo mientras cobraba una comisión por el servicio. Iván era empresario. Asumió la responsabilidad de la entrega de todos los tributos, incluso las partes del tributo que no recaudaba. A cambio, se le otorgó el monopolio sobre el negocio de las colecciones y el acceso al kan. Su éxito le valió el apodo de Iván Saco de Dinero.

Iván era un hombre inteligente con una perspectiva a largo plazo. Cuando trataba con principados que no podían pagar su tributo en un año en particular, algo común dada la rigidez de los impuestos, financiaba el déficit contra un préstamo al príncipe incumplidor. A cambio, tomó las tierras del principado como garantía. Debido a que la responsabilidad del pago de los impuestos recaía en la comunidad en su conjunto, la garantía era toda la tierra del principado. Como muchas comunidades dejaron de pagar sus préstamos, Iván amplió sus dominios en gran medida mediante la ejecución hipotecaria de la garantía. Al final de su vida, controlaba un territorio varias veces más grande que el que había heredado de su padre, un control que ejercía no solo como gobernante sino como propietario. Al igual que los mongoles, no tenía ninguna obligación con la gente que vivía en su tierra. Por el contrario, estaban obligados con él porque vivían en su propiedad.[2]

Uno de los sucesores de Iván Saco de Dinero, Iván el Grande, derrotó a los mongoles en 1480 y se proclamó zar y autócrata de toda Rusia. A finales del siglo XV, el núcleo de lo que hoy es Rusia era la propiedad privada de los zares, incluyendo tierras, edificios, activos productivos, incluso el propio pueblo. Además de extraer rentas de la misma manera que lo habían hecho

---

[2] El sistema bajo el cual prosperó Iván Saco de Dinero, conocido como agricultura fiscal, también existía en algunos países de Europa occidental. Los recaudadores de impuestos prosperaron en Francia, y algunos personajes famosos, como el químico Lavoisier, estaban entre sus filas. Su ilegitimidad ante los ojos de la población fue una de las causas de la revolución. Sobrevivieron aún más tiempo en Italia. Sin embargo, ningún recaudador de impuestos occidental disfrutó de un monopolio como el concedido a los príncipes moscovitas. Y lo que es más importante, no podían convertirse en propietarios de las localidades que no pagaban sus impuestos.

los mongoles, los zares también controlaban cualquier negocio rentable que pudieran identificar, incluido el comercio de pieles, la producción de sal, todas las exportaciones e importaciones, e incluso la compra y venta de alfombras persas. Nadie podía dedicarse a los negocios sin el permiso o la participación del zar. Para mantener en marcha su empresa comercial en todo el país, los zares utilizaron el mismo sistema de opresión que los mongoles, con nobles desposeídos como instrumentos para explotar a la masa de la población.

El estado público de Oriente

A principios de 1700, Pedro el Grande inició un largo proceso de reforma por razones militares. En los siglos XVI y XVII, el ejército ruso, aunque lo suficientemente fuerte como para derrotar a los ejércitos de las naciones asiáticas que se iban incorporando gradualmente al imperio ruso, demostró no ser rival para los ejércitos europeos modernos. Los suecos y los polacos infligieron innumerables derrotas a los rusos, incluso en momentos en que también luchaban entre sí. Factores económicos explicaban su superioridad sobre los rusos. En primer lugar, como resultado de la fuerza tecnológica de sus proveedores de armas, tenían un mejor material. En segundo lugar, dependían de soldados profesionales, que permanecían movilizados en tiempos de paz y recibían formación continua. Rusia no podía permitirse ninguna de las dos cosas.

En el siglo XVII, bajo los zares Mijaíl y Fiódor, Rusia importó expertos militares occidentales para introducir las nuevas técnicas de guerra, pero debido a que el país no podía permitirse mantener a sus soldados movilizados, estas nuevas técnicas no detuvieron una serie de derrotas ante los ejércitos europeos. En 1697 y 1698, Pedro viajó por toda Europa occidental para descubrir la fuente de su éxito militar. Le impresionó la diferenciación de Europa entre Estado y soberano. Además, estaba impresionado por la forma ordenada en que una burocracia profesional manejaba los asuntos del estado impersonal. Se convenció de que Rusia iría a la zaga de Occidente mientras siguiera siendo un Estado patrimonial, indiferente al progreso del país. Pedro se dispuso a replicar el estado impersonal en Rusia tan pronto como regresara.

El Estado público que Pedro creó, sin embargo, era diferente a los existentes en Occidente. No se planteó replicar las estructuras políticas que dieron vida al Estado impersonal, ni siquiera crear el entorno adecuado para nutrir su surgimiento. En su lugar, simplemente sustituyó el "Estado", encarnado en el zar, por la persona del zar como dueño de Rusia. Proclamó con orgullo que se había convertido en el primer esclavo de Rusia. Luego, para asegurarse de que una burocracia profesional dirigiera su nuevo Estado público, esclavizó formalmente a los nobles y los obligó a convertirse en burócratas y gerentes de empresas industriales y agrícolas estatales.

Pedro también decidió copiar las operaciones industriales primitivas que vio en Occidente. Sin embargo, las industrias que importó de Europa extendieron la servidumbre del sector agrícola al industrial y no ayudaron a Rusia a modernizarse. Las nuevas empresas industriales se llamaron privadas. No lo eran. Eran propiedad del Estado, dadas en concesión a particulares para su gestión. Pedro escogió a los gerentes y, cuando se negaron a tomar sus puestos, envió al ejército para forzarlos. Convirtió formalmente a los gerentes capturados en siervos de sus fábricas para asegurarse de que no escaparan.

Estas empresas vendían sus productos principalmente al gobierno —estaban destinadas a abastecer al ejército— a precios bajos fijados por Pedro. Tomó dos medidas para asegurarse de que las nuevas empresas tuvieran costos lo suficientemente bajos como para venderlas de manera rentable. Primero, para reducir el costo de la mano de obra, dio a las empresas industriales aldeas enteras en lo que se llamaba servidumbre, pero en realidad era esclavitud. Las poblaciones de estas aldeas trabajaban gratuitamente para la empresa y se alimentaban con el producto de las parcelas de tierra que les daba la aldea, exactamente como en la época feudal. En segundo lugar, fijó los precios de los insumos agrícolas. Luego esclavizó a las aldeas que no se entregaron a la industria y se las entregó a los nobles rurales en administración para que pudieran producir materias primas a bajo precio en las tierras estatales que administraban. Por supuesto, los nobles no podían permitir que la gente abandonara sus aldeas, por lo que al final del reinado de Pedro la esclavitud era peor que antes. Los elementos de modernización que trajo a Rusia en realidad hicieron que el país se volviera más arcaico. Esta perversión del cambio estableció un patrón que se repetiría durante los dos siglos siguientes.

La sociedad rusa cambió bajo el dominio de las nuevas tecnologías y el pensamiento político radical. Estos cambios, sin embargo, fueron deformados por la rigidez del orden social. Sucedió bajo Pedro el Grande y sucedió después.

La solución que Pedro había proporcionado para establecer una economía creativa, mediante la transformación de la población en siervos, se convirtió en el peor problema de Rusia en los siglos venideros, obligando a la mayoría de sus sucesores a promulgar reformas para contrarrestar sus reformas.

Medio siglo después de la muerte de Pedro, Catalina la Grande liberó a los nobles de la servidumbre que Pedro les había impuesto. Para hacerlo, sin embargo, les dio la propiedad total de las tierras que habían estado administrando en su nombre. Los campesinos, que habían comenzado como esclavos del zar y luego se habían convertido en esclavos del Estado, ahora se convirtieron en esclavos de los nobles. La rigidez del orden social no permitía el progreso.

Cien años más tarde, en 1861, Alejandro II liberó a los campesinos de la servidumbre y obligó a los terratenientes a venderles tierras a crédito proporcionado por el gobierno. Sin embargo, entregó la tierra a las aldeas, no a los individuos, haciendo que todos los aldeanos fueran responsables de pagar la deuda al gobierno, incluso si sus actividades no estaban relacionadas con la tierra. Por lo tanto, estableció el mismo conjunto de incentivos que los mongoles habían introducido en las aldeas 650 años antes. Para evitar que los campesinos escaparan de estos pagos, el gobierno mantuvo su prohibición de la migración interna. Así, los campesinos fueron liberados de su servidumbre a favor de los nobles solo para convertirse en esclavos de sus comunidades aldeanas en otra vuelta de tuerca.

En la primera década del siglo XX, sin embargo, parecía que Rusia estaba finalmente en el camino de la verdadera modernización. Impulsado por la agitación social que acompañó a la desastrosa derrota de Rusia por los japoneses en la Guerra del Pacífico de 1904-1905, el zar Nicolás II creó a regañadientes un parlamento y liberó a los campesinos de la aldea. Si bien el nuevo parlamento era un órgano consultivo, dio nueva vida a la política en Rusia. Se celebraron elecciones. El debate político se convirtió en un elemento fijo del sistema.

Luego llegó la Primera Guerra Mundial. Enfrentándose a derrotas cada vez más catastróficas, Nicolás abdicó a principios de 1917. El Parlamento asumió el control y un primer ministro elegido se convirtió en el líder del país. Rusia tuvo su primer régimen democrático de la historia. Sin embargo, el nuevo régimen estaba condenado. Nunca gobernó. Simplemente presidió un proceso caótico de desintegración del orden social. Un gobierno paralelo, el soviet de Petrogrado, que afirmaba representar a los obreros y soldados de Rusia, desafió el poder del Parlamento y tomó decisiones y emitió órdenes ignorando al gobierno oficial. Los soldados en el campo desertaban y regresaban a sus hogares para apoderarse de las tierras de los terratenientes y otros soldados. En este punto, Lenin viajó en tren desde Suiza a Rusia para preparar la revolución que puso a los bolcheviques en el poder. El caos culminó con la insurrección comunista de octubre, que puso a Lenin en el poder.

De esta manera, la mentalidad vertical de Rusia pervirtió las tendencias modernizadoras de la Revolución Industrial. La fuente de estas perversiones fue la incapacidad del país para manejarse en libertad. Para mantenerse estable, su población tenía que ser esclavizada a alguien más en una cadena que conducía al gobernante absolutista.

El estado público de Occidente

Visto desde cierta perspectiva, Rusia estaba viviendo una era que Europa occidental había experimentado casi un milenio antes. Al igual que Rusia estaba emergiendo de la dominación de un imperio extranjero, Europa occidental había emergido de la dominación del Imperio romano entre los siglos III y VI. Pero los dos procesos de desvinculación de los imperios extranjeros fueron diferentes en tres aspectos cruciales.

Primero, en Rusia surgió un nuevo imperio para sustituir al moribundo Imperio mongol; en Europa occidental los restos del antiguo Imperio romano se convirtieron en una colección de pequeños estados en guerra entre sí. En segundo lugar, en Rusia, el emperador administraba el país como su propiedad privada y, por lo tanto, era unidimensional; los principados occidentales desarrollaron un sector público, que no existía en Rusia. En tercer lugar, la nueva Rusia seguía siendo absolutista; en Europa occidental la mayoría de los pequeños estados evolucionaron hasta convertirse en democracias primitivas. Esta dualidad creó la base de la sociedad multidimensional.

Estas diferencias no fueron intencionadas. Los príncipes occidentales eran tan ambiciosos como los príncipes moscovitas, y lucharon continuamente para imponer su dominio a sus vecinos. Sin embargo, ningún príncipe occidental acumuló tanto poder relativo como los sucesores de Iván Saco de Dinero en

Rusia. Los imperios merovingio y carolingio, que intentaron heredar el poder del Imperio romano, colapsaron en una generación cuando sus territorios se dividieron y subdividieron entre los descendientes de los emperadores. Con el tiempo, Europa occidental se convirtió en un conjunto de pequeños estados que luchaban entre sí en un perpetuo conflicto. Debido a que los contendientes eran más o menos similares en poder económico y militar, la lucha por el poder absoluto se volvió más prolongada y más sofisticada, tanto militar como económicamente, que en el Este.

En este entorno verdaderamente competitivo, los príncipes europeos pronto descubrieron que las restricciones económicas y la inseguridad en la propiedad individual deprimían la actividad económica y debilitaban al principado en su conjunto. Los príncipes más exitosos tendían a ser aquellos que permitían a sus súbditos prosperar económicamente. Un Estado rico proporcionaba más impuestos y mejores soldados que uno pobre. Los príncipes sabios entendieron que tenían que permitir la libertad en la búsqueda de la riqueza y que era de su interés proteger dicha riqueza una vez que se obtuviera. De esta manera, los príncipes desarrollaron un interés en proteger los derechos de propiedad de sus súbditos. Además, descubrieron el poder del libre comercio, particularmente en el norte de Italia y el norte de Alemania, donde las ciudades lograron un tremendo progreso a través de alianzas comerciales con otras ciudades, dentro de Italia y Alemania, y en el extranjero.

Si bien tuvieron éxito en el fortalecimiento de los principados, las estrategias liberales de los príncipes más ilustrados también pusieron en marcha una nueva dinámica que produjo un resultado no deseado: la reducción del poder de los propios príncipes. Al proteger los derechos económicos de sus súbditos crearon las condiciones para el surgimiento de una fuente independiente de poder: la burguesía, que había creado la nueva riqueza. Cuanto más fuerte es la burguesía, mayor es su capacidad para imponer limitaciones al poder de los príncipes. Eventualmente, los magnates locales, enojados por la inestabilidad que las luchas principescas causaban en sus vidas, usaron su poder económico para limitar el poder político de los príncipes y les impusieron el concepto de Estado como una entidad separada del soberano. *Con este invento, pasaron de una sociedad unidimensional a una multidimensional.*

Este concepto de Estado era muy diferente del que el zar había impuesto a los rusos. Los capitalistas y comerciantes de Occidente querían un Estado que protegiera los derechos de los ciudadanos en un mundo inestable creado por las luchas dinásticas de los príncipes. En toda Europa occidental, a medida que los príncipes pedían más impuestos con una frecuencia cada vez mayor, los principales comerciantes negociaban con los príncipes las condiciones bajo las cuales proporcionarían los fondos necesarios. Sus condiciones incluían mantener el territorio de un Estado indiviso, independientemente de los matrimonios principescos, las herencias y las guerras; abstenerse de imponer impuestos y de entrar en nuevas alianzas o nuevas guerras sin el consentimiento de la población, y el establecimiento de consejos de representantes de los estamentos, que luego regularían las relaciones entre el príncipe y la comunidad. En muchos casos, los príncipes también prometieron resolver sus problemas dinásticos ante estos consejos en lugar de a través de la guerra. Lo más sorprendente es que en la mayoría de los principados se permitía la posibilidad de conflictos entre el príncipe —o el Estado— y los ciudadanos individuales, y se establecía un procedimiento para resolverlos en los consejos.

A través de este proceso los príncipes occidentales perdieron poder absoluto dentro de sus propias comunidades. Los consejos comunales se convirtieron en los verdaderos soberanos de sus dominios. El Estado estaba separado de la persona del príncipe, y el poder político y económico también estaban separados. El Estado se convirtió en el representante de la voluntad de la población. No era plenamente democrático, ya que solo los miembros de las familias más importantes tenían derecho a un asiento en los consejos, pero se estableció el principio democrático. Con el tiempo, aunque hubo discontinuidades en el proceso, el concepto de libre determinación se extendió al resto de la población. La importancia concedida a la comunidad fue el nacimiento del interés social en las sociedades occidentales.

Sin embargo, este proceso fue más que una afirmación de un tipo diferente de poder. La revolución legal que limitó el poder de los príncipes también abrió la puerta a nuevas instituciones para *cualquier* propósito legítimo, para ser reguladas por sus miembros, no por el príncipe.

El surgimiento de la sociedad multidimensional

La imposición de restricciones internas a los detentadores del poder económico y político creó un entorno seguro para un tercer tipo de personas: aquellas que no estaban demasiado interesadas en la riqueza o la política. En este entorno seguro, estos ciudadanos podrían vivir y prosperar persiguiendo sus propios intereses, descubriendo nuevas dimensiones en la vida más allá de la economía y la política. Estos incluían las artes, pero también la filosofía y la ciencia. Mientras Rusia vivía en una sola dimensión, la separación de poderes permitió a las sociedades occidentales desarrollar infinitas dimensiones de progreso.

Esta multiplicidad fue evidente en la creación de grandes centros de aprendizaje en toda Europa occidental, incluyendo Oxford, Cambridge, la Sorbona, Heidelberg, Salamanca y Bolonia, que no tenían una contraparte en Oriente. La vida del ciudadano común fue mucho más rica como resultado de esta diversidad, y los resultados fueron evidentes en términos de creatividad en todas las dimensiones de la actividad humana. Muy sutilmente, la existencia de estas actividades resultó en un aumento del poder político y económico de toda la sociedad. En los intersticios de este equilibrio de poder, las personas se volvieron libres de ser inconsistentes entre sí, de pensar y crear. Las sociedades europeas se volvieron variadas y creativas, y por lo tanto multidimensionales.

Como escribió Toby E. Huff en su libro *The Rise of Early Modern Science: Islam, China and the West*,

> Europa en los siglos XII y XIII experimentó una profunda revolución social e intelectual que colocó la vida social sobre una base completamente nueva. En el centro de esta revolución hubo una transformación legal que redefinió la naturaleza de la organización social en todos sus ámbitos: político, social, económico y religioso. Como resultado de las reformas legales, surgió una variedad de nuevas colectividades jurídicamente autónomas. Estas incluían comunidades residenciales, ciudades y pueblos, universidades, grupos de interés económico y gremios profesionales, como los cirujanos y otros especialistas médicos. Como resultado, a cada una de estas colectividades se le concedió un grado de autonomía legal para hacer sus propias leyes y reglamentos internos, poseer propiedades, demandar y ser demandado, y tener representación legal ante la corte del rey. En efecto,

comenzaron a surgir los primeros vestigios de un espacio neutral, un espacio relativamente independiente y libre de la interferencia de censores religiosos y políticos. Esta revolución social e intelectual abrió las puertas, sobre todo, a la libertad intelectual, que se creó mediante el establecimiento de universidades autónomas con sus propias agendas intelectuales y normas y reglamentos establecidos internamente.[3]

Lo que Huff llama "el espacio neutral" es la marca de lo que yo llamo la sociedad multidimensional. La separación del poder político y económico no creó el imperio de los derechos y la gloriosa explosión de la creatividad intelectual de Occidente, pero permitió el surgimiento de personas que dedicaron su vida a lograrlos: jueces, filósofos, artistas, escritores, científicos.

De esta manera, las localidades de Europa occidental (reinos, principados, ducados, ciudades-Estado) desarrollaron dos características duraderas. Una de ellas fue una furiosa resistencia a la unificación, que dio lugar a innumerables guerras. La otra era una diversidad que no tenía parangón en ninguna otra región del mundo. Esta diversidad y la competencia en todas las dimensiones que permitió impulsaron a Europa occidental a una asombrosa explosión de creatividad que comenzó con el Renacimiento y no ha terminado hasta el día de hoy. Esta creatividad, y nada más, convirtió a Europa en la región más desarrollada del mundo.

Por el contrario, Rusia, un Estado unificado durante la mayor parte de su historia, adquirió las características opuestas. Sujeto a una sola voluntad, el imperio de los zares siempre fue más pacífico internamente que Europa occidental, pero carecía de la creatividad que proviene de la diversidad. El zar dominaba las fuentes del poder económico y político, y la política y la economía permanecían unidas en una simbiosis en la que la primera tenía preeminencia sobre la segunda. El Estado unificado se construyó de abajo hacia arriba en Europa occidental y de arriba hacia abajo en Rusia.

---

[3] Toby E. Huff, *The Rise of Early Modern Science: Islam, China and the West*, p. 251.

Retroceso

Europa aprendió una desagradable lección: el progreso histórico no es lineal. Después del siglo xv, la mayor parte de la Europa continental volvió a los regímenes tiránicos. Las ciudades-Estado perdieron sus libertades cuando sus sistemas políticos primitivamente democráticos no pudieron seguir el ritmo de las tensiones creadas por los cambios económicos y políticos sin precedentes a lo largo de dos siglos. No era tan fácil prescindir del feudalismo y había tensión en todas partes. Como sucedería más tarde durante la Revolución Industrial, las ciudades-Estado no fueron capaces de manejar sus libertades recién adquiridas de forma sostenible. Sin un tirano que controlara los intereses creados de todos, las facciones que se desarrollaron dentro de estas incipientes democracias lucharon entre sí por el poder y los privilegios hasta que el sistema colapsó y un nuevo tirano afirmó su autoridad para restablecer el viejo orden vertical, con el consentimiento de la población.

El proceso fue diferente en cada ciudad. En general, sin embargo, hubo división. La sociedad se dividió en grupos diferenciados por intereses económicos. Cada uno de estos grupos buscaba privilegios económicos a través de medios políticos, de modo que la ganancia de un grupo tenía que ser la pérdida de otro. Al final de este proceso, muchos derechos individuales medievales y tradiciones democráticas, y las instituciones que los apoyaban, se perdieron. Con la desaparición de estas instituciones, las sociedades perdieron los mecanismos locales que generaban un contacto cotidiano entre los príncipes, los nobles y los comunes.

Lo que surgió en los siglos xvi y xvii, iniciado por los reyes católicos en España y por Luis XIV en Francia, fue la consolidación política de los principados dentro de unidades nacionales. Esto creó el absolutismo a nivel nacional, suspendiendo durante un largo periodo los principios horizontales de la Baja Edad Media y el Renacimiento.

Afortunadamente, hubo excepciones a este renovado orden social vertical. El poder de la Iglesia permaneció en gran medida independiente del de los príncipes locales, dejando en su lugar un paraguas que creó espacio para la disidencia legal e institucional. Muchas instituciones autónomas (comunidades residenciales, ciudades y pueblos, universidades, grupos de interés económico y gremios profesionales) que se habían liberado en los siglos anteriores siguieron siéndolo en toda Europa, incluso cuando el absolutismo aumentó.

Europa siguió siendo un refugio para el pensamiento independiente. Eventualmente, estos centros interactuaron entre sí para lanzar la gran revolución científica que precedió a la Revolución Industrial. Esta libertad de pensamiento se vio reforzada por la Reforma, que abrió la mente de la gente no solo a las ideas de Lutero, sino también a las de innumerables reformadores religiosos, añadiendo nuevas dimensiones a la ya multidimensional escena europea.

Algunos países, como Suiza, conservaron sus libertades, o conservaron su voluntad de ser libres, aunque los extranjeros los conquistaran en algún momento de su historia, como en el caso de los Países Bajos. El país más grande entre los que mantuvieron sus libertades fue Gran Bretaña, lo que conduciría a la Revolución Industrial. Y ahora estas libertades en un mundo más amplio están llevando a la Revolución de la Conectividad y a la sociedad del conocimiento.

En resumen...

En este capítulo hemos visto cómo la separación de poderes económico, político y religioso no solo genera un orden que es más humano sino también más eficiente. Esta separación de poderes es mucho más profunda para el funcionamiento de la democracia liberal que la posterior separación de las ramas ejecutiva, legislativa y judicial en el manejo del Estado. Esta separación primaria es la única base sostenible de la separación de los poderes del Estado porque dificulta que una persona que controle los poderes económico y político pueda controlar los tres poderes del Estado. Para evitar que lo haga se necesitan poderes fuera del Estado.

Aun así, mucha gente que cree en la superioridad del comando unificado de los países como una ventaja para el progreso material ven sus ideas contradichas por la experiencia europea, en donde Rusia, el más grande de los países verticales, se ha mantenido detrás del resto de Europa por razones directamente atribuibles a su verticalidad. Europa occidental, en contraste, se convirtió en el motor del mundo debido a la separación de los poderes económico, político y religioso que han jugado como contrapesos para darle a la región una creatividad, nacida de la diversidad de ideas y personas, que la llevó al desarrollo económico y humano de nuestros días. Todo esto, también atribuible a esta separación de los poderes, que es la madre de la democracia liberal. Con un par de excepciones (los principados italianos y alemanes que formaron Italia, Alemania y Austria), los países que se hicieron multidimensionales en esos días se mantuvieron así hasta nuestros días.

La lección más clara de este capítulo es que, de cara al ajuste que tenemos que hacer para formar el nuevo orden, es indispensable mantener el orden multidimensional de la democracia liberal durante la transición y después de ella.

El próximo capítulo es una preparación de las siguientes partes del libro, en las que analizaremos si estas lecciones se sostienen al examinar los hechos de la Revolución Industrial. En ese capítulo expongo los hechos principales de esta revolución, enfocándome en sus efectos en el orden social de los países que se estaban industrializando.

3

La Revolución Industrial

La Revolución Industrial cobró fuerza a finales del siglo XVIII como resultado de varias corrientes interrelacionadas.

En primer lugar, se produjo una fuerte aceleración del crecimiento demográfico, que comenzó en la década de 1750 y continuó en la mayoría de los países a lo largo del siglo XIX. La población de Europa creció de 130 millones en 1750 a 486 millones en 1914, mientras que entre 1650 y 1750 solo había crecido de 100 a 130 millones.[1] Esta explosión demográfica llevó a la urbanización de Europa, así como a emigraciones masivas al resto del mundo.

En segundo lugar, una revolución tecnológica se desarrolló en varias oleadas. Cada una de estas olas envió ondas a través de la sociedad, estableciendo nuevas industrias, destruyendo o transformando las viejas y cambiando las condiciones de vida de cada generación sucesiva.

En tercer lugar, las máquinas sustituyeron a las personas como el factor de producción más importante. Los antiguos artesanos fueron desapareciendo poco a poco porque las habilidades que necesitaban las nuevas industrias eran sencillas, limitadas a realizar una sola operación repetitiva miles de veces al día. Las ganancias de productividad provocadas por las nuevas tecnologías se basaron en el aprovechamiento del poder del músculo en estas operaciones individuales para producir enormes cantidades de productos estandarizados.

---

[1] Véanse Schulze, *The Course of German Nationalism*, p. 35, y Tuchman, *The Proud Tower*, p. 272.

Cuanto mayor sea la escala de producción, menores serán los costos unitarios de la producción. Todo se volvió masivo.

En cuarto lugar, como resultado de estos acontecimientos, la complejidad de las relaciones económicas aumentó exponencialmente, en términos de la variedad y el volumen de los insumos necesarios para las actividades industriales, del origen geográfico de dichos insumos y del tamaño de los mercados necesarios para sostener la producción industrial. El foco de la actividad económica se desplazó de los niveles locales a los nacionales e internacionales.

En quinto lugar, a medida que la economía se hizo más compleja, los servicios financieros y el comercio se convirtieron en los motores de la actividad económica. Los banqueros, que habían financiado principalmente a los príncipes en la era preindustrial, se convirtieron en las piezas centrales del capitalismo, financiando todas las etapas de la producción. Los comerciantes también pasaron a ocupar un lugar central, como proveedores de insumos y salidas para la comercialización masiva de bienes industriales. A través de su capacidad colectiva para manejar la inmensa complejidad de las relaciones económicas de la nueva sociedad, se convirtieron en el centro de la nueva sociedad, más horizontal.

En sexto lugar, se produjo un cambio catastrófico en las fuentes de poder social, de la sangre y la posición social a la posesión de dinero y carisma popular.

Juntas, estas tendencias dieron origen a la Revolución Industrial, una de las transformaciones más profundas de las relaciones sociales que el mundo ha conocido. Su impacto en la configuración del orden social fue tremendo. Cortó en ambas direcciones. Las personas podían pasar de una ocupación a otra, y podían subir o bajar en su posición social, económica y política.

Este proceso dejó obsoleto no solo el capital encarnado en las herramientas y habilidades de los artesanos, sino también todo el conjunto de instituciones que regulaban la economía en la época preindustrial. Las fronteras feudales estallaron bajo la influencia de la expansión del comercio y la financiación. Los gremios feudales anteriormente protegidos perecieron, incapaces de competir con la producción industrial más eficiente. La vida cambió radicalmente. La tranquilidad bucólica del feudalismo dio paso a la frenética actividad del mundo industrial.

La tendencia subyacente de la Revolución Industrial fue el impulso de una sociedad más horizontal. La industrialización aumentó la complejidad de las relaciones económicas hasta el punto de que el control centralizado de las épocas feudales ya no era práctico. Una red de contratos entre partes privadas se convirtió en el mecanismo natural para introducir el orden tanto en el ámbito económico como en el político, sustituyendo a los estrictos mandatos tanto de los señores feudales como de los gremios. Todas las dimensiones de la vida económica que habían sido controladas en las décadas y siglos anteriores —los precios, los salarios, los volúmenes de producción, las importaciones, las contrataciones y los despidos— se vieron presionadas para ser liberadas por la sencilla razón de que ya no podían ser controladas. Se hizo imposible atar a los campesinos a la tierra. En la economía industrial más dinámica que estaba surgiendo, la gente tenía que cambiar de trabajo, mudarse a otros lugares. El tamaño de la producción industrial y las transacciones también impulsaron la eliminación de las barreras al comercio, no solo entre las pequeñas localidades del mundo feudal, sino también entre los países. Políticamente, la democracia, también resultado de un contrato entre iguales, se convirtió en la respuesta lógica a las complejidades de la vida de esta nueva sociedad.

Las nuevas empresas destruyeron los gremios, obligando a los artesanos anteriormente independientes a convertirse en empleados anónimos de las mismas empresas que los habían enviado a la bancarrota. Las nuevas organizaciones verticales no ofrecían las garantías que proporcionaba el orden feudal. Los empresarios industriales no tenían ninguna de las obligaciones que el señor feudal había tenido en cuanto a proporcionar un sustento a sus trabajadores. El nuevo empresario podría despedirlos a voluntad. Además, los propios empresarios también podrían ir a la quiebra. El poderoso terrateniente que dominaba tanto el poder económico como el político, capaz de reorganizar la producción y las relaciones obrero-patronales para resolver los problemas sociales, desapareció bajo el dominio de la Revolución Industrial. La gente lo echaba mucho de menos.

El entorno social se transformó casi hasta quedar irreconocible por estas tendencias. La riqueza física de los países europeos aumentó exponencialmente a medida que las empresas industriales y de servicios recién creadas acumularon inversiones en maquinaria y equipo de una magnitud sin precedentes. Sin embargo, el progreso se distribuyó de manera bastante desigual. El crecimiento de la industria perturbó gravemente el estilo de vida de la población y empeoró considerablemente el nivel de vida de un gran número de personas, creando un tipo de pobreza urbana que nunca había existido.

Con el desarrollo de las economías de escala de la producción industrial, todo lo económico se volvió masivo. La base individualista de la producción feudal fue destruida. Los métodos de producción a gran escala, introducidos en la agricultura, la industria, el comercio y los servicios en general, desplazaron a las actividades primitivas que habían proporcionado el sustento a la mayoría de la población. Cambiaron la forma de la sociedad, de una en la que la mayoría de la gente trabajaba por cuenta propia —incluso si se inserta dentro de los sistemas señoriales o gremiales—, en una en la que la mayoría de ellos trabajaban en empresas propiedad de otros. La mayoría de las personas se encontraron frente a circunstancias para las que nunca habían estado preparadas. El peso del ajuste recayó principalmente en las personas menos educadas.

Este proceso no fue continuo. Fue en oleadas, no solo en términos de invención de nuevos productos, sino también en términos de tecnologías de gestión. Hubo una tendencia subyacente hacia la especialización a lo largo de todo el proceso. Sin embargo, la forma que tomó esta especialización varió de una etapa del proceso a otra. La especialización total del trabajo que conocimos en nuestra generación —personas que realizan una sola operación de forma continua— existió desde el comienzo de la Revolución Industrial, pero su aplicación fue limitada. En las fábricas de finales del siglo XVIII y principios del XIX los maestros artesanos tuvieron una participación destacada en la primera etapa de la industrialización. Llevaban a cabo operaciones especializadas que las máquinas no habían podido realizar.

Los maestros artesanos todavía conservaron su importancia en la segunda ola de la Revolución Industrial, cuando los productos químicos, el acero y la maquinaria pesada se convirtieron en los productos líderes. Incluso las primeras fábricas de la segunda ola de productos —automóviles, aviones, teléfonos— usaban a los artesanos libremente. El ambiente en la mayoría de las fábricas seguía siendo flexible, no solo para los maestros artesanos, sino también para el resto de los trabajadores. No fue sino hasta principios de 1900 que Henry Ford creó la primera línea de montaje de automóviles en la que todas las operaciones eran repetitivas. Esta innovación llevó a la industrialización a su máxima expresión. Toda la fábrica se convirtió en una máquina y los trabajadores en piezas intercambiables de esta máquina.

Fue en la última de estas etapas, al convertirse los trabajadores en piezas de maquinaria en las primeras décadas del siglo XX, cuando los conflictos de la industrialización se sintieron con toda su fuerza. Las concentraciones masivas de trabajadores estandarizados facilitaron el crecimiento de los sindicatos. Al ser iguales entre sí, adquirieron una conciencia de clase. A principios de la década de 1900, los sindicatos se hicieron lo suficientemente fuertes como para desafiar a los empleadores con huelgas largas y sostenidas. Los partidos políticos socialistas también crecieron hasta el punto de convertirse en contendientes plausibles para cargos gubernamentales electos. Todas las presiones que se habían acumulado durante más de un siglo de agitación estallaron en los terribles conflictos del siglo XX.

Europa tormentosa

Estos acontecimientos tuvieron efectos trascendentales en la vida política de las sociedades industrializadas. A medida que la población fluía hacia las ciudades superpobladas y la vida urbana se volvía insoportablemente miserable, el descontento se movilizaba rápidamente, las ideas se intercambiaban con facilidad y la política asumía un carácter de masas que era nuevo en Europa. A medida que las masas urbanas se afirmaban políticamente, se creó un mercado para todo tipo de ideologías con el objetivo de poner fin al dominio de los regímenes en el poder, que iban desde la anarquía hasta el socialismo y la democracia. Aunque muchos de los actores de esta confrontación la describieron como una lucha para acabar con el dominio de las élites, en realidad condujo a una sustitución de estas y a un cambio en la forma en que las nuevas y posteriores élites obtuvieron el poder económico y político.

Las nuevas sociedades se volvieron dinámicas y el poder relativo de los diferentes grupos cambió con rapidez. Los conflictos políticos ya no se resolvían entre los iniciados. El poder de las élites políticas se veía desafiado no solo políticamente, sino también en otra dimensión fundamental: su base económica estaba siendo erosionada por los nuevos acontecimientos económicos. Con la expansión del comercio mundial en la segunda mitad del siglo XIX, Europa se vio inundada de productos agrícolas baratos producidos en las Américas. Los precios de estas mercancías cayeron, reduciendo el valor de la tierra y, con ello, las rentas de los terratenientes que habían dominado las economías de sus países en los siglos anteriores. En cuestión de décadas, el poder económico se desplazó de manera radical hacia los nuevos industriales, comerciantes y financieros.

Pero la Revolución Industrial no fue solo un cambio de una posición estática a otra. Fue un cambio de ser estático a estar en perpetuo cambio. Este fue el gran reto de la Revolución Industrial: una transformación que se puede resumir como la de pasar del Ser al Devenir. La gente se resistió enérgicamente.

En resumen...

Hasta este momento hemos establecido que las transformaciones sociales profundas, como las de las revoluciones tecnológicas, llevan a la desintegración de las instituciones que sostienen el orden existente. Para las dos siguientes partes del libro tenemos dos tareas: una, confirmar esta conclusión y, dos, determinar por qué unas sociedades caen en las doctrinas destructivas y otras no.

Hay dos ideas a confirmar. La primera, basada en los análisis de los capítulos anteriores, es que las sociedades que establecen la separación de los poderes económico, político y religioso se desarrollan en libertad, con respeto a los derechos individuales y con mayor eficiencia económica que los que optan por los regímenes verticales, unidimensionales. La segunda idea es que el orden unidimensional genera un pensamiento en ese mismo sentido, y viceversa, de tal manera que las sociedades unidimensionales generan una coherencia entre el pensamiento y la acción basada en una justificación de la verticalidad como la de los países nazis y comunistas. Igual pasa con las sociedades multidimensionales, que generan un pensamiento multidimensional.

Las próximas dos partes del libro se dedican a confirmar esta conclusión. Lo hacemos enfocándonos en dos dimensiones de la Revolución Industrial: en la del pensamiento (en la parte 2) y en la de la realidad política de varios países (en la parte 3). En ellas veremos cómo los países con pensamiento unidimensional generan realidades unidimensionales y rígidas, que eventualmente se rompen al enfrentarse a cambios irresistibles, caen en caos y de ahí en regímenes tiránicos.

Estas conclusiones son claves para entender cómo evitar caer en la destructividad de la Revolución Industrial y lo que podemos esperar de los países que adopten una filosofía unidimensional.

PARTE 2
LAS MENTES UNIDIMENSIONALES

Ser esclavo de los pedantes, ¡qué destino para la humanidad!

MIJAIL BAKUNIN[1]

---

[1] Mikhail Bakunin en su *Critique of the Marxist Theory of the State, Statism and Anarchy*, en Marxist Internet Archive, https://www.marxists.org/reference/archive/bakunin/works/1873/statism-anarchy.htm.

4

Las religiones materialistas

La omnipotencia de la ciencia

La violencia religiosa ha sido común en la historia de la humanidad. Sin embargo, los últimos 200 años fueron testigos de un cambio en el alcance de las creencias religiosas, que se combinaron con los avances tecnológicos para producir la terrible destructividad de los tiempos modernos. En la antigüedad, los estados de perfección inmutable eran prometidos exclusivamente por las religiones convencionales y se relacionaban con el otro mundo. Con el racionalismo que prevaleció en la Revolución Industrial estas religiones sufrieron un drástico declive, pero fueron sustituidas por religiones laicas, que prometían la misma perfección, pero aquí en este mundo.

Así, la Revolución Industrial trajo consigo un estallido de religiones materialistas que eventualmente legitimaron la destructividad del siglo XX. Estas religiones eran derivadas de la interpretación determinista de la realidad que se había puesto de moda a raíz del desarrollo de las ciencias naturales. Esta interpretación estaba basada en tres creencias simples. Primero, que la naturaleza se comporta de acuerdo con leyes invariables, de tal manera que la misma acción realizada en las mismas circunstancias produce siempre el mismo resultado. Segundo, que los seres humanos pueden entender las leyes que rigen todos los fenómenos. Tercero, y muy importante, que la comprensión de una ley natural permite su manipulación. Es decir, para cada ley natural tenía que haber una aplicación de ingeniería, una máquina que la usaría para funcionar de manera predecible cada vez que se iniciara. Estas ideas fueron traducidas acríticamente a las ciencias sociales. Mucha gente creyó que las sociedades podían moldearse de la misma manera que el acero, convirtiéndolas en maquinarias que producían como resultado un comportamiento social deseado.

Así nacieron las ciencias sociales, siguiendo los caminos abiertos por las ciencias físicas y la ingeniería. Con bastante frecuencia, este evento se describe como una liberación de la superstición. Puede traer este resultado algún día. En los últimos dos siglos, sin embargo, le dio a la "razón" el lugar que las viejas supersticiones habían ocupado en la mente humana. *Científico* reemplazó a *sagrado* como la palabra que describía la fuente de las verdades inamovibles, y se convirtió en la principal tapadera para ocultar los prejuicios, pues los avances de la ciencia física siempre podían interpretarse de maneras diferentes e incluso opuestas cuando se trasladaban a la arena social. Por ejemplo, el darwinismo y su supervivencia del más apto parecían dar apoyo científico a las luchas políticas y militares en donde todo está permitido que Nietzsche glorificaba en sus escritos, así como a la competencia económica sin restricciones defendida por los liberales de la escuela de Manchester.[1] Sin embargo, otras personas influenciadas por Darwin señalaron a los conejos, las hormigas y otros animales débiles para argumentar que los más aptos no eran los que competían sino los que cooperaban. El corolario que extrajeron de esto fue que la ciencia apoyaba el socialismo, no los mercados, y que era mejor una evolución pacífica que la confrontación.

No hay nada inusual en la ambigüedad científica. En realidad, el motor de la ciencia es la duda perpetua de cualquier cosa y de todo, incluidos los resultados de los propios pensamientos y descubrimientos. La verdadera ciencia es incrédula. El problema es que la ciencia introdujo suficiente duda como para destruir el concepto de Dios en la mente de muchas personas, pero no eliminó la necesidad que las mismas personas tenían de certeza, una necesidad que la idea de Dios había llenado durante muchos siglos. En estas circunstancias,

---

[1] Mucha gente ha visto una conexión de las ideas de Nietzsche con las de Darwin. Muchos de sus seguidores lo niegan, señalando el hecho de que Nietzsche se burló de los darwinistas en varias ocasiones. Nietzsche, sin embargo, despreciaba a los darwinistas no porque no le gustara la lucha desnuda por el poder, sino porque pensaba que los darwinistas estaban equivocados al creer que tal lucha estaba teniendo lugar en la sociedad. Para Nietzsche, el problema de Europa era precisamente que no se estaba produciendo.

recurrieron a la ciencia en busca de tal certeza, algo que la ciencia, por su propia naturaleza, no podía proporcionar.

Creyendo que ya conocían la mayoría, si no todas, las leyes de la naturaleza, la gente del siglo XIX adquirió un peligroso sentido de omnipotencia, mientras que el mito de la objetividad de la ciencia les dio un igualmente peligroso sentido de rectitud. Inevitablemente, este sentido de omnipotencia tuvo que conducir a confrontaciones entre los diferentes pretendientes a la misma.

Los científicos sociales, en lugar de convertirse en un grupo uniforme de escépticos, se dividieron en facciones opuestas, todas ellas creyendo que tenían la verdad última, revelada por una diosa pagana, llamada Ciencia, que había matado a un dios antiguo, llamado Dios. En la antigua tradición de las religiones, la ciencia bendijo las armas de los dos ejércitos enemigos. Después de haberse casado con su enemigo jurado, la intolerancia, la ciencia se mezcló ominosamente con la violencia.

Las ciencias sociales adoptaron las tres ideas de las ciencias físicas: que el comportamiento de las sociedades se rige por leyes inmutables, que los seres humanos pueden entender todas estas leyes, y que luego pueden usarlas para hacer ingeniería, en este caso ingeniería social. Pero para poder hacer esto, los científicos sociales tenían que pasar por una etapa implícita en las ciencias naturales: la posibilidad de hacer predicciones, de tal manera que se pueda decir que si se hacen ciertas cosas ciertas otras cosas sucederán como consecuencia. Con Hegel y luego con Marx surgió la filosofía de la historia, que, al igual que la Divina Providencia en la religión cristiana, marcaba el camino que tenía que seguir la Historia, con H mayúscula. Este camino inevitablemente llevaba al paraíso, que estaba en el cielo en el caso de Hegel, y en la tierra en el Paraíso Comunista en el caso de Marx.

La invención de este cielo tuvo una doble utilidad: además de predecir "científicamente" hacia dónde iba a marchar la Historia, estableció el criterio fundamental de una nueva moralidad que no estaba fundada en un juicio sobre la bondad o maldad de los actos en sí sino sobre el papel que esas acciones jugaban en el acceso a ese paraíso. Si una acción ayudaba a que la humanidad se acercara a ese paraíso, esa acción era buena, aunque las morales convencionales la consideraran mala (como matar o robar, por ejemplo). En el fondo, como veremos, este nuevo criterio establecía una moralidad basada en la identidad de una persona, definida por el lado en el que ella estaba en el avance de la historia. Así, en el mundo de Marx, si un miembro de la vanguardia de la Historia (es decir, un miembro del Partido Comunista) decidía matar a alguien que se oponía al partido no cometía un crimen porque esa persona había estado en contra de que el mundo entero avanzara hacia el Paraíso Comunista. En cambio, si esta persona mataba a un comunista para avanzar los intereses de su propio partido, esto siempre era un crimen, doble en realidad, por matar a un ser humano y por retardar la llegada al Paraíso Comunista.

La nueva moralidad y la ciencia

Junto con el culto a la nueva religión, surgió una nueva moralidad, que justificaba cualquier delito si se cometía en nombre de lo que se consideraba una predicción científica de la Historia.

Esta moralidad tuvo un enorme éxito entre cierto tipo de gente y lo sigue teniendo porque define con antelación cuál es el equipo ganador y le permite hacer cualquier cosa para ganar. Además, en armonía con una idea muy en boga actualmente, define personas que siempre son buenas y otras que siempre son malas, sin importar lo que hagan. Pretende ser, también, una moralidad basada no en conceptos filosóficos o vagas ideas, sino en la ciencia pura, supuestamente comprobable en la realidad pero, de modo conveniente, esta definición se volvería obvia al final de la Historia, cuando todos estuvieran ya muertos y sus descendientes vivieran en el Paraíso Comunista o en el Reich de los Mil Años.

Estas escalofriantes palabras de Lenin tienen sus raíces en esta corrupción de la ciencia:

> Para nosotros no existe ni puede existir el viejo sistema de moral y "humanidad" inventado por la burguesía con el fin de oprimir y explotar a las "clases inferiores". Nuestra moralidad es nueva, nuestra humanidad es absoluta, porque descansa en el brillante ideal de destruir toda opresión y coerción.
>
> Para nosotros todo está permitido, porque somos los primeros en el mundo en levantar la espada no en nombre de esclavizar y oprimir a nadie, sino en nombre de liberar a todos de la esclavitud [...] ¿Sangre? Que haya sangre, si es la única

que puede convertir el estandarte gris, blanco y negro del viejo mundo tiránico en un tono escarlata, porque solo la muerte completa y final de ese mundo nos salvará del regreso de los viejos chacales.[2]

Lenin pensó que era libre de derramar tanta sangre como quisiera porque estaba seguro de que estaba avanzando los intereses de la Historia. De manera similar, Hitler pensó que estaba libre de la moralidad convencional de los hombres inferiores porque era un Gran Hombre, el constructor del Reich de los Mil Años. Putin se cree grande porque está cumpliendo el destino imperial de la Vieja Rusia y la Unión Soviética. Todos ellos sintieron, o sienten en el caso de Putin, que el ser destructivos en gran escala los hace inmunes a los preceptos morales que restringen las acciones de los meros mortales.

Esta moralidad perversa, tanto del lado de Lenin como del de Hitler y Putin, tiene su origen en la obra de un profesor de filosofía idealista que vivió a finales del siglo XVIII y principios del XIX en Prusia, Friedrich Hegel. Era un origen improbable, porque la idea fundamental de Hegel era que todas las personas debían ser libres y usar su libertad para acercarse a Dios. Sin embargo, en el curso de su búsqueda de una teoría de los factores que determinan el curso de la historia, tergiversó esta idea tan a fondo que resultó en su negación. Pretendiendo creer en la libertad como derecho fundamental del ser humano, acabó justificando las acciones de regímenes tiránicos y destructivos. A través de esas ideas, Hegel tiene el perverso privilegio de ser el abuelo intelectual tanto del comunismo como del nazismo, el primero a través de la filosofía de Karl Marx y el segundo a través de la de Friedrich Nietzsche.

Comprender los pasos que dio Hegel en esta perversión de la moral es clave para entender cómo millones de personas se convencieron a sí mismas de que era justo perder su libertad y prestar su esclavitud para la comisión de crímenes atroces en nombre del progreso.

La violencia, la coerción y la destructividad no eran nuevas. Lo que estas ideas proporcionaron fue su legitimación.

---

[2] Lenin en un artículo en *Krasnyi Mech* (*The Red Sword*, núm. 1, 18 de agosto de 1919), una publicación de la Cheka, la original KGB. Citado en Ronald W. Clark, *Lenin. A Biography*, p. 378.

Hegel

Hegel fue el padre de la filosofía de la historia, es decir, el estudio de los factores que determinan el curso de los acontecimientos humanos. Su *Introducción a la filosofía de la historia* pretendía identificar las razones por las que la historia ha producido el presente y no cualquiera de la infinidad de otras historias que hubieran sido posibles. Conociendo estos factores, sería posible trazar el futuro de la humanidad. Esto es lo que Hegel pensó que había hecho.

Para creer que la historia se puede predecir, primero se debe creer que hay una fuerza que guía los eventos de la historia en una dirección definida. Hegel pensó que tal fuerza existía y que era provista por el fuerte deseo del hombre de volverse uno con Dios. Esto era así porque, según Hegel, el hombre era un espíritu alienado de Dios, es decir, una parte de Dios que se había separado de Sí mismo al someter su naturaleza divina a las limitaciones de la vida material. Esta alienación —o separación— fue la causa de la profunda infelicidad característica del ser humano. El hombre anhelaba estar cerca de Dios y era infeliz porque estaba lejos de Él. En sintonía con este diagnóstico, Hegel definió el progreso humano como la búsqueda del hombre por reencontrarse con la Divinidad.

La dialéctica trascendental

Según Hegel, la gente buscaba a Dios a través del devenir de la Historia, en un largo proceso de prueba y error. En este proceso, convertían en carne y sangre una progresión de ideas que pensaban que los llevarían a Él. Estas ideas seguían un patrón definido en su evolución, que él llamó la dialéctica trascendental. Al emerger, una nueva idea traía consigo su opuesto, su propia negación, del mismo modo que el concepto de sí crea el concepto de no. Esto, a su vez, creaba un conflicto en la mente inquisitiva: ¿cuál era la verdad, la nueva idea o su opuesto?

El dilema no se resolvía por el triunfo de una idea sobre su opuesta, sino por el surgimiento de una nueva idea superior, cuya superioridad consistía en armonizar la oposición entre las dos anteriores, negando así la negación encarnada en el conflicto original. Pero esta nueva idea, a su vez, traería consigo su propia negación. El proceso continuaría de esa manera, conduciendo al descubrimiento de ideas cada vez más elevadas. La idea original fue la tesis, su negación fue la antítesis, y la idea que eliminó el conflicto entre las dos fue la síntesis. Este era el mecanismo del progreso.

En la filosofía de Hegel, cada etapa conducía a un mayor nivel de abstracción. Así, por ejemplo, Cantidad y ausencia de Cantidad fueron reemplazados por Medida (la categoría utilizada para determinar la Cantidad, que también determina si no hay Cantidad), mientras que Medida fue reemplazada por Esencia. La progresión no continúa para siempre. En las últimas etapas, el Arte reemplaza a la Mente Ética, la Religión reemplaza al Arte y el Conocimiento Absoluto reemplaza a la Religión. Ahí se detenía el proceso. Con el Conocimiento Absoluto, el hombre habría alcanzado la autoconsciencia, la última etapa en el desarrollo de la humanidad, la identificación con Dios. El hombre ya no estaría alienado.[3]

Así, para Hegel, el nivel de autoconsciencia definía el progreso, y aumentarlo hasta su perfección absoluta era el objetivo del progreso. Los hombres realizaban su búsqueda aumentando sus conocimientos hasta llegar al Conocimiento Absoluto.

Es importante notar, para luego identificar una incoherencia clave en el pensamiento de Hegel, la importancia de la libertad en su teoría de la Historia. Lógicamente, la autoconsciencia estaba íntimamente ligada a la libertad, pues el espíritu no puede desarrollar sus potencialidades si no goza de libertad. Pero la libertad no podía ser arbitraria. Si lo fuera, algunos podrían usar su libertad para manipular a otros, convirtiéndolos en medios para alcanzar sus propios fines y apartarlos del camino hacia Dios. La libertad de unos sería la esclavitud de otros. Así, Hegel planteó que la libertad debe tener un solo propósito. Debería existir solo en la medida en que promoviera la autoconsciencia de todas las personas. Otros tipos de libertad no eran justificables.[4]

Hegel pensaba que la libertad era tan importante que definió las etapas de la Historia en términos de ella. Él planteó que había habido tres etapas principales en la historia, según el desarrollo del conocimiento de las personas sobre su propia libertad. En el antiguo Oriente, la gente no sabía que era libre, solo que uno, el déspota, era libre. La libertad de este déspota no era verdadera libertad,

---

[3] La crítica de Marx de *Phenomenology* de Hegel en su *Economic and Philosophic Manuscripts of 1844*, en Robert C. Tucker, *The Marx-Engels Reader*, pp. 109-125.
[4] Hegel, en *Introduction to the Philosophy of History*, pp. 35-37.

solo licencia para el capricho, la arbitrariedad y el salvajismo. La segunda etapa de la historia había comenzado cuando los griegos descubrieron que eran libres. Sin embargo, tenían esclavos y, por tanto, solo sabían que algunos eran libres. Este había sido un estado imperfecto y transitorio. La tercera etapa se había inaugurado recién en la Edad Media, cuando los pueblos germánicos comprendieron que todas las personas son libres. Esta verdad había llegado a los alemanes a través del cristianismo. Su descubrimiento había preparado el escenario para el verdadero desarrollo del espíritu humano, que finalmente conduciría al Conocimiento Absoluto.

Esto tenía que suceder, porque, aunque la gente no lo supiera, la Historia contenía en sí misma el anteproyecto de su propio devenir. Las ideas que definían el anteproyecto flotaban en el ambiente, por así decirlo, sugiriéndose como el próximo paso en la historia. Así, la humanidad progresaba de manera casi inconsciente, descubriendo en secuencia las ideas cada vez más elevadas contenidas en el plano de la Historia, como los árboles descubren el siguiente paso que deben seguir en su desarrollo en el código genético contenido en las semillas de las que nacieron.[5]

Pero ¿por qué, si era verdaderamente libre, la gente debería seguir siempre el modelo? Hegel no fue un pensador ingenuo. Pensaba que la mayoría de la gente actúa sobre la base de sus necesidades e intereses individuales, condicionados por su carácter y talento. Para él, los objetivos universales, como expandir la libertad a todos, jugaban un papel insignificante en la evolución de la sociedad. Entonces, ¿cómo podía afirmar que, en un mundo lleno de infinidad de intereses y pasiones individuales, la Historia estaba siguiendo consecuentemente el camino dictado por el Espíritu?

Su respuesta fue que el Espíritu tenía instrumentos para guiar a los seres humanos hacia las ideas correctas. Estos instrumentos eran los Grandes Hombres, quienes recogían las ideas del entorno y las aplicaban a la realidad. Hacían eso no porque hubieran entendido que tales ideas eran necesarias para el descubrimiento final del Conocimiento Absoluto, sino para perseguir sus propias pasiones e intereses privados.[6] La Historia es lo suficientemente inte-

---

[5] *Ibid.*, p. 21.
[6] Hegel en *Introduction to the Philosophy of History*, Monroe C. Beardsley (ed.), *European Philosophers from Descartes to Nietzsche*, pp. 563-564.

ligente como para colocar a las personas correctas en el lugar correcto y darles las motivaciones correctas, que eran solo humanas.

Con esta respuesta, Hegel entró en una seria contradicción en cuanto a sus propias ideas, ya que las personas que él planteó como Grandes Hombres eran en realidad grandes tiranos como Julio César y Napoleón. Estas personas se habían engrandecido al restringir no solo el derecho a la libertad de otras personas sino también su derecho a vivir. Esto iba en contra del proceso fundamental de otorgar libertad a todos, que Hegel había dicho que era la condición previa para la búsqueda del Conocimiento Absoluto.

Para salir de este dilema, Hegel argumentó entonces que las normas de moralidad que los hombres normales deberían obedecer no podían aplicarse al progreso de las naciones ni a los Grandes Hombres que estaban detrás de él. En el gran esquema de las cosas, los Grandes Hombres respondían solo al Espíritu Guía y este solo a Sí mismo.

> A este respecto, se ha planteado la duda de si los seres humanos se han vuelto mejores a través del progreso de la historia y la civilización, si su moralidad ha mejorado [...] Podemos ahorrarnos la molestia de ilustrar el mero formalismo y el error de tal punto de vista, y de establecer los verdaderos principios de la moralidad. Porque la historia del mundo se mueve en un nivel más alto que aquel en el que la moralidad propiamente existe [...] Sea lo que sea lo que exija y logre la meta final del Espíritu, en y para sí mismo, lo que sea que haga la Providencia, todo esto trasciende las obligaciones, las imputaciones, las demandas, etc., que recaen sobre los individuos en cuanto a su conducta ética [...] Pero visto desde este punto de vista, las demandas morales no deben oponerse a los hechos históricos universales y a quienes los hacen, ya que esas demandas no aplican aquí.[7]

Así, en la moral de Hegel, el fin justificaba los medios, pero solo para los Grandes Hombres, aquellos que estaban del lado del Espíritu y empujaban por sus objetivos con un poder abrumador. Todas las demás personas tenían que sujetarse a la estricta moralidad que delineó para los comunes mortales.

Esta conclusión es terriblemente perversa, porque no solo justifica la destructividad, sino que solo lo hace cuando se lleva a cabo de forma masiva. Era

---

[7] *Ibid.*, pp. 70-71.

el número de muertos el que liberaba a los Grandes Hombres de las restricciones de la moralidad.

Hegel pensó que esta angustiosa conclusión no debía preocupar a nadie, porque pensaba que la Historia ya había terminado con el reinado de su patrón, el Rey de Prusia. Por lo tanto, no se necesitarían más Grandes Hombres, al menos en Prusia. Muchas de las personas a las que influyó pensaron lo contrario. Se necesitaban nuevos Grandes Hombres, y el camino para convertirse en uno de ellos era destruir a gran escala en nombre del Espíritu Mundial, la Historia, la voluntad del Superhombre, el Reich de los Mil Años, o cualquier concepto similar.

Karl Marx expresó con suma claridad la perversión de la ciencia y la filosofía que vino con el descubrimiento de que podía reemplazar a la religión como guía para actuar en la dirección señalada por los líderes. "Los filósofos solo han interpretado el mundo de diversas maneras; el punto, sin embargo, es cambiarlo".[8]

Esa fue la perversión de la ciencia. Los nuevos profetas de la ciencia como religión no fueron fieles al objetivo básico de la ciencia —conocer y comprender la realidad—, sino que la estaban usando como la música del flautista de Hamelín para atraer a la gente a hacer lo que los profetas querían que hiciera. Marx convirtió la filosofía en una máquina de propaganda.

Los profesionales de la destrucción

Vincular a Nietzsche con Marx es una doble herejía, que probablemente atraerá gritos de anatema de dos grupos que se ven como enemigos jurados. Vincularlos en relación con la violencia es aún peor porque los seguidores contemporáneos de cada uno de ellos niegan acaloradamente la naturaleza violenta de los pensamientos de sus admirados maestros. Esto es particularmente cierto en el caso de los admiradores de Nietzsche, que piensan que él fue el campeón de las transfiguraciones espirituales más que el defensor de la destructividad. Ciertamente, su conexión con el nazismo es mucho menos

---

[8] Marx en "Theses on Feuerbach", en Robert C. Tucker (ed.), *The Marx-Engels Reader*, pp. 143-144.

directa que la de Marx con el comunismo. Sin embargo, el núcleo sobre el que los nazis construyeron su desordenada ideología coincidía con las ideas que expresó, en su forma más perversa, Nietzsche. Y, en realidad, como también discutiremos, incluso Marx y los comunistas actuaron sobre la base de la destructividad que nadie ha descrito con tanta claridad como Nietzsche.

Los dos filósofos eran diferentes en muchos aspectos. La filosofía de Nietzsche es la afirmación de una visión aristocrática de la vida, mientras que el marxismo pretende ser la afirmación de los valores de las masas. Nietzsche vio el surgimiento de la burguesía como un desastre que caía sobre la humanidad, solo inferior al provocado por el ascenso de los trabajadores. Aunque los odiaba, Marx vio en la aparición de los burgueses un hito en el progreso de la humanidad, que se completaría con la escalada al poder de los proletarios. Lo que para Marx fue un avance en la historia —la desaparición del viejo orden aristocrático—, fue visto por Nietzsche como la peor regresión que había presenciado la historia.

Sin embargo, un ligero rasguño en la superficie del pensamiento de los dos filósofos revela sorprendentes similitudes en la forma en que veían a su sociedad contemporánea, en su deseo de destruirla, en los medios que iban a utilizar para tal fin, e incluso en el tipo de sociedad que emergería después de la destrucción. Los dos pensaron que un Hombre Nuevo vendría a resolver todos los problemas de la humanidad. Al igual que Marx, Nietzsche creía que todo estaba permitido en nombre de ese Hombre Nuevo y que la violencia era un elemento esencial en la búsqueda del progreso humano.

Ambos crearon filosofías que se ocupaban esencialmente del poder. Incluso si Marx vivió antes que Nietzsche, escribió y vivió en el espíritu de él, lo cual fue posible solo porque ese espíritu no fue una invención de Nietzsche. Tanto el poder abrumador y amoral de la Historia de Marx como los igualmente abrumadores y amorales Superhombres de Nietzsche eran descendientes directos del Espíritu del Mundo de Hegel. Fundamentalmente, ambos apuntaban a detener las tendencias que estaban dando origen a la sociedad moderna del siglo XX. Esta era la fuente de su destructividad esencial.

Marx

La destructividad del marxismo es evidente en su tratamiento de la violencia que era necesaria para la revolución proletaria. Hay tres aspectos diferentes en las teorías de Marx. En primer lugar, un análisis de la historia dirigido a encontrar las leyes fundamentales que guiaron su progreso. En segundo lugar, una visión de futuro que sucedería nos gustara o no. En tercer lugar, un plan para hacer revoluciones, destinado a guiar a sus seguidores en el asalto al poder. En este camino Marx pasaba del pasado al futuro.

Él y sus seguidores pretendían que sus proyecciones del futuro se basaban en sus leyes de la historia, de modo que todas sus teorías eran coherentes entre sí. Sin embargo, al seguirlo en la transición del pasado al futuro, uno descubre que la visión del futuro de Marx tiene poco que ver con su análisis del pasado. El contraste entre ambos es tan marcado que parecería que fueron producidos por dos personas diferentes con puntos de vista opuestos sobre el curso de la historia.

Sin embargo, cuando se toma en el análisis el plan de las revoluciones, las ideas de Marx encajan perfectamente en su lugar, en un paquete admirablemente coherente. Tanto el análisis de la historia como las visiones del futuro son armas para usar en el asalto al poder.

Copiando a Hegel, Marx basó su análisis histórico en una alienación original y el curso de la Historia en un proceso dialéctico. Lo único que cambió fue que la alienación y el proceso los convirtió de espirituales a materiales. La motivación fundamental del hombre no era estar cerca de Dios sino (coincidiendo curiosamente con muchos teóricos del mercado, incluyendo a Jeremy Bentham) su propio beneficio económico. Su sufrimiento no era causado porque estuviera alienado de Dios sino alienado de los beneficios de su propio trabajo, la consecuencia de la explotación a la que había sido siempre expuesto.

La Historia había tenido tres etapas principales, y se había movido de una a la siguiente de acuerdo con un proceso dialéctico que no era transcendental sino materialista. La Historia había comenzado con la esclavitud, en la que había una contradicción entre el esclavista y el esclavo, y luego se había movido dialécticamente hacia sistemas más eficientes económicamente. Así, la síntesis que sustituyó a la esclavitud fue el feudalismo, que era más eficiente que la esclavitud. El feudalismo a su vez creó una nueva contradicción entre señores feudales y siervos, que fue superada por el surgimiento del capitalismo, que era más eficiente.

En su análisis histórico Marx repetidamente escribió que el simple descontento de esclavos o siervos no era suficiente para provocar un cambio histórico de sistemas. Era necesario el cambio de métodos de producción para que el sistema pasara de la esclavitud al feudalismo y al capitalismo. Ese proceso, según su análisis histórico, había sido inevitable y pacífico porque no había habido necesidad de que los esclavos mataran a los esclavistas para que la esclavitud diera paso al feudalismo. Solo había sido necesario que los métodos de producción del feudalismo fueran más eficientes que los de la esclavitud. Cuando esto pasó, las empresas esclavistas habían desaparecido, junto con la esclavitud, sustituidas por empresas feudales. Igualmente inevitable era la transición del feudalismo al capitalismo y de este a la Dictadura del Proletariado, y de ahí al Paraíso Comunista. Pero, sorprendentemente, la penúltima transición no iba a ser pacífica. Marx nunca explicó por qué su doctrina tenía esta contradicción. En este caso, Marx prescribió una revolución violenta, y una que no sería movida por un cambio de tecnologías, porque la Dictadura del Proletariado usaría las mismas tecnologías del capitalismo.

Esta contradicción la vieron muchos de sus contemporáneos. En un discurso de 1891, August Babel, el líder socialista alemán, mencionó este punto: "La sociedad burguesa está trabajando tan eficazmente hacia su propia caída que solo tenemos que esperar el momento para recoger el poder que se le cae de las manos [...] Sí, estoy convencido de que la realización de nuestros objetivos está tan cerca que hay pocos en este salón que no vivirá para ver el día".[9]

Como Babel, Marx estaba convencido de que el colapso estaba cerca. ¿Por qué entrar en revoluciones sangrientas?

La respuesta es que Marx se decidió por la violencia porque eso es lo que él había querido desde el principio. Él quería justificar una revolución sangrienta. Para él, "los filósofos solo han interpretado el mundo, de diversas maneras; el punto es cambiarlo".[10] Marx comenzó con las conclusiones que quería extraer de la Historia y luego ajustó su análisis para llegar a ellas. En el proceso

---

[9] Citado en Sebastian Haffner, *Failure of a Revolution: Germany 1918-1919*, pp. 15-16.
[10] Karl Marx en "Theses on Feuerbach", Marx/Engels Internet Archive, https://www.marxists.org/archive/marx/works/1845/theses/theses.pdf.

no pudo evitar incoherencias. Quería una revolución e ideó su filosofía para alcanzar ese objetivo: ejercer su voluntad de poder.

El marxismo no era una filosofía de la historia sino una doctrina para alcanzar el poder. Muy adentro de él mismo, Marx operaba en el reino de Nietzsche, en el mundo de los Grandes Héroes de este y de Hegel, aunque nunca conoció a Nietzsche ni leyó su filosofía.

Así, la pregunta de por qué prescribió la violencia solo la podemos contestar después de analizar los mecanismos psicológicos que llevan a los pueblos a la destructividad, que son iguales independientemente de la ideología que la legitima. Para este propósito no hay nada mejor que la filosofía de Nietzsche, que no solo describió esta psicología, sino que además la glorificó en sus impactantes escritos.

En resumen...

Durante el desarrollo temprano de los países europeos, las sociedades unidimensionales se atrasaron con respecto a las multidimensionales en la organización de un Estado que promoviera no solo la participación democrática sino también la justicia y la eficiencia. Cuando llegó la Revolución Industrial, y fue necesario crear un nuevo orden, filósofos y pensadores crearon sistemas de ideas que podrían ser el fundamento de ese nuevo orden. Ciertos filósofos, como Hegel, Marx y Nietzsche, crearon ideas unidimensionales, que luego fueron adoptadas por sociedades unidimensionales para crear nuevas sociedades también unidimensionales, como los países comunistas y nazifascistas. Esos países, como vamos a ver en la tercera parte del libro, crearon las tragedias del siglo XX para ellos mismos y para el resto del mundo.

Los seres humanos creyeron renunciar a la religión y a la creencia en Dios cuando comenzaron a desarrollar la ciencia, pero no lograron escapar de ella en sus aspectos unidimensionales y pusieron una fe en la ciencia tan ciega como había sido su fe en Dios, a pesar de que la naturaleza misma de la ciencia rechaza la fe como fuente de conocimiento. Pero la idea de que ya habían destruido la fe les dio una coartada para poner una fe todavía más fuerte en la ciencia, y para usar a esta como había usado la religión, para justificar sus prejuicios y sus intereses políticos y económicos. Con el tiempo, la ciencia, y su madre, la filosofía, fueron pervertidas para pretender que apoyaban las doctrinas más destructivas que ha habido. Aunque varios filósofos participaron en esta tarea, el más poderoso de ellos en términos de pintar el mundo que venía en el siglo XX fue Friedrich Nietzsche, que analizamos en el capítulo siguiente. Es importante conocer esta filosofía no solo para entender las ideas que actuaban en la gente que escogió las doctrinas destructivas del siglo XX sino para entender las que actúan en los que las están escogiendo ahora en nuestras crisis.

5

Nietzsche y la voluntad de poder

La visión de la historia de Nietzsche

Para Nietzsche, el impulso fundamental de la vida era la Voluntad de Poder, la voluntad que tienen los seres vivos de dominar el entorno hasta que una fuerza superior los frena. Este impulso está presente en todas las formas de vida. No es el deseo de disfrutar de las cosas que se pueden obtener con el poder, sino el anhelo del poder en sí mismo. Para él, los hombres nacían con una fuerza natural, que los comandaba hasta gastarse del todo en una continua lucha por la dominación.

Este mandato interno era la razón por la que el hombre se había afirmado en la tierra. También había sido la fuente de todas sus tragedias, porque los conflictos provocados por las voluntades de poder en competencia siempre han terminado con la victoria de unos pocos y la derrota de la mayoría, e incluso la destrucción de los propios vencedores. Pero tanta infelicidad no era importante porque la gente no actuaba en busca de la felicidad, sino del poder. En contraste con Marx, creía que la explotación era natural, una consecuencia de la voluntad de poder.

> Aquí hay que cuidarse de la superficialidad y llegar al fondo del asunto, resistiendo toda debilidad sentimental; la vida es esencialmente apropiación, lesión, avasallamiento de lo ajeno y más débil; represión, dureza, imposición de formas propias, incorporación y al menos, en su forma más suave, la explotación, pero ¿por qué habrían de emplearse siempre esas palabras en las que se ha impreso

durante siglos una intención calumniosa? [...] La "explotación" no pertenece a una sociedad corrupta o imperfecta y primitiva: pertenece a la esencia de lo que está vivo, como función orgánica básica; es consecuencia de la voluntad de poder, que al fin y al cabo es la voluntad de la vida.[1]

Nietzsche dividió a la humanidad en dos, los fuertes y los débiles, y se puso del lado de los primeros. Naturalmente, al inicio de la historia los fuertes impusieron su voluntad sobre los débiles. Lo hicieron instintivamente, sin pensar en ello. Esto no solo era natural sino también saludable para la especie, pues los fuertes jugaron un papel muy importante en la historia: eran la vanguardia de la humanidad, los que podían hacer valer la voluntad del hombre frente a las demás formas de vida. También, naturalmente, el fuerte no podía dejarse refrenar por ningún sentimiento de simpatía por el débil, pues esto obstaculizaría el cumplimiento de su papel. Los fuertes tenían que ser despiadados en sus acciones. La naturaleza había previsto eso al otorgar al hombre el disfrute de la crueldad, que los fuertes ejercían a expensas de los débiles. El reconocimiento de esta asimetría de la naturaleza, el reconocimiento de que los rangos eran parte de la esencia de la vida, era esencial para el progreso de la humanidad.

Una vez que Nietzsche tomó este camino, terminó protagonizando el ataque a la moral más terrible de la historia, glorificando no solo la violencia sino también el caos que engendra. Mientras Hegel planteó la reunión de los hombres con Dios y Marx el Paraíso Comunista como los destinos últimos de la humanidad, Nietzsche planteó los sangrientos conflictos de voluntad contra voluntad como la condición ideal de la humanidad. Para él, las masacres sangrientas no eran el medio para un fin, sino el fin en sí mismo, el resultado del ejercicio de lo irracional, el goce último de la esencia de la vida. De esta forma, terminó prediciendo la destructividad no solo del nazifascismo sino también de los seguidores de Marx.

---

[1] Friedrich Nietzsche, "Beyond Good and Evil", parte nueve, en *Basic Writings of Nietzsche*, p. 393.

El origen del Estado

Para poner su Europa contemporánea en perspectiva, Nietzsche examinó lo que él pensaba que había sido la vida del hombre primitivo, al que llamó la "espléndida bestia rubia que merodeaba lleno de vida en busca del botín y la victoria".[2] Estas personas habían vivido en tiempos en que la violencia había sido la manifestación natural de su voluntad de poder. Nietzsche no podía ocultar su entusiasmo por el tipo de vida que este estado de cosas había provocado.

> permítanme declarar expresamente que en los días en que la humanidad aún no se avergonzaba de su crueldad, la vida en la tierra era más alegre que ahora que existe el pesimismo. El oscurecimiento del cielo sobre la humanidad se ha profundizado a medida que aumenta el sentimiento de vergüenza del hombre hacia el hombre [...] Me refiero al morboso ablandamiento a través del cual el "hombre" animal finalmente aprende a avergonzarse de todos sus instintos [...]
>
> Hoy, cuando el sufrimiento se presenta siempre como el principal argumento contra la existencia, como el peor signo de interrogación, conviene recordar las épocas en las que prevalecía la opinión contraria porque los hombres no querían dejar de hacer sufrir y lo veían como un encantamiento de primer orden, una auténtica seducción a la vida.[3]

Para él, el hombre primitivo había sido el primer gran artista dionisiaco de la historia, el gran creador de formas a sangre y fuego. El material de esta creación no era inerte: era el populacho informe y caótico. La obra de arte resultante fue la introducción del orden a ese populacho a través del estado primitivo.

> el amalgamamiento de una población hasta ahora sin control y sin forma en una forma firme no solo fue instituida por un acto de violencia sino que también fue llevada a sus conclusiones por nada más que actos de violencia, que el "Estado"

---

[2] Friedrich Nietzsche, "On the Genealogy of Morals", primer ensayo, sección 11, en *Basic Writings of Nietzsche*, pp. 476-477.
[3] Friedrich Nietzsche, "On the Genealogy of Morals", segundo ensayo, en *Basic Writings of Nietzsche*, p. 503.

más antiguo apareció así como una tiranía temible, como una máquina opresiva y despiadada, y siguió trabajando hasta que esta materia prima de personas y semianimales finalmente no solo fue completamente amasada y flexible, sino también formada.[4]

El Estado —y todas las relaciones sociales subyacentes a él— se había desarrollado siguiendo las líneas establecidas por los fuertes. Hubo un momento en la historia en el que, mientras moldeaban a la población en una sociedad coherente, los individuos fuertes reconocieron a otros individuos igualmente fuertes y se sintieron identificados con ellos. Cuando esto sucedió nació la nobleza, trayendo consigo dos desarrollos importantes. Uno era el reconocimiento de los derechos de otros nobles. El otro fue el desarrollo del refinamiento que caracteriza el trato de los nobles entre sí. El reconocimiento de los derechos de los demás nobles trajo consigo el establecimiento de ciertas reglas de conducta, que aparecían no como un contrato social —como habían retratado falsamente los filósofos de la Ilustración—, sino como un reflejo de la forma en que los nobles se comportaban.

Empleé la palabra "Estado": es obvio lo que significa: una manada de bestias rubias de presa, un conquistador y una raza maestra que, organizada para la guerra y con la capacidad de organizarse, sin vacilar, pone sus terribles garras sobre una población. Tal vez tremendamente superiores en número pero todavía informes y nómadas [...] Su obra es una creación e imposición instintiva de formas: son los artistas más involuntarios e inconscientes que existen, dondequiera que aparecen pronto surge algo nuevo, una estructura dominante que vive, en la que las partes y las funciones están delimitadas y coordinadas, en las que nada encuentra un lugar si antes no se le ha asignado un "sentido" en relación con el todo. No saben lo que es la culpa, la responsabilidad o las consideraciones estos organizadores natos; ejemplifican ese terrible egoísmo de artistas que tiene aspecto de bronce y se sabe justificado eternamente en su "obra", como una madre en su hijo.[5]

---

[4] *Ibid.*, p. 522.
[5] *Ibid.*, pp. 522-523.

El bien, el mal y la maldad

Dado el terreno en el que se estaba metiendo, Nietzsche tuvo que considerar el papel que había jugado la moralidad en la formación del Estado moderno. Pensó que la introducción de la moralidad, cualquier tipo de moralidad, había sido un terrible desastre para la humanidad porque había atado las fuerzas de la creatividad.

Según él, la moralidad surgió cuando los hombres comenzaron a juzgar sus acciones no por sus resultados sino por las intenciones que las guiaban. Para Nietzsche, este invento había sido una calamidad que había caído sobre la humanidad, un giro hacia la hipocresía que había corroído todo lo sano y natural.

> En lugar de las consecuencias, el origen: ¡en efecto, una inversión de perspectivas! Seguramente, una reversión lograda solo después de largas luchas y vacilaciones. Sin duda, una nueva superstición calamitosa, una extraña estrechez de interpretación, se convirtió así en dominante: los orígenes de una acción se interpretaron en el sentido más definido como el origen de una intención [...] La intención como todo el origen y la prehistoria de la una acción: casi hasta el día de hoy este prejuicio ha dominado la alabanza moral, la culpa, el juicio y la filosofía en la tierra.[6]

Se necesitaba un principio para juzgar las intenciones en la moralidad recién surgida. Surgieron dos puntos de vista opuestos sobre lo que este principio tenía que ser. Los fuertes lo vieron de una manera directa y natural. Pensaron que todo lo que apuntaba a aumentar su poder era bueno, y todo lo que apuntaba a reducirlo era malo.

Los débiles entendían la moralidad de los fuertes, pero no les gustaba porque una sociedad basada en estos conceptos frustraría perpetuamente su propia voluntad de poder. Para adelantarse a los fuertes tenían que encontrar una definición moral que paralizara a los poderosos.

Lo hicieron inventando el concepto de la maldad y definiéndola como las acciones de los fuertes. Así, la pura fuerza, la crueldad y todas las demás cosas que eran buenas para los fuertes se volvieron malvadas en la moralidad de los débiles. Simétricamente, la moral de los débiles definía el "bien" como todo

---
[6] Friedrich Nietzsche, "Beyond Good and Evil", en *Basic Writings of Nietzsche*, p. 234.

lo que debilitaba a los fuertes: devoción, el sacrificio por el prójimo, conmiseración, altruismo. Así, ambas morales tenían el concepto del bien, pero la fuerte lo oponía a lo malo, mientras que la débil lo oponía a la maldad. La definición de lo bueno en uno coincidía con la definición de lo contrario en el otro, malo o malévolo, según el caso.

Para Nietzsche, la moral de los débiles era una hipocresía gigantesca, pues no había eliminado la confrontación de las voluntades de poder como determinante de las relaciones en la sociedad, solo había cambiado la forma en que se realizaba. Mientras la moral de los nobles reconocía abiertamente tales enfrentamientos y los abordaba de forma limpia, la moral de los débiles los filtraba a través de los velos inmundos del resentimiento. Detrás de la fachada de amor y altruismo había una crueldad sórdida que mataba toda la frescura de las relaciones humanas. La moralidad de los débiles era una inversión de los valores naturales de la humanidad, que solo podía resultar en el establecimiento de demandas antinaturales sobre los seres humanos.[7]

Siendo abiertos y seguros de sí mismos, los fuertes habían visto a los débiles con ojos humorísticos.

> Que a los corderos les disgusten las grandes aves rapaces no parece extraño: solo que no da motivo para reprochar a estas aves porque se lleven corderitos. Y si los corderos dicen entre sí: "estas aves de rapiña son malvadas"; y el que menos se parece a un ave de rapiña, sino más bien a su contrario, a un cordero, ¿no sería bueno? No hay razón para criticar esta institución de un ideal, excepto tal vez que las aves de rapiña lo vean un poco irónicamente y digan: "no nos desagradan en absoluto estos buenos corderitos; incluso los amamos; nada hay más sabroso que un tierno cordero".[8]

Los fuertes habían pagado un alto precio por su visión arrogante de la moralidad de los débiles, porque finalmente los dominó. Este evento vergonzoso había transformado al hombre de lo que era, un animal, en algo que no era, un ser idealizado derivado de una deidad inventada. Con esta transformación, el hombre había perdido su fortaleza y su fuerza creadora. Se había avergonzado

---

[7] Friedrich Nietzsche, "On the Genealogy of Morals", segundo ensayo, en *Basic Writings of Nietzsche*, p. 481.
[8] *Ibid.*, pp. 480-481.

de los mismos instintos que le traían progreso y alegría. En lugar de albergar los sanos y optimistas sentimientos que acompañan a la imposición de la voluntad sobre los demás, de masacrar aquí y allá a algunos débiles, los hombres se habían convertido en presa del pesimismo, que no era otra cosa que la depresión que acompaña a la restricción de los más primitivos instintos del ser humano. Cuando son reprimidos, los instintos agresivos del hombre se vuelven contra él.[9]

¿Cómo pudo haber sucedido esto? ¿Cómo era posible que los débiles hubieran dominado a los fuertes, en lo que parecía ser una contradicción o una identificación errónea de quiénes eran los fuertes y los débiles? Según Nietzsche, el éxito de los fuertes había sido parte de la explicación de su caída. A medida que los fuertes lograban aniquilar a sus enemigos, se asentaron en sus estados, sin empresas grandiosas a la vista. Los fuertes se inquietaron y centraron su atención en un examen de sí mismos. El alma del hombre había surgido en esta forma y, con ella, su mala conciencia. A través de esto, se había vuelto vulnerable a la moralidad de los débiles, y se había hundido en la larga y prolongada depresión que estaba poniendo en peligro la supervivencia de la raza humana. Habiendo dirigido toda su agresividad hacia sí mismo, el hombre se había convertido en una mediocridad, temeroso tanto del gozo como del sufrimiento enemigos en su lucha por la vida.

Criticando a Darwin, Nietzsche dio otra razón para el triunfo de los débiles.

Suponiendo, sin embargo, que exista tal lucha por la existencia —y, de hecho, ocurre—, su resultado es, lamentablemente, lo contrario de lo que la escuela de Darwin desea, y tal vez uno podría desear con ellos, a saber, a favor de los fuertes, los privilegiados, las afortunadas excepciones. Las especies no crecen en perfección: los débiles prevalecen una y otra vez, pues son la gran mayoría, y también son más inteligentes. Darwin olvidó el espíritu (¡eso es inglés!); los débiles tienen más espíritu [...] Se notará que por "espíritu" entiendo cuidado, paciencia, astucia, simulación, gran dominio de sí mismo, y todo lo que es mimetismo (esto último incluye mucho de la llamada virtud).[10]

---

[9] Este punto de vista de Nietzsche está contenido en varios de sus escritos, entre ellos "On the Genealogy of Morals", segundo ensayo, en *Basic Writings of Nietzsche*, pp. 520-521.
[10] Friedrich Nietzsche en "The Twilight of the Idols", en Friedrich Nietzsche y Walter Kaufman (ed.), *The Portable Nietzsche*, pp. 522-523.

Los culpables

La derrota de los fuertes, sin embargo, no había sido un proceso espontáneo. Para Nietzsche, la caída de Europa había sido el resultado de lo que podría tomarse como la conspiración más grande, llevada a cabo de manera más consistente y aterradora que el mundo haya conocido jamás: la conspiración de los judíos para destruir a los arios en venganza por la destrucción de Jerusalén hace 2000 años. Habían sido ellos quienes, con una astucia increíble, habían impuesto la moral de los débiles al resto de la humanidad, mientras ellos mismos todavía regían su comportamiento por la moral de los fuertes. El instrumento que habían utilizado en esta venganza había sido el cristianismo.

> del tronco de ese árbol de la venganza y del odio, el odio judío [...] creció algo igualmente incomparable, un nuevo amor, el más profundo y sublime tipo de amor, ¿y de qué otro tronco podría haber crecido?
>
> [...] Este Jesús de Nazaret, el evangelio encarnado del amor, este "Redentor" que trajo la bienaventuranza y la victoria a los pobres, a los enfermos y a los pecadores, ¿no fue él esta seducción en su forma más misteriosa e irresistible, una seducción y un desvío precisamente a esos valores judíos y nuevos ideales? ¿Israel no alcanzó el objetivo final de su sublime venganza precisamente a través del desvío de este "Redentor", este ostensible oponente y desintegrador de Israel? ¿No formaba parte del secreto arte negro de una verdadera gran política de venganza, de una venganza clarividente, subterránea, que avanza lentamente y premeditada, que Israel mismo deba negar el instrumento real de su venganza ante todo el mundo como un enemigo mortal y clavar a la cruz para que "todo el mundo", es decir, todos los opositores de Israel pudieran tragar sin vacilar precisamente este anzuelo?[11]

La visión que Nietzsche tenía de los judíos revelaba una profunda ambigüedad. A veces decía que los movía "el odio de la impotencia", lo que sugiere que veía a los judíos como débiles, mientras que otras veces parecía pensar que eran realmente fuertes bajo su ropaje de debilidad.

---

[11] Friedrich Nietzsche, "On the Genealogy of Morals", primer ensayo, secciones 7-8, en *Basic Writings of Nietzsche*, pp. 470-471.

Psicológicamente considerado, el pueblo judío es un pueblo dotado de la más dura energía vital, que, colocado en circunstancias imposibles, voluntariamente y por la más profunda prudencia de autoconservación, se pone del lado de todos los instintos de decadencia, no por estar dominados por ellos, sino porque adivinaron un poder en estos instintos con el cual uno podía prevalecer contra el "mundo". Los judíos son la antítesis de todos los decadentes; tienen que representar ser decadentes hasta el punto de la ilusión; con un *non plus ultra* de genialidad histriónica han sabido ponerse a la cabeza de todos los movimientos de decadencia (como el cristianismo de Pablo), para hacer de ellos algo más fuerte que cualquier partido que dice sí a la vida.[12]

Adolf Hitler también tenía esta actitud ambigua hacia los judíos, que los presentaba alternativamente como una raza inferior y como los poderosos dueños del mundo.

EL RECHAZO DE LA MORALIDAD

Después de descartar así la moral cristiana, concluyendo que corroía a la humanidad, Nietzsche analizó la moral de los fuertes. Con este fin, Nietzsche reflexionó sobre la ley de Manú, la codificación del sistema de castas en la India. Se basaba en la estricta aplicación de la ley del talión —ojo por ojo, diente por diente— y exaltaba los beneficios del juicio por tormento.[13]

Analizando la ley de Manú, Nietzsche señaló que la moralidad de los débiles y la de los fuertes daban significados diferentes al concepto de mejorar la humanidad. Los débiles entendían esa mejora como domar al hombre, mientras que los fuertes la entendían como criar un tipo particular de hombre superior. Para Nietzsche era obvio que la crianza de un hombre superior era un enfoque más lógico para la mejora de la humanidad que la domesticación. Para él, llamar a la doma de un animal su mejora era una parodia tal que sonaba a broma. En lugar de mejorar a las bestias, los domadores las habían convertido en animales enfermos

---

[12] Friedrich Nietzsche, "The Anti-Christ", en Nietzsche y Kaufman (ed.), *The Portable Nietzsche*, p. 593.
[13] Para una descripción de la ley de Manú, véase Will Durant, *Our Oriental Heritage*, vol. I de su *The Story of Civilization*, pp. 484-488.

y sufrientes. La ley de Manú tenía como objetivo mejorar la humanidad a través de la crianza. Declaraba y protegía la superioridad de la casta Brahman, los poseedores del monopolio del conocimiento, así como de su derecho a gobernar.

Consideremos el otro caso de la llamada moralidad, el caso de criar una raza y clase particular. El ejemplo más magnífico de esto lo proporciona la moral india, sancionada como religión en la forma de la "ley de Manú". Aquí la tarea establecida es criar no menos de cuatro razas a la vez: una sacerdotal, una guerrera, una para el comercio y la agricultura, y finalmente una raza de sirvientes, los sudras. Obviamente, ya no estamos entre domadores de animales; un tipo de hombre que es cien veces más suave y más razonable es la condición para incluso concebir tal plan de crianza. Uno da un suspiro de alivio al dejar la atmósfera cristiana de enfermedad y mazmorras por este mundo más sano, más elevado y más amplio. ¡Qué miserable es el Nuevo Testamento comparado con Manú, qué mal huele![14]

Sin embargo, cuando Nietzsche siguió examinando la ley de Manú, descubrió que infligía enfermedades morales y físicas a los chandalas, las personas sin crianza. Los chandalas son obligados a beber agua de pantanos y agujeros hechos por las pisadas de los animales, se les prohíbe lavar sus trapos y lavarse ellos mismos. Estas políticas insalubres resultaban en epidemias asesinas, enfermedades venéreas espantosas y en una inmundicia vergonzosa. Además, la moralidad de crianza no eliminaba la domesticación, porque los chandalas habían sido domesticados. A Nietzsche no le gustó esto.

La moralidad de la crianza y la moralidad de la domesticación son, en los medios que utilizan, enteramente dignas la una de la otra; podemos proclamar como principio supremo que, para hacer moral, se debe tener la voluntad incondicional de su opuesto […] Ni Manú ni Platón ni Confucio ni los maestros judíos y cristianos han dudado jamás de su derecho a mentir. No han dudado de que ellos también tenían derechos muy diferentes. Expresado en una fórmula, uno podría decir: todos los medios por los cuales uno ha intentado hasta ahora hacer moral a la humanidad fueron completamente inmorales.[15]

---

[14] Friedrich Nietzsche en "The Twilight of the Idols", en *Portable Nietzsche*, pp. 502-503.
[15] Ibid., pp. 504-505.

Así, Nietzsche rechazó no solo la moralidad de los débiles sino también la de los fuertes. Su rechazo a este último parece contradecir las ideas más apreciadas de Nietzsche, pues el gobierno de los fuertes siempre implicaría que la mayoría de la gente sería domesticada. Nietzsche muestra que está en contra de ambas moralidades porque las dos son inmorales en términos de alguna moralidad propia. En el caso de su análisis de los errores de las leyes de Manú, sus valores parecen coincidir con los valores de la moral occidental contemporánea, mientras que, en el caso de su crítica al cristianismo, parecen coincidir con los de los nazis.

Sin embargo, no había contradicción, porque el ideal de Nietzsche no era la creación de un Estado estacionario. Esto conduciría al asentamiento de los originalmente fuertes y la domesticación de la chandala, que luego desarrollaría una moralidad de los débiles que pervertiría a los fuertes.[16] El ideal de Nietzsche era un proceso en el que las personas lucharían continuamente por el predominio, disputando la fuerza de los demás, sin permitir que nadie se calmara. Ninguna regla debía obstaculizar esta lucha, que debía conducir al triunfo de la creación sin restricciones, el triunfo del Arte sobre la Ética.[17]

---

[16] Si alguna moralidad tenía que existir, Nietzsche prefería la de los fuertes. En *El anticristo*, libro que escribió después de *El crepúsculo de los ídolos*, dedicó varias páginas a elogiar la ley de Manú y el orden de castas como mera sanción de un orden natural. Esta inconsistencia con su anterior rechazo podría explicarse por su método de escritura. Escribió secciones que desarrollaban puntos específicos y luego construyó sus libros reuniendo estas notas. A veces usaba párrafos que había escrito años antes, mezclándolos con otros más recientes. Sin embargo, incluyó estos párrafos porque quiso, lo que sugiere que reflejaban lo que estaba pensando al momento de armar el libro más reciente. Además, en ese momento se acercaba al colapso total de su cordura. Véase "The Antichrist" en *Portable Nietzsche*, pp. 642-647.

[17] El anhelo de Nietzsche por el triunfo del arte sobre la ética fue una constante en su pensamiento. El primer libro que escribió, *El nacimiento de la tragedia*, contrastaba el pesimismo generado por el espíritu apoliniano con la alegría de vivir que proporcionaba el dionisiaco, representando el primero la rígida contención de Apolo y el segundo la creatividad desenfrenada del artístico Dionisio. Nunca dejó de tratar de hacer y enfatizar el punto de que lo último era más saludable que lo primero. El libro estaba dedicado a su abuelo apoliniano y a su abuela dionisiaca. Véase "The Birth of Tragedy" en *Basic Writings of Nietzsche*.

Hegel en Nietzsche

La influencia de Hegel en el pensamiento de Nietzsche es evidente en este paso intelectual. Para Hegel, el Arte triunfó sobre la Ética porque las reglas morales, como el principio de que todos los miembros de la sociedad debían ser libres, inevitablemente imponían restricciones a las libertades de individuos específicos, restringiendo así su sagrada capacidad de buscar el Conocimiento Absoluto.[18]

Después de deshacerse de la Ética, Nietzsche avanzó más en el camino de Hegel. Para Hegel, la Religión sustituyó al Arte, y el Conocimiento Absoluto, la última de sus etapas, sustituyó a la Religión. Habiendo proclamado que Dios estaba muerto, Nietzsche se saltó la Religión y pasó directamente a reflexionar sobre la transición del Arte al Conocimiento Absoluto. Se preguntó si había verdad, condición necesaria para tener conocimiento. Luego, sin dar ninguna justificación, afirmó que la verdad última era que no había verdad. Esto, a su vez, significó que los hombres estaban libres de su obligación de buscar el Conocimiento Absoluto. Con esto, Nietzsche botó la construcción de su maestro. No había nadie que guiara al hombre, ni Gran Espíritu, ni verdad incontrovertible.

Parafraseando a Hegel, Nietzsche dijo que las personas no podían ser libres a menos que supieran que no había verdad. Solo los hombres lo suficientemente fuertes como para enfrentar este hecho podrían llamarse espíritus libres.

La profundidad de la atracción de Nietzsche por el caos se puede percibir en la consecuencia que extrajo de este supuesto descubrimiento. Al igual que Hitler, Stalin y los déspotas orientales que había descrito Hegel, sentía que la última manifestación de la libertad era la libertad para destruir, como muestra el ejemplo de lo que él consideraba un espíritu libre.

Cuando los cruzados cristianos en Oriente se encontraron con la invencible orden de los *Asesinos*, esa orden de espíritus libres por excelencia, cuyos rangos

---

[18] Por ejemplo, en términos más generales, Hegel escribió: "Así, por un lado, la idea universal subsiste como la totalidad sustancial de las cosas; y por otro lado, como la abstracción del libre albedrío arbitrario... Comprender la unión absoluta de esta antítesis, esa es la tarea profunda de la metafísica". Véase Hegel, *Introduction to the Philosophy of History*, p. 29. Hegel tomó este problema de Kant, quien lo retomó de los griegos.

más bajos seguían una regla de obediencia como la que nunca alcanzó ningún orden de rango, obtuvieron de una forma u otra una pista sobre aquel símbolo y consigna reservada solo para los altos cargos como su *secretum*: "Nada es verdad, todo está permitido". Muy bien, eso era libertad de espíritu; de esa manera se abrogó la fe en la verdad.[19]

La moralidad de los asesinos

Los Asesinos eran miembros de una secta esotérica, establecida por Hassan-i Sabbah en el siglo X, quien, con su fría eficiencia asesina, dio a la palabra *asesino* su significado en tantos idiomas. Tenían su cuartel general en una fortaleza montañosa supuestamente inexpugnable en el norte de Persia, llamada Alamut (que significa Nido del Águila). La secta tenía nueve escalones de esoterismo, en cada uno de los cuales se volvían partícipes de un secreto. Al último de estos escalones solo una persona llegaba, que se convertían en el Gran Maestre de la Orden. Era la única que sabía el secreto de todos los secretos.

La iniciación comenzaba con la promesa de que la secta conduciría a los participantes al secreto supremo, que *Dios es Todo*. Sin embargo, mientras más subían en los rangos, el secreto iba introduciendo dudas sobre la existencia de Dios y la verdad. El secreto de la octava etapa era que nada podía saberse de Dios y que no se le podía adorar. Luego, una persona pasaba a recibir el *secretum* del noveno rango, que Nietzsche dice que era: *Nada es verdad, todo está permitido.*[20]

Los miembros inferiores de la orden eran reclutados y motivados para matar con métodos muy primarios. De acuerdo con Marco Polo, que pasó por Alamut en 1271, a los participantes se les daba hachís y, bajo su influencia, se les llevaba a un hermoso jardín. Cuando despertaban, les decían que ese era el jardín del paraíso. Alrededor encontraban "damas y doncellas que coqueteaban con los hombres a sus anchas".[21]

---

[19] Friedrich Nietzsche, *Genealogy*, tercer ensayo, sección 24, en *Basic Writings of Nietzsche*, p. 586.
[20] Véase Will Durant, *The Age of Faith*, pp. 261-262.
[21] *Ibid.*, pp. 309-310.

Después de unos días, les daban de nuevo hachís y los sacaban del jardín. Luego, les decían que para regresar al paraíso debían matar de acuerdo con las órdenes del Gran Maestre —el que conocía el *secretum*— y morir a su servicio.[22] A estos miembros inferiores de esta secta, los que mataban gente, se les llamaba *hasshasheen*, por el hachís que les daban. De ahí la palabra *asesinos*.

Así, Nietzsche romantizó a su manera retorcida la motivación que llevaba a las órdenes inferiores de la secta a matar. Nietzsche pensó que mataban como resultado de una insinuación del último secreto, y que esto los convertía en espíritus libres. Para Nietzsche, eran ellos los que no solo habían descubierto la verdad de que no hay verdad, sino también los que habían decidido matar en consecuencia. Eso mostraba cuán espiritualmente fuertes eran.

Esto muestra el concepto de orden social de Nietzsche. No criticó la orden de los Asesinos incluso si los rangos inferiores tenían que obedecer ciegamente a sus amos, lo cual era una forma de domesticación. Para él no estaban domados, porque estaban libres de cualquier complejo moral en la destrucción de las personas a las que fueron enviados a matar. Así, lo que Nietzsche admiraba en ellos era su destructividad, aunque estuviera ligada a la servidumbre. Es poco probable que Nietzsche los hubiera admirado tanto si, después de descubrir la verdad de que no hay verdad, los hubieran enviado a recolectar basura.

El superhombre y el anticristo

De este análisis Nietzsche derivó su visión del futuro. Anunció que amanecía una nueva era de progreso, en la que se eliminarían todas las consideraciones morales. El Superhombre, el hombre más allá del bien y del mal, para quien todo estaría permitido y que volvería a crear formas con sangre y fuego, daría forma a esta era.

En *Sobre la genealogía de la moral*, escribió sobre esta venida con un tono que recuerda al del Libro de las Revelaciones:[23]

---

[22] Finalmente, los *Assassins* encontraron su complemento. Su fortaleza fue destruida en 1234 por el nieto de Genghis Khan. Véase *ibid.*, pp. 261-262, 309-310.

[23] Esta no fue la primera vez que Nietzsche utilizó el estilo religioso en sus escritos. Había utilizado a Zaratustra, el personaje de su obra *Así habló Zaratustra*, como su *alter ego*, dando un sabor religioso a sus ideas antirreligiosas. Zaratustra fue el supuesto fundador

La consecución de este objetivo requeriría un tipo de espíritu diferente del que probablemente aparecerá en la época actual: espíritus fortalecidos por la guerra y la victoria, para quienes la conquista, la aventura, el peligro e incluso el dolor se convierten en necesidades [...]

¿Es esto posible hoy? Pero algún día, en una era más fuerte que este presente decadente y lleno de dudas, debe venir a nosotros el hombre redentor de gran amor y desprecio, el espíritu creativo cuya fuerza apremiante no lo dejará descansar en cualquier distanciamiento o cualquier más allá, cuyo aislamiento es malinterpretado por la gente como si fuera una huida de la realidad, mientras que es solo su absorción, inmersión, penetración en la realidad, para que, cuando un día emerja de nuevo a la luz, pueda traer a casa la redención de esta realidad: su redención de la maldición que el ideal reinante hasta ahora le ha impuesto. Este hombre del futuro, que nos redimirá no solo del ideal reinante hasta ahora, sino también de lo que debía nacer de él, la gran náusea, la voluntad de nada, el nihilismo, este toque de campana del mediodía y la gran decisión que libera de nuevo la voluntad y devuelve su fin a la tierra y su esperanza al hombre, este Anticristo y antinihilista; este vencedor de Dios y de la nada, tiene que llegar algún día.[24]

Así, en sus últimos escritos, Nietzsche acabó siendo el profeta del Anticristo. Pareciera que estaba anticipando la llegada de los que llenaron al mundo de sangre, sin escrúpulos, comandados por Hitler, Lenin, Stalin, Mao, y sus seguidores.

Muchos nietzscheanos afirman que las palabras de Nietzsche deben interpretarse en un sentido metafórico, que no se refería a la destrucción en el mundo real cuando escribió todas estas cosas, sino a la destrucción de lo que

---

del zoroastrismo. Las viejas tradiciones dicen que vivió en Airyana-vaejo (el antiguo "hogar de los arios") en Mesopotamia (en lo que hoy es Irak) en algún momento entre los siglos X y VI antes de Cristo. Según la tradición zoroástrica, fue concebido por un rayo del cielo que entró en el seno de una doncella de noble linaje. Después de retirarse a las montañas, regresó para predicar la existencia de un solo Dios, llamado Ahura-Mazda, el Señor de la Luz y el Cielo, al que se oponía el diablo Ahriman, el Príncipe de las Tinieblas. El alma del hombre era un campo de batalla entre los dos. Uno de los principios del código moral del zoroastrismo era "Malvado es aquel que es bueno con el malvado". Véase Durant, *Our Oriental Heritage*, pp. 364-372.

[24] Friedrich Nietzsche, "On the Genealogy of Morals", segundo ensayo, sección 24, en *Basic Writings of Nietzsche*, p. 532.

hay de hipócrita en nosotros, que luego liberaría nuestras potencialidades de crecimiento dentro de un marco moral honesto. No hay necesidad de discutir este punto aquí. El mismo Nietzsche desmintió esta interpretación.

Esta es, al final, mi experiencia promedio y, si se quiere, la originalidad de mi experiencia. Quienquiera que pensara que había entendido algo de mí, había inventado algo de mí a su propia imagen, no raramente una antítesis mía; por ejemplo, el "idealista", y quien no había entendido nada de mí, negó que deba ser considerado en absoluto.

La palabra "superhombre" [Overman] como designación de un tipo de logro supremo, en oposición a los hombres "modernos", a los hombres "buenos", a los cristianos y otros nihilistas, palabra que en boca de un Zaratustra, el aniquilador de la moralidad, se convierte en una palabra reflexiva, ha sido interpretada en todas partes con la mayor inocencia en el sentido de aquellos mismos valores cuyo opuesto Zaratustra pretendía representar, es decir, como un tipo "idealista" de una clase superior de hombre, mitad "santo", mitad "genio".

[...] Aquellos a quienes les dije en confianza que antes debían buscar a un César Borgia que a un Parsifal, no dieron crédito a sus propios oídos.[25]

Parsifal era un personaje mítico bueno que dedicó su vida a encontrar el Sagrado Cáliz mientras que César Borgia era un asesino que llevó a muchos a su muerte para satisfacer su voluntad de poder. Nietzsche aclaró aún más el punto haciendo explícito lo que admiraba en los hombres fuertes que habían precedido al Superhombre que se avecinaba.

Malinterpretamos completamente a la bestia de presa y al hombre de presa (por ejemplo, César Borgia), malinterpretamos la "naturaleza", siempre que sigamos buscando algo "patológico" en el fondo de estos monstruos y crecimientos tropicales, los más sanos de todos, porque incluso por algún "infierno" que se supone les es innato; sin embargo, esto es lo que casi la mayoría de los moralistas han hecho hasta ahora. ¿Será que los moralistas albergan un odio hacia los bosques primitivos y los trópicos? ¿Y que el "hombre tropical" debe ser desacreditado a cualquier precio, ya sea como enfermedad y degeneración del hombre o como

---

[25] Véase "Ecce Homo", en *Basic Writings of Nietzsche*, p. 717.

su propio infierno y autotortura? ¿A favor de los hombres templados? ¿De los que son "morales"? ¿Quiénes son mediocres? —esto para el capítulo "Moralidad como timidez".[26]

Mi concepción del genio. Los grandes hombres, como las grandes edades, son explosivos en los que se almacena una fuerza tremenda; su condición previa es siempre, histórica y psicológicamente, que durante mucho tiempo se ha acumulado, almacenado y conservado mucho para ellos, que no ha habido ninguna explosión durante mucho tiempo [...]
 El peligro que yace en los grandes hombres y épocas es extraordinario; el agotamiento de todo tipo, la esterilidad, siguen su estela. El gran ser humano es un final; la gran época —el Renacimiento, por ejemplo— es un final. El genio, en obra y acción, es necesariamente un derrochador que se despilfarra a sí mismo, esa es su grandeza...[27]

Como escribió Nietzsche, César Borgia despilfarró a su país y a sí mismo, puso fin al Renacimiento y dejó tras de sí una estela de esterilidad, agotamiento y hastío.[28] Hitler expresó vívidamente el agotamiento de todo tipo que sigue a los genios de Nietzsche cuando, el 19 de marzo de 1945, dijo en medio de las llamas que devoraban a Alemania:

Si la guerra se pierde, la nación también perecerá. Este destino es inevitable. Ya no hay necesidad de considerar la base de una existencia más primitiva. Por el contrario, es mejor destruir incluso eso, y destruirlo nosotros mismos. La nación habrá demostrado ser la más débil y el futuro pertenecerá exclusivamente

---

[26] Friedrich Nietzsche, "Beyond Good and Evil", en *Basic Writings of Nietzsche*, pp. 298-299.
[27] Friedrich Nietzsche en "The Twilight of the Idols", en Nietzsche y Kaufman (ed.), *The Portable Nietzsche*, pp. 547-548.
[28] Esta idea, que ha estado presente en varias tragedias griegas, fue introducida por Hegel en la alta filosofía, cuando afirmó: "Si echamos otro vistazo al destino final de estos individuos históricos mundiales que tuvieron el llamado de manejar los asuntos del Espíritu del Mundo, encontramos que sus destinos no fueron de ninguna manera felices. No alcanzaron ningún goce tranquilo, toda su vida fue trabajo y problemas; Toda su naturaleza no era otra cosa que su pasión maestra. Una vez logrado su objetivo, se desvanecen como cascarones vacíos".Véase Hegel, *Introduction to the Philosophy of History*, p. 33.

a la nación oriental más fuerte [Rusia]. Los que quedan vivos después de que las batallas han terminado son, en todo caso, personas inferiores, ya que los mejores han caído.[29]

Hablaba uno de los futuros superhombres de Nietzsche: una bestia de presa, un creador de formas, un artista que había despilfarrado a su país y a sí mismo. Nietzsche creía que él era al menos un presagio de ese Anticristo que él veía venir. En *Ecce Homo*, el último libro que publicó antes de ser internado en un manicomio, escribió:

> Soy el ser humano más terrible que ha existido hasta ahora; esto no excluye la posibilidad de que yo sea el más beneficioso. Conozco el placer de destruir en un grado acorde con mis poderes de destrucción [...] Sí, soy el primer inmoralista: eso me convierte en el aniquilador por excelencia.[30]

En una sección sobre la esquizofrenia, Alfred Adler, uno de los fundadores de la psiquiatría, escribió los siguientes párrafos, que se aplican no solo a Nietzsche, sino también a muchos de los redentores perversos que usaron sus ideas y las de Marx para dar rienda suelta a su destructividad:

> Las metas más elevadas se encuentran en los casos más patológicos, es decir, en las psicosis. En los casos de esquizofrenia encontramos a menudo el deseo de ser Jesucristo. En los casos maniacodepresivos, el paciente desea con frecuencia ser el salvador de la humanidad, mientras que en las fases depresivas a menudo se queja de ser el mayor mal de la tierra [...] Esta meta de superioridad personal bloquea el acercamiento a la realidad. El resultado final y la culminación lógica de tal línea de vida es, por supuesto, el aislamiento total en un manicomio.
>
> Podemos encontrar en todas las metas un factor común: un esfuerzo por ser como Dios [...] Ya sea que se trate de nuestro deseo terrenal de perpetuarnos, o que nos imaginemos viniendo a la tierra una y otra vez a través de muchas encarnaciones, o que preveamos una inmortalidad en otro mundo, estas perspectivas están todas basadas en el deseo de ser como Dios. El mismo fin de la semejanza

---

[29] William Shirer, *The Rise and Fall of the Third Reich. A History of Nazi Germany*, p. 1969.
[30] Véase Friedrich Nietzsche, "Ecce Homo", en *Basic Writings of Nietzsche*, p. 783.

con Dios se manifiesta en el deseo de saberlo todo, de poseer la sabiduría universal, o en el deseo de perpetuar nuestra vida. Este ideal de semejanza a Dios también aparece en la idea de "Superhombre"; y es revelador, no diré más, que Nietzsche cuando se volvió loco firmó él mismo en una carta a Strindberg, "El Crucificado".[31]

El sentido religioso en Nietzsche

Muchos niegan que Nietzsche pudiera haber tenido una influencia en la formación del nazismo porque no hay evidencias de un reconocimiento explícito, como sí las hubo de los comunistas en el caso de Marx, de un seguimiento de sus ideas por parte de los nazis. Pero solo la comparación de sus ideas con las de los nazis provee pruebas, si no de una influencia de parte de Nietzsche, sí al menos de una coincidencia en las ideas.

Es imposible leer a Nietzsche sin sentir la atracción que él tenía hacia las ideas religiosas y al mundo espiritual en el que ellas operan.

Nicholas Goodrick-Clarke demuestra en su tesis doctoral en Oxford, publicada como *The Occult Roots of Nazism: Secret Aryan Cults and Their Influence on Nazi Ideology*, cómo las fantasías medievales de varios movimientos ocultistas tuvieron una influencia muy grande en el desarrollo del nazismo, especialmente las doctrinas y los cultos de los así llamados ariosofistas Guido von List (1848-1919) y Jorg Lanz von Liebenfels y sus seguidores en Austria y Alemania, que combinaban el nacionalismo alemán y racismo con la teosofía de Helena Petrovna Blavatsky...

---

[31] Alfred Adler, en *The Dynamic Unity of Mental Disorders*, en Heinz L. Ansbacher y Rowena R. Ansbacher, *The Individual Psychology of Alfred Adler*, pp. 314-315. A principios de 1889, Nietzsche envió una carta a Pietro Gast en la que le decía lo siguiente: "A mi maestro Pietro: Cántame una nueva canción; el mundo se transfigura y los cielos se llenan de alegría. [Firma] El Crucificado". Véase Nietzsche y Kaufman (ed.), *The Portable Nietzsche*, p. 685. Dzershinsky, fundador de la KGB y uno de los peores asesinos entre los bolcheviques, decía que amaba tanto a la humanidad que quería eliminar toda la suciedad que hay en ella con sus propias manos.

con el fin de profetizar y vindicar la venida de una era de dominio alemán. Sus escritos describían una edad de oro prehistórica, cuando sabios sacerdocios gnósticos habían expuesto doctrinas ocultistas y racistas y gobernado sobre una sociedad superior y racialmente pura. Afirmaron que una malvada conspiración de intereses antialemanes (identificados de diversas formas como las razas no arias, los judíos o incluso la Iglesia primitiva) había tratado de arruinar este mundo germánico ideal al emancipar a los inferiores no alemanes en nombre de espurios igualitarismos. Se decía que la confusión racial resultante había anunciado el mundo histórico actual con sus guerras, dificultades económicas, incertidumbre política y la frustración del poder mundial alemán. Para contrarrestar este mundo moderno, los ariosofistas fundaron órdenes religiosas secretas dedicadas a revivir el conocimiento esotérico perdido y la virtud racial de los antiguos germanos, y la correspondiente creación de un nuevo imperio pangermánico.[32]

Es una buena manera de sintetizar las ideas de Nietzsche. Es también una manera de sintetizar las ideas medievales de Putin y sus ideólogos de un nuevo paneslavismo.

En resumen...

Todas las filosofías que hemos visto en estos capítulos se concentran en el pensamiento de Nietzsche, porque todas escribieron realmente sobre el poder, aunque pretendieran estar hablando de otras cosas, y Nietzsche es el filósofo de la voluntad de poder. Marx y Hegel caben enteros en la filosofía de Nietzsche, que pintó en su filosofía lo que podía esperarse de los países unidimensionales en los siglos XX y XXI.

En esa filosofía, Nietzsche describió con gran precisión el mundo unidimensional que se arma cuando las naciones se mueven exclusivamente en respuesta a las motivaciones del poder. Con su lógica imbatible, Nietzsche demostró que esa lógica, que fue la que adoptó Alemania a principios del

---

[32] Nicholas Goodrick-Clarke, *The Occult Roots of Nazism: Secret Aryan Cults and Their Influence on Nazi Ideology*, p. 2.

siglo XX y la Unión Soviética y China por todo el siglo, lleva irremisiblemente a la destructividad y a la eternización de la violencia.

En el próximo capítulo veremos cómo esto es cierto para todos los países y doctrinas fundamentalistas.

6
El pensamiento unidimensional

El fundamentalismo materialista

Hay muchos que creen que las guerras religiosas terminaron antes de la Revolución Industrial y que si han regresado últimamente ha sido en la forma de las guerras musulmanas. Al hacerlo ignoran la dimensión religiosa de las grandes guerras creadas por nazis y comunistas en el siglo XX.

Vincular la religión con el comunismo y el fascismo-nazismo parece absurdo. Ambas doctrinas son profundamente antirreligiosas, entendiendo las religiones como creencias tradicionales y espirituales. Pero su odio a la religión era el odio del competidor. Al igual que las religiones, estas doctrinas dependían de la fe para apoyar sus creencias, y este hecho, en momentos de desesperación, fue un factor crucial de éxito.

Como en el caso del fundamentalismo religioso actual, el comunismo, el fascismo y el nazismo se aprovecharon con éxito de las sociedades que estaban siendo fragmentadas por los grandes cambios que estaban siendo inducidos por las nuevas tecnologías. Las dos doctrinas apelaban a la ansiedad religiosa de las sociedades que se desviaban hacia el caos. Ambas adoptaron características que generan una resonancia con los fanatismos religiosos.

Joseph Schumpeter, un famoso economista, vio la naturaleza religiosa del marxismo como la clave de su éxito. Su libro *Capitalismo, socialismo y democracia* comienza con un capítulo titulado "Marx, el profeta". Cito las primeras palabras de ese capítulo:

No fue por un desliz que se permitió que una analogía del mundo de la religión se inmiscuyera en el título de este capítulo. Hay más que una analogía. En un sentido importante, el marxismo es una religión... [Marx] fue un profeta, y para comprender la naturaleza de su logro debemos visualizarlo en el contexto de su propio tiempo. Era el cenit de la realización burguesa y el nadir de la civilización burguesa, la época del materialismo mecanicista, de un medio cultural que hasta entonces no había dado señales de que en su seno hubiera un nuevo arte y un nuevo modo de vida, y que se amotinaba en la banalidad más repulsiva. La fe, en cualquier sentido real, estaba desapareciendo rápidamente de todas las clases de la sociedad, y con ella el único rayo de luz. Ahora, para millones de corazones humanos, el mensaje marxista del paraíso terrenal del socialismo significaba un nuevo rayo de luz y un nuevo sentido de la vida. Llamen a la religión marxista una falsificación si quieren, o una caricatura de la fe —hay mucho que decir en favor de este punto de vista—, pero no pasen por alto ni dejen de admirar la grandeza del logro.[1]

Bertrand Russell, un intelectual británico, también vio esta dimensión religiosa en el bolchevismo:

La guerra ha dejado en toda Europa un estado de ánimo de desilusión y desesperación que clama a gritos por una nueva religión, como la única fuerza capaz de dar a los hombres la energía para vivir vigorosamente. El bolchevismo ha suministrado la nueva religión [...] El bolchevismo no es simplemente una doctrina política, también es una religión, con dogmas elaborados y escrituras inspiradas. Cuando Lenin quiere probar alguna proposición, lo hace, si es posible, citando textos de Marx y Engels. Un comunista de pleno derecho no es simplemente un hombre que cree que la tierra y el capital deben mantenerse en común, y que sus productos deben distribuirse de la manera más equitativa posible. Es un hombre que abriga una serie de creencias elaboradas y dogmáticas —como el materialismo filosófico, por ejemplo— que pueden ser ciertas, pero que no son, para un temperamento científico, capaces de ser conocidas como verdaderas con certeza.[2]

---

[1] Joseph Schumpeter, *Capitalismo, socialismo y democracia*, pp. 5-6.
[2] Véase Bertrand Russell, *The Practice and Theory of Bolshevism*, pp. 6-17.

El nazismo también era religioso. La idea de que el nazismo se basó en intereses económicos creados es bastante común. Sin embargo, sería contradictorio creer que los alemanes individuales entregarían sus vidas en las terribles batallas de la Segunda Guerra Mundial por el bien de sus propios intereses económicos. Alemania perdió entre siete y ocho millones de personas en esa guerra, de las cuales unos cinco millones eran soldados. Konrad Heiden, un periodista alemán que conoció personalmente a Hitler a principios de la década de 1920 y fue testigo de su escalamiento del poder, vio la dimensión religiosa del nazismo como una respuesta al anhelo de trascendencia de la gente. Creía que esta era la razón por la que Hitler logró imponer su tiranía en Alemania.

Hitler fue capaz de esclavizar a su propio pueblo porque parecía darles algo que incluso las religiones tradicionales ya no podían proporcionar: la creencia en un significado de la existencia más allá del más estrecho interés propio. La verdadera degradación comenzó cuando las personas se dieron cuenta de que estaban aliadas con el Diablo, pero sintieron que incluso el Diablo era preferible al vacío de una existencia que carecía de un significado mayor.[3]

Fueron estas ideas religiosas unificadoras las que los comunistas y los nazis infundieron a sus poblaciones.

De esta manera, los nazis, al igual que los comunistas, identificaron como un Mal absoluto las perturbaciones sociales que se estaban produciendo como consecuencia de la Revolución Industrial, y un ejército de Diablos causaba esas perturbaciones —los comerciantes y financieros que amenazaban el control estatal de las actividades económicas que daban estabilidad a la sociedad preindustrial—. Ambos prometieron la redención del Mal absoluto, lo que requirió un acto de exorcismo social: la eliminación de los Demonios de la faz de la tierra.

Para motivar a la mayoría a atacar a la minoría inventaron narrativas que mostraban que la minoría bloqueaba perversamente el acceso de la mayoría a algunos paraísos en la tierra. Estas utopías, versiones materialistas de los cielos religiosos —el Paraíso comunista y el Reich de los Mil Años—, fueron otro elemento común que ayudó a las ideologías de la destructividad a aprovecharse de las sociedades que habían caído en el caos.

---

[3] Konrad Heiden, *The Fuhrer*, p. 603.

Las utopías ilustraban la naturaleza reaccionaria tanto del comunismo como del nazismo. Lo que ofrecían era un Estado perfecto, un equivalente pervertido de la Ciudad de Dios de San Agustín. Al ser perfectos, nunca tendrían que cambiar. Las breves descripciones que comunistas y nazis ofrecían de sus respectivas utopías retrataban sociedades bucólicas de simples agricultores, con los alemanes viviendo en tierras arrebatadas a los rusos y los comunistas en tierras arrebatadas a los ricos. ¿Qué podría ser más atractivo para las personas atrapadas en la ciénaga de los cambios caóticos que la seguridad de alcanzar un mundo donde nada cambiaría jamás?

Sin embargo, tanto los comunistas como los nazis sublimaron su resistencia al cambio disfrazando sus utopías como su opuesto exacto: un salto hacia el futuro. Llevaron a cabo este truco haciendo que sus utopías se parecieran a lo que las sociedades industrializadas estaban perdiendo, el orden social vertical del pasado, y luego retratando la verticalidad como el orden del futuro.

George Orwell entendió muy claramente que la característica principal del Reich de los Mil Años y su atractivo más grande era la ausencia de cambio. En 1940, Orwell escribió:

> Lo que [Hitler] prevé, dentro de cien años, es un estado continuo de 250 millones de alemanes con mucho "espacio para vivir" (es decir, que se extiende hasta Afganistán o sus alrededores), un horrible imperio descerebrado en el que, esencialmente, nunca sucede nada, excepto el entrenamiento de jóvenes para la guerra y la cría interminable de carne de cañón fresca. ¿Cómo fue capaz de transmitir esta visión monstruosa?[4]

Es lo mismo que ofrecían y ofrecen los comunistas. La respuesta a la pregunta de Orwell es que a la gente le encantaba la idea de crear una sociedad que detuviera la fuente de su angustia: el rápido cambio social, que los había sumido en el caos.

Pero las ideologías destructivas no eran solo religiosas, sino también apocalípticas. Ambas retrataron su época como el momento exacto en el que tendría lugar la batalla final entre el bien y el mal. El resultado de tal batalla abriría la

---

[4] Ishaan Tharoor, "Lo que George Orwell dijo sobre el Mein Kampf de Hitler", *The Washington Post*.

puerta al Paraíso Comunista o al Reich Nazi de los Mil Años. Las leyes de la historia predestinaron el triunfo de los nazis o de los comunistas, según el caso. La gente podía tomar parte en esta gran batalla, pero ningún individuo podía cambiar su resultado.

En su clásico *Los orígenes del totalitarismo*, Hannah Arendt explicó con nítida claridad la conexión entre la inevitabilidad religiosa del paraíso venidero y la destructividad a sangre fría de los regímenes nazi y comunista: "En términos prácticos, esto significa que el terror ejecuta en el acto las sentencias de muerte que se supone que la Naturaleza ha pronunciado sobre razas o individuos que son 'incapaces de vivir', o la Historia sobre 'clases moribundas', sin esperar los procesos más lentos y menos eficientes de la naturaleza o de la historia misma".[5]

Los "no aptos para vivir" eran los judíos; las "clases moribundas" eran los burgueses. Si estaba destinado a suceder, los criminales no se sentían culpables de matarlos, ya que morirían de todos modos. Más bien, se sentían orgullosos porque con sus crímenes estaban haciendo avanzar más rápido la Historia. Es muy significativo que esta sea la interpretación que los miembros del Estado Islámico (EI o ISIS) dan a su destructividad. Piensan que están participando en algo que inevitablemente va a suceder.[6] Jessica Stern y J. M. Berger, autores de un libro sobre ISIS, explican este sentimiento con las siguientes palabras: "¿Por qué es tan importante que entendamos la obsesión de ISIS con el fin del mundo? Por un lado, los grupos apocalípticos violentos tienden a verse a sí mismos como participantes en una guerra cósmica entre el bien y el mal, en la que las reglas morales ordinarias no se aplican".[7]

Lo mismo ocurrió con el comunismo y el nazismo. Lo mismo está ocurriendo con los terroristas en el Medio Oriente. Las guerras religiosas del cristianismo también fueron terribles. La Guerra de los Treinta Años en el siglo XVII fue, en términos de destructividad, comparable o peor que las dos guerras mundiales. Lo mismo puede suceder si el nazifascismo, puro o en su encarnación comunista, regresa a Occidente. Las peores manifestaciones de destructividad han resultado de fanatismos religiosos prometiendo el establecimiento de sociedades perfectas aquí en la tierra o en el más allá.

---

[5] Hannah Arendt, *Los orígenes del totalitarismo*, pp. 464-466.
[6] Graeme Wood, "What ISIS Really Wants", *The Atlantic Magazine*.
[7] Jessica Stern y J. M. Berger, *ISIS. The State of Terror*, p. 224.

Para muchos no familiarizados con Rusia será una sorpresa descubrir el mismo elemento religioso en el impulso imperialista de ese país. Aleksander Dugin es el exponente más conocido de las doctrinas que apoyan el imperialismo que guía a Putin. Dugin lo apoya usando razones pragmáticas —como dividirle el mundo a Estados Unidos creando un mundo multipolar—, pero ese pragmatismo está basado en una concepción del mundo que es unidimensionalmente religiosa. Para él, al igual que para Irán, Estados Unidos es Satanás. En su mente, Rusia tiene el rol histórico dado por Dios de vencer a Occidente y a Estados Unidos, que son el Anticristo que apoya "LGTB + los transgéneros + los transhumanistas + los posmodernistas + los relativistas + los antihumanos, el totalmente perverso Occidente [...] En el corazón de la civilización satánica el odio está creciendo". En ese mundo unidimensional, Dugin dice: "No veo razón por la que no deberíamos usar armas nucleares".[8] Es el mismo fundamentalismo religioso.

La unidad de próposito del fundamentalismo

Las sociedades perfectas nunca fueron creadas. Sin embargo, la unidad de propósito producida por la búsqueda de la utopía fortaleció los lazos sociales, produciendo tremendos estallidos de energía que permitieron a estos países realizar hazañas que se consideraban irrealizables, que iban desde la Rusia comunista construyendo una superpotencia mundial a partir de un sistema económico inviable, hasta la Alemania nazi luchando contra casi todas las demás potencias importantes del mundo. El lazo que unía a esas personas era la fe en que, a través de estas hazañas, alcanzarían la perfección.

Carl Jung, uno de los fundadores de la psicología moderna, escribió las siguientes líneas describiendo esta nueva unidad:

> Si hace treinta años alguien se hubiera atrevido a predecir que nuestro desarrollo psicológico tendía a un resurgimiento de la persecución medieval de los judíos, que Europa volvería a temblar ante las fasces romanas y el vagabundeo de las

---

[8] Edward Stawiarski y Aleksandr Dugin, "I See No Reason Why We Should Not Use Nuclear Weapons", *The Spectator*.

legiones, que la gente volvería a hacer el saludo romano, como hace dos mil años, y que en lugar de la cruz cristiana una esvástica arcaica atraería a millones de guerreros listos para la muerte, ¿por qué? Ese hombre habría sido abucheado como un tonto místico. ¿Y hoy? Por sorprendente que parezca, todo este absurdo es una horrible realidad. La vida privada, las etiologías privadas y las neurosis privadas se han convertido casi en una ficción en el mundo de hoy. El hombre del pasado, que vivía en un mundo de arcaicas "representaciones colectivas", ha vuelto a una vida muy visible y dolorosamente real, y esto no es solo en unos pocos individuos desequilibrados, sino en muchos millones de personas.[9]

Las palabras de Jung son bastante inquietantes. Retratan una mentalidad colectiva que se apodera de las voluntades privadas de millones de individuos, dándoles un propósito unificado como un campo magnético alinea trozos de metal esparcidos sobre una superficie. Era como si, como resultado de un perverso acto de alquimia, la carne de todas estas personas, que habían sido incapaces de crear un sistema político y económico sostenible durante más de una década, se hubiera fundido y luego moldeado en una gigantesca maquinaria de destrucción empeñada en reconstruir su sociedad sobre modelos y símbolos arcaicos. Una idea racista —la creación de un mundo dominado por una raza pura— llevó a cabo esta alquimia.

El tremendo poder de las ideas destructivas para generar unidad y los estallidos de energía asombrosa que disparan es evidente en una comparación entre la Alemania de principios de la década de 1930 y la de mediados y finales de esa década. Antes de la llegada de los nazis, Alemania era un país desmoralizado, desgarrado por las disensiones internas, con una economía que funcionaba mal en términos de sus logros anteriores y posteriores. La confianza en sí mismo que había impulsado al país a la rápida industrialización de las últimas décadas del siglo XIX parecía haber desaparecido. Pocos años después, bajo el nazismo, el país estaba sólidamente unificado y protagonizaba otro milagro económico.

Si bien Jung escribió su observación a la vista de los nazis, podría haber escrito las mismas líneas sobre los comunistas que, también organizados en una maquinaria de destrucción, estaban en ese momento matando a millones

---

[9] Carl Jung en *The Concept of the Collective Unconscious*, en Joseph Campbell (ed.), *The Portable Jung*, p. 66.

de personas en Rusia para lograr una idea igualmente loca: la creación de un paraíso arcaico en la tierra.

Muchos creen que, por ese entusiasmo, las doctrinas unidimensionales y los tiranos que las implementan son más efectivos para resolver los problemas de las sociedades en crisis. No lo son. Todas las sociedades que optaron por soluciones de este tipo terminaron destruidas con enormes cantidades de muertos, como China, Rusia y Alemania. A la larga, lo que estas doctrinas disparan es esta agresividad suicida que vemos en nuestro tiempo en grupos terroristas como Hamás y Hezbollah y los fundamentalistas materialistas. Con la destructividad como elemento de unificación no puede esperarse otro destino.

La unidimensionalidad del fundamentalismo

Todas estas doctrinas fundamentalistas tienen un factor en común: todas parten de la suposición de que el mundo tiene una sola dimensión en la que todo se desarrolla a favor de una fuerza más poderosa que cualquier individuo y que el único propósito que pueden tener los seres humanos es promover los intereses de esa fuerza sobrehumana. Para los fanáticos religiosos esos intereses se reducen a la imposición de su religión al resto del mundo; para los comunistas era seguir el mandato de la historia de eliminar la alienación económica del proletariado; para los nazis era imponer la superioridad racial de Alemania sobre el resto del mundo. Esta unidimensionalidad del propósito en la vida transporta a todos al mundo de Nietzsche, en el que se mata o se muere, se esclaviza o se es esclavizado. Cualquier crimen cometido para lograr estos objetivos no solo es excusado, sino también recompensado en esta o en la próxima vida. En realidad, estas doctrinas esperan que se cometan crímenes, porque el crimen es esperado en un mundo donde todos tienen un solo propósito en la vida y la moralidad no cuenta.

Todos sabemos que esta es una actitud fanática. Pero también sabemos que no todas las personas son fanáticas y que la mayoría están impulsadas por múltiples propósitos en la vida. No se puede considerar que las doctrinas que se refieren solo a una minoría expliquen el comportamiento de sociedades enteras.

Tal conclusión puede parecer inútil para las personas que quieren reducir la diversidad del comportamiento humano a una ecuación simple y usarla para predecir un resultado determinista. Tal predicción sería impresionante pero irrelevante. Si se pudiera conocer el futuro, entonces conocerlo sería inútil porque no habría nada que pudiéramos hacer para cambiarlo. Es precisamente porque no podemos ver el futuro que podemos hacer algo al respecto.

Esto no debería sorprender a nadie, porque ¿cuándo se ha visto que las predicciones económicas se hacen realidad? ¿Por qué nadie ve venir las crisis más grandes? ¿Por qué Marx, que se suponía que era un historiador, se equivocó en todas sus predicciones?

Porque el mundo es multidimensional y el futuro es impredecible.

Eso es todo.

El paraíso perdido

Estas conclusiones carecen del atractivo de las ideas individuales que parecen gustar a las masas: un solo concepto, como llegar al paraíso comunista desposeyendo a los ricos o llegar a un paraíso diferente eliminando a las personas consideradas inferiores. Sin embargo, los conceptos multidimensionales no deterministas, no los unidimensionales simplistas, fueron los que condujeron a la creación del Estado industrial moderno, eficiente y humano de hoy.

A estas alturas ya deberíamos haber aprendido estas sencillas verdades. Nosotros, sin embargo, todavía añoramos los viejos tiempos en que pensábamos que la historia era lineal en un solo camino que conducía al progreso. Ahora, deberíamos haber entendido que, como aparentemente dijo Yogi Berra, el receptor de los Yankees de Nueva York, "el futuro ya no es lo que solía ser". Por supuesto, el futuro nunca fue determinista. Si lo hubiera sido, no estaríamos viviendo en estos tiempos impredecibles. Nuestro apego al determinismo es muy costoso para nosotros. Está en el centro del atractivo imperecedero de los líderes populistas que se convierten en tiranos en un abrir y cerrar de ojos. Es la razón por la que William Butler Yeats escribió en su poema "La segunda venida": "Los mejores carecen de toda convicción, mientras que los peores / Están llenos de intensidad apasionada".

La historia del comunismo y el nazismo muestra que aquellos que estaban llenos de intensidad apasionada cuando Yeats escribió estas líneas —Lenin y los bolcheviques, Mussolini y Hitler, entre otros— estaban a punto de guiar a sus países hacia un futuro diametralmente opuesto a lo que habían prometido. En el proceso, fueron instrumentales para desencadenar los peores episodios de destructividad de la historia. Las sociedades modernas deberían estar libres de esta simplificación excesiva de la vida.

Alcanzar esta liberación, sin embargo, no sería fácil. Requiere cambios internos al individuo. La Revolución de la Conectividad está trabajando para convertir la sociedad moderna en más horizontal, menos acogedora y menos paternalista. Hay una resistencia natural a estas tendencias. A mucha gente no le gusta esto. Quieren que el gobierno o sus líderes los protejan, incluso si no confían en ellos. Quieren artículos científicos que les digan qué hacer, qué políticas implementar, cómo maximizar su satisfacción. No vagas incertidumbres. Conocimiento exacto. Quieren dogmas, doctrinas rígidas y una clara predestinación.

El enfrentamiento entre la comodidad de los regímenes verticales y las contradicciones e incertidumbres de la autodeterminación es el tema de uno de los mitos más profundos de nuestra civilización judeocristiana, el del Paraíso Perdido. No estoy usando la palabra *mito* en el sentido de que la historia sea una mentira. Por el contrario, transmite una de las verdades más profundas de la existencia humana. Según el mito, solíamos vivir en el Paraíso, como animales, para quienes hoy es lo mismo que ayer y lo mismo que mañana, y para quienes la felicidad es solo existencia. Pero entonces, la pareja humana comió del Árbol del Conocimiento y fue arrojada del Edén. Y desde entonces hemos anhelado un regreso a ese Paraíso. Los movimientos más poderosos de la historia —las religiones espirituales, el comunismo, el nazismo— han prometido un retorno a ese lugar, en esta vida o en la próxima.

Pero el mito es claro. No hay retorno. Y si lo hubiera, no nos gustaría, porque requeriría el abandono de nuestra naturaleza humana, renunciar al fruto del Árbol del Conocimiento y volver a ser animales. Volver al mundo bestial de Nietzsche. Como escribió Karl Popper:

> Esta tensión, este malestar, es consecuencia de la ruptura de la sociedad cerrada. Todavía se siente incluso en nuestros días, especialmente en tiempos de cambio social. Es la tensión creada por el esfuerzo que la vida en una sociedad abierta y parcialmente abstracta nos exige continuamente, por el esfuerzo de ser racionales, de renunciar al menos a algunas de nuestras necesidades sociales emocionales, de

cuidarnos a nosotros mismos y de aceptar responsabilidades. Creo que debemos soportar esta tensión como el precio a pagar por cada aumento en el conocimiento, en la razonabilidad, en la cooperación y en la ayuda mutua y, por consiguiente, en nuestras posibilidades de supervivencia y en el tamaño de nuestra población. Es el precio que tenemos que pagar por ser humanos.[10]

Luego, Popper advirtió contra otra tentación planteada por las ideologías unidimensionales y destructivas: detener el cambio.

Detener el cambio político no es el remedio; no puede traer felicidad. Nunca podremos volver a la supuesta inocencia y belleza de la sociedad cerrada [...] Una vez que comenzamos a confiar en nuestra razón y a usar nuestro poder personal de crítica, una vez que sentimos el llamado de las responsabilidades personales, y con ello, la responsabilidad de ayudar a avanzar en el conocimiento, no podemos volver a un estado de sumisión implícita a la magia tribal. Para los que han comido del árbol del conocimiento, el paraíso está perdido.[11]

Estas palabras contienen la historia de la humanidad. Hemos comido del árbol del conocimiento y hemos perdido nuestro paraíso, y tratar de volver a él como lo hicieron los comunistas y los nazis solo nos llevaría de vuelta no al Paraíso, sino al Infierno. No podemos mirar hacia atrás para congelarnos en estatuas de sal.

Esto no debe interpretarse como un rechazo de las religiones espirituales. Como manifestación de su deseo de determinismo, a muchas personas les gustan los juicios radicales como "todas las religiones son malas" o "todas las religiones son buenas". Algunas religiones son buenas y algunas otras son malas. Además, al igual que los seres humanos, la misma religión puede ser utilizada para propósitos buenos o malos. Las religiones espirituales han producido grandes avances en la civilización, y el papel del cristianismo en la formación de la civilización occidental es ampliamente aceptado incluso por ateos proclamados como Richard Dawkins.[12]

---

[10] Karl R. Popper, *La sociedad abierta y sus enemigos, 1 Platón*, p. 176.
[11] *Ibid.*, p. 200.
[12] Véase, por ejemplo, Ayaan Hirsi-Ali, "Why I am Now a Christian Atheism can't

En resumen: la persistencia del determinismo

La lección más importante de esta parte del libro es que todos los fundamentalismos son iguales, tanto los así llamados espirituales como los ateos comunistas y nazifascistas. Todos operan en el mundo de la ambición de poder de Nietzsche y todos viven de vender una utopía paradisiaca y todos son apocalípticos y todos creen que el fin justifica los medios, que matar por su utopía no es pecado y que, además, ellos no pueden pecar porque están al servicio de Dios, o de la Historia, o del Führer, o de lo que sea que constituya su paraíso en la tierra o más allá de ella.

Parece increíble que estas personas logren reclutar seguidores, pero en tiempos de gran incertidumbre, como los que estamos viviendo, los que predicen el futuro con aplomo florecen y encuentran el terreno preparado para sus doctrinas unidimensionales y destructivas. Eso es lo que la gente quiere que les den: certidumbre en un mundo incierto.

Esta es la base del fundamentalismo religioso, tanto el espiritual como el materialista. Las fuerzas que mueven a los fanáticos religiosos son las mismas que mueven a los fundamentalistas materialistas.

Esta es una lección muy importante de entender, porque los fundamentalistas materialistas se han logrado esconder detrás de una cortina que los presenta como científicos y filósofos. Lo hicieron durante la Revolución Industrial y lo están haciendo ahora.

Este es el tema de la siguiente parte del libro, que discute cómo las grandes tragedias de la Revolución Industrial trataron de llevar a la realidad las doctrinas unidimensionales de los grandes maestros del pensamiento unidimensional.

Equip us for Civilisational War", y Richard Dawkins, "Open Letter from Richard Dawkins to Ayaan Hirsi-Ali". Véase también Tom Holland, *Dominion: How the Christian Revolution Remade the World*.

PARTE 3
OSCURIDAD AL MEDIODÍA

> Hay una historia de terror en las entrañas de cada nación, solo esperando el ímpetu del momento para ser articulada y generalizada.
>
> R. P. Blackmur[1]

---

[1] Citado por Arthur M. Schlesinger, *The Age of Roosevelt: Volume III, 1935-1936, The Politics of Upheaval*, p. 90.

7

El nazifascismo

La primera guerra mundial

¿Los sonámbulos?

Se han adelantado muchas hipótesis para explicar los orígenes de la explosión que destruyó el aparentemente maravilloso mundo de *La Belle Époque*. Una de las más antiguas y populares sostiene que la guerra comenzó casi involuntariamente, en un proceso en el que los principales actores fueron tomando pequeñas decisiones que luego los fueron empujando hacia la guerra, en una pendiente resbaladiza fatal que terminó con la peor guerra jamás peleada. En esta hipótesis los países supuestamente se dirigieron hacia la guerra como sonámbulos, que es el nombre del más reciente de los muchos libros que sustentan esta tesis. El autor, Christopher Clark, finaliza el libro con las siguientes palabras: "En este sentido, los protagonistas de 1914 eran sonámbulos, vigilantes pero ciegos, perseguidos por los sueños, pero ciegos a la realidad del horror que estaban a punto de traer al mundo".[1]

Esto puede sonar plausible pero solo de una manera casual. Es difícil creer que estadistas altamente experimentados se dejarían llevar ciegamente por el destino a una guerra terriblemente destructiva, sin precedentes en términos de los recursos involucrados y el tamaño de las pérdidas. La evidencia muestra que esto no fue así.

---
[1] Christopher Clark, *Sleepwalkers: How Europe Went to War in 1914*, p. 562.

Para empezar, no estaban "ciegos ante la realidad del horror que estaban a punto de traer al mundo". Ellos mismos habían creado el poder militar terriblemente destructivo que activaron en 1914. No se pueden producir enormes barcos de guerra y armas asombrosas y estar listo para movilizar a millones de soldados y marineros solo para luego fingir sorpresa por el daño que pueden causar. Ciertamente, algunos de estos estadistas pensaron que la guerra sería corta, pero no eran niños y sabían, por el estudio de la historia, que en las guerras hay que tener en cuenta las desviaciones de los planes, y que al meterse en un ruido de sables en las circunstancias de Europa estaban jugando con fuego.

Ya en 1887, Friedrich Engels predijo la tragedia con escalofriante precisión:

> [una] guerra mundial de una extensión e intensidad inimaginables hasta ahora [...] entre ocho y diez millones de soldados se masacrarían unos a otros; los estragos en todo el continente se concentrarían en tres o cuatro años; el hambre, las enfermedades y las penurias generalizadas alimentarían el salvajismo de soldados y civiles; y el comercio, la industria y el crédito se desestabilizarían por completo y se hundirían en la bancarrota general [...] los regímenes antiguos y tradicionales se derrumbarían y las coronas reales rodarían por las calles por docenas, sin nadie que las recogiera.[2]

Muchas otras personas, incluidos políticos y pensadores, hicieron predicciones similares. En 1905 el líder de los socialdemócratas alemanes, August Babel, pronunció un discurso en el Reichstag en el que predijo que Europa sería "consumida por una vasta campaña militar en la que participarían entre 16 y 18 millones de hombres [...] equipados con las últimas armas homicidas para esta masacre mutua [...] [Esta gran guerra general sería seguida por un] colapso general, por el cual los socialistas declinan toda responsabilidad".[3]

Cuando la guerra estaba a punto de comenzar, justo cuando se supone que los líderes de Europa andaban sonámbulos sin entender lo que podía pasar, André Gide, un novelista francés, escribió: "Nos estamos preparando para entrar

---

[2] Friedrich Engels en la introducción a un panfleto escrito por Sigismund Borkheim. Citado por Arno Mayer en *The Persistence of the Old Regime: Europe to the Great War*, pp. 315-316. Véase también Andrei Kokoshin, "How Friedrich Engels' Predictions for World War I Came True", *The National Interest*?

[3] August Babel citado por Arno Mayer en *The Persistence of the Old Regime: Europe to the Great War*, p. 316.

en un largo túnel lleno de sangre y oscuridad". El 29 de julio de 1914, justo cuando comenzaba la guerra, Helmut von Moltke, el jefe del Estado Mayor alemán, dijo que "destruiría la cultura de casi toda Europa en las próximas décadas". El canciller de Alemania, Theobald von Bethmann-Hollweg, emitió un comunicado que finalizaba con la frase: "Si los dados de hierro ruedan, que Dios nos ayude". Cuando los dados empezaron a rodar, el ministro de Asuntos Exteriores británico, Sir Edward Grey, dijo: "Las lámparas se están apagando en toda Europa; no las veremos encendidas de nuevo en nuestra vida".[4]

Así que los líderes europeos sabían lo que podía pasar. Aun así, durante años los gobiernos de Europa siguieron arriesgándose a desencadenar esta guerra. Las decisiones de prepararse para la guerra y luego participar en ella deben haberse tomado en un entorno en el que todos los participantes pensaron que la guerra, que sabían que sería terriblemente costosa en pérdidas materiales y humanas, era el menor de los males potenciales que enfrentaban.

La legitimidad de la guerra

La frialdad con que los políticos sopesaron tales costos quedó patente en las palabras pronunciadas en 1913 por el canciller alemán von Bethmann-Hollweg, un año antes del inicio de la guerra. Él dijo: "Ningún ser humano podría imaginar las dimensiones, así como la miseria y la destrucción de una conflagración mundial [...] ningún estadista responsable pensaría en encender la mecha que haría explotar el polvorín sin una cuidadosa consideración".

¿Cuáles fueron las razones que harían que valiera la pena encender el polvorín, aunque solo fuera después *de una cuidadosa consideración*?

Estas razones estaban relacionadas con la incongruencia que acechaba bajo la aparente seguridad del siglo XIX. Para 1914, la mayoría de los países europeos ya se habían industrializado y tenían poblaciones urbanas masivas que exigían participación política. Sin embargo, algunos grandes imperios eran gobernados por autocracias asociadas con viejas élites aristocráticas (Rusia,

---

[4] Véanse las predicciones de Andre Guide en Max Hastings, *Catastrophe 1914: Europe goes to War*, p. xv. Las de Sir Edward Grey, Helmut von Moltke y Theobald von Bethmann-Hollweg pueden verse en Barbara Tuchman, *The Guns of August*, pp. 94 y 146.

Alemania, Austria-Hungría, el Imperio otomano) que veían a la democracia liberal y al socialismo, aun el democrático, como la fuente de una decadencia apocalíptica para Europa. Incluso los países más democráticos todavía estaban gobernados por élites agrarias y tradicionales que otorgaban gran importancia a la posición de nacimiento, la herencia y la religión como las fuerzas que mantenían el mundo en su lugar.

La Revolución Industrial había expulsado a muchos de estos señores de los altos mandos de la economía, que ya no era manejada por los señores agrarios sino por los empresarios industriales y sus financistas. Sin embargo, los viejos aristócratas todavía dominaban la escena política y militar y veían la guerra como un mal menor porque creyeron, tontamente, que iba a evitar su propia desaparición. Al comienzo de la guerra pareció que tenían razón. El pueblo regresó a darles su apoyo como los representantes del viejo orden, seguro y confiable. Pero conforme la guerra fue desenvolviéndose, esta posición del pueblo fue cambiando. Al final, resultó que se trataba de una falsa disyuntiva. La guerra aseguró la caída de las viejas élites, en contra de lo que, trágicamente, ellos habían pensado.

En Alemania, la guerra había sido una posibilidad atractiva para resolver las crisis internas de cuatro maneras. Primero, esta era la época de los imperios y Alemania se sentía dejada fuera en un mundo en el que hasta Bélgica tenía más colonias que ella. Alemania llegó tarde a la repartición de los imperios porque se convirtió en un país solo hasta 1871, cuando ya todo el mundo subdesarrollado había sido repartido. Los alemanes pensaron entonces en extender Alemania hacia tierras rusas. Esto daría satisfacción al orgullo alemán, que no podía soportar tener una posición global menor que la del Reino Unido.

Una guerra de conquista en el Este también proporcionaría una solución a los millones de alemanes que estaban migrando de las zonas rurales como resultado del aumento de la productividad de la agricultura que acompañó a la Revolución Industrial. Como en muchos otros países de Europa, en Alemania estas migraciones estaban causando graves problemas sociales. El gobierno proporcionaría a los campesinos alemanes desplazados tierras a las que regresar, no en Alemania sino en la Europa del Este conquistada. Esto, pensaron las élites alemanas, reduciría las presiones políticas de la industrialización, consolidando el gobierno autocrático del káiser, diluyendo cualquier ambición democrática que pudiera existir. Así, los problemas políticos que supuestamente resolvería la guerra eran consecuencias de la falta de adaptación a la Revolución Industrial y sus repercusiones sociales y políticas.

Las élites alemanas estaban seguras de que también la guerra y las conquistas que alcanzaría Alemania les darían legitimidad a las élites mismas.

Rigidez

La élite al mando del Segundo Reich tenía una estrategia con tres ejes interrelacionados: la preservación de la estructura vertical del gobierno, la eliminación de las tendencias democráticas y socialistas y la creación de una Alemania todopoderosa a través de la anexión de tierras de los países vecinos.[5] El objetivo primordial de estos ejes era el primero: detener el cambio para mantener a la vieja élite en el poder vertical. La anexión de las tierras vecinas para dar a la población lo que echaba de menos, la vuelta a la forma de vida agraria, rural, era necesaria para mantener ese poder. Y la eliminación de las tendencias democráticas y socialistas también era necesaria para eliminar el temido colapso de las élites existentes. Todo se había centrado en detener el cambio.

Estos no eran ideales lejanos. El gobierno y las élites trabajaban arduamente para alcanzarlos. En su famosa carta de Año Nuevo que envió a Bernhard von Bulow en diciembre de 1905, el káiser Wilhelm vinculó dos de estos ejes, la eliminación de la socialdemocracia con la guerra de conquista. "Disparar, decapitar y eliminar al socialista primero, si es necesario, mediante un baño de sangre, luego la guerra en el extranjero. Pero no antes, y no al mismo tiempo".[6]

Jordan von Krocher auf Vinzelberg, el presidente del Landtag de Prusia, renunció en 1912, advirtiendo contra la línea dura del gobierno, diciendo: "los círculos del gobierno son increíblemente ciegos, nos acercamos al *grosse Kladderadatsch* [desastre profano] a pasos de gigante, y ya no tengo otro deseo que el de morir como gente decente".[7]

---

[5] Véase Fritz Fischer, *Germany's Aims in the First World War*.
[6] El Kaiser Guillermo en su carta de Año Nuevo a Bernhard von Bulow (diciembre de 1905), citada por Fritz Fischer en *Germany's Aims in the First World War*, p. 22.
[7] Véase Arno Mayer, *The Persistence of the Old Regime: Europe to the Great War*, p. 319.

En diciembre de 1913 el canciller Theobald von Bethmann-Hollweg rechazó otra sugerencia del príncipe heredero de dar un golpe de Estado para eliminar a los socialdemócratas del poder político.[8] A principios de junio de 1914, Bethmann-Hollweg le dijo a Hugo Graf von und zu Lerchenfeld:

> Había círculos en el Reich que miraban a la guerra para lograr una mejora, en el sentido conservador, de las condiciones internas en Alemania. Él [Bethmann-Hollweg] había pensado que los efectos serían exactamente lo contrario; una guerra mundial, con sus incalculables consecuencias, aumentaría mucho el poder de la socialdemocracia, porque había predicado la paz, y derribaría muchos tronos.[9]

Es decir, un sector muy poderoso de los círculos conservadores, que dominaban Alemania, que incluía al káiser, pensaba que una guerra ayudaría a debilitar a los socialdemócratas.

Así, a principios del siglo XX, mientras la Revolución Industrial seguía creando nuevas clases sociales y modificando las relaciones entre ellas, Alemania se resistía al cambio y seguía siendo absolutista, burocrática y militarizada, una combinación muy rígida para hacer frente a la ola de cambios de la Revolución Industrial. Parecía tan rígida como Rusia.

Aún más desconcertante fue la seriedad e independencia del sistema judicial, que resultó en el imperio de la ley, pero no en la protección de los derechos individuales de los alemanes. La ley defendía al Estado. El resultado fue una sociedad que construyó todas las instituciones para ser multidimensional pero que perdió el alma del liberalismo inicial por haber permitido la unión entre los poderes políticos y económicos.

Para el káiser y el ejército los principales enemigos eran las ideas democráticas y socialistas que venían del exterior y arraigaban en algunos sectores de la población. Trabajaron duro para eliminar a esos enemigos alineando a todas las instituciones del país en su contra. Les ayudó en la consecución de este objetivo la nostalgia por el viejo orden preindustrial que se estaba apoderando de Alemania.

---

[8] Fritz Fischer, *Germany's Aims in the First World War*, p. 50.
[9] Fritz Fischer, historiador alemán, ha demostrado este punto más allá de toda duda. *Ibid.*, p. 51. También es citado por Arno Mayer, *The Persistence of the Old Regime*, p. 318.

Lo que soñaban los sonámbulos

Con base en evidencias incontrovertibles, Fritz Fischer, el famoso historiador alemán, explicó en la década de 1960 cuáles fueron las razones por las que las clases dominantes alemanas pensaron que valía la pena encender el polvorín de la Primera Guerra Mundial. En el proceso presentó evidencias que destruyeron el mito del sonambulismo, demostrando que el objetivo principal que perseguía Alemania en la Primera Guerra Mundial era crearse un imperio en tierras en ese momento de Rusia. Este objetivo se volvió realidad con el Tratado de Brest-Litovsk de marzo de 1918, en el que la Rusia de Lenin le cedió 750 000 kilómetros cuadrados, el 26% de su población, el 37% de sus cosechas y el 75% de sus yacimientos de carbón y hierro.[10]

Las evidencias de Fischer nunca han sido cuestionadas. Las críticas se han centrado en decir que los enemigos de Alemania también eran agresivos y que habían creado grandes imperios dejando fuera a Alemania y que ello había provocado la respuesta de esta. Estas afirmaciones son ciertas, pero no refutan el punto de Fischer. Solo sugieren que Alemania no era la única potencia empeñada en invadir otros países, algo que obviamente era cierto. Pero Alemania era la que más tenía que ganar al hacer la guerra. Los otros habían llegado antes y ya tenían lo que Alemania quería. No tenían nada que ganar con una guerra en la que se disputara la propia hegemonía que ya tenían. Las ambiciones de Alemania chocaron con las ambiciones de sus enemigos. Pero eso no niega que Alemania preparó la guerra para crear sus colonias en Europa.[11]

Otras sociedades rígidas pensaban igual que los alemanes. Por ejemplo, en su historia del Imperio Habsburgo, Peter M. Judson, profesor del Instituto Universitario Europeo en Florencia, Italia, describió la situación en Austria-Hungría de esta manera:

> El estado de ánimo de pesimismo existencial de la élite en 1914 fue un factor que alentó a algunos miembros del Estado Mayor y del Cuerpo Diplomático a arriesgarse a llevar a Austria-Hungría a la guerra. Creyendo que un cataclismo como una guerra les ofrecía su última oportunidad de silenciar el conflicto político en

---

[10] Véase Richard Pipes, *The Russian Revolution*, p. 595.
[11] Véase Fritz Fischer, *Germany's Aims in the First World War*.

casa y evitar mayores daños al estatus de gran potencia del imperio en el extranjero, lo aceptaron. Como el individuo más responsable de la guerra, el propio jefe del Estado Mayor General Conrad von Hotzendorf (1852-1925) le escribió a Joseph Redlich sobre los temores de su casta: "Es muy difícil mejorar la situación interna de la monarquía pacíficamente".[12]

Respecto a Rusia, Richard Pipes, uno de los más destacados historiadores de Rusia, resumió los motivos que tuvo este país para entrar en guerra: "Mucho antes de 1914, Rusia tenía una buena noción de los designios que Alemania tenía sobre ella. Estos [los alemanes] pedían el desmembramiento del Imperio y sus fronteras". Pero estas peticiones eran balanceadas porque Rusia "contaba con un rápido triunfo y una oleada de patriotismo para silenciar a la oposición y enterrar sus diferencias frente a un enemigo extranjero".[13]

Los conflictos internos, todos provocados por la necesidad de adaptarse a la segunda etapa de la Revolución Industrial, fueron peores en países rígidos como Alemania. Sin embargo, Gran Bretaña también sufría problemas domésticos: disturbios laborales, la rebelión de los sufragistas para obtener el voto y el enfrentamiento por la autonomía de Irlanda, que llevó al país al borde de una guerra civil. En Francia, Jean Jaurès, un socialista francés, pensó, ya en 1905, que una guerra europea allanaría el camino para la instauración de la socialdemocracia en todo el continente, incluso si se resistía a " 'tomar esta apuesta bárbara' y apostar por la emancipación de obreros y campesinos en 'una tirada de dados tan asesina' ". Temía que la guerra pudiera también "resultar, por un largo periodo, en crisis de contrarrevolución, de reacción furiosa, de nacionalismo exasperado, de dictadura asfixiante, de militarismo monstruoso, de una larga cadena de violencia retrógrada y odios viles, represalias y servidumbres".[14]

---

[12] Peter M. Judson, *The Habsburg Empire: A New History*, pp. 383-384.
[13] Richard Pipes, *The Russian Revolution*, p. 209.
[14] Arno Mayer, *The Persistence of the Old Regime*, pp. 316-317.

De lo nacional a lo internacional

Los países europeos no llegaron a la guerra como sonámbulos. Todos tenían razones muy poderosas para entrar en la guerra. El conflicto internacional tenía profundas raíces nacionales en cada uno de los países. Y todos estos motivos estaban ligados al conflicto entre el cambio y la resistencia a este que la Revolución Industrial había desatado. En ese conflicto, que se peleó doméstica e internacionalmente, se enfrentaron las órdenes unidimensionales con las multidimensionales y ganaron estas últimas, a los nazis después de 30 años de dos guerras mundiales y a los comunistas después de 75 años de guerra fría.

El clímax llegó con la Gran Guerra de 1914. Arno Mayer, profesor de historia de Princeton, describe bien cómo, a través de esta guerra, las élites de Europa presentaban una última resistencia contra los cambios políticos provocados por la Revolución Industrial:

> Eventualmente, en julio-agosto de 1914, los gobernadores de las principales potencias, todos menos algunos completamente nobiliarios, marcharon sobre el precipicio de la guerra con los ojos bien abiertos, con la cabeza calculadora y exentos de las presiones de las masas. En el camino, ni un solo actor principal entró en pánico o fue motivado por estrechas preocupaciones personales, burocráticas y partidistas. Entre los guardagujas de la guerra no había improvisadores mezquinos, diletantes románticos, aventureros temerarios. Cualquiera que sea el perfil de sus ayudantes o acosadores populistas, eran hombres de alta posición social, educación y riqueza, decididos a mantener o recuperar un mundo idealizado de ayer.[15]

Cuando la corona de los zares rodó por las calles de San Petersburgo al final de la guerra, no fue recogida por los demócratas sino por los comunistas, que luego llevaron a Rusia a casi un siglo de mayores sufrimientos. Sumido en el caos, el gobierno de Italia le pidió a Mussolini que formara un gobierno en 1922. Después de la caída de su káiser autocrático, Alemania tuvo una revolución bolchevique en 1918 y 1919, se estabilizó por un tiempo y luego cayó

---

[15] *Ibid.*, p. 322.

en una dictadura nazi en 1933. Los regímenes destructivos se apoderaron de un país tras otro en las décadas de 1920 y 1930, preparándose para la segunda vuelta de la guerra de 30 años contra Alemania.

El orden mundial de la edad industrial se estableció de esta forma. ¿Cómo se irá a instalar el orden de la nueva sociedad que está naciendo en el siglo XXI?

El periodo de entreguerras

La Primera Guerra Mundial no resolvió ninguno de los problemas económicos, sociales y políticos que afectaron a los países industrializados en los años anteriores a la guerra. Sin embargo, hirió de muerte el viejo orden que había regido los destinos de Europa y del mundo a lo largo del siglo XIX. El poder de la tierra —con todas sus estructuras basadas en la sangre y la tradición— finalmente dio paso al poder aún no estructurado de la industria. El espíritu de unidad nacional que había prevalecido en los primeros meses del conflicto se desvaneció sin dejar rastro. La inestabilidad económica se mantuvo y, de hecho, empeoró. Las viejas divisiones sociales regresaron con una fuerza inusitada. Los soldados desmovilizados volvieron a su vida civil y se encontraron con que estaban desempleados. Y Lenin se precipitó de Suiza a Rusia para poner en marcha la primera de las revoluciones sangrientas del siglo XX.

Esta turbulencia de posguerra se extendería durante dos décadas y media: una profunda recesión en 1920, un largo auge en los siguientes 10 años, la Gran Depresión en la década de 1930 y, finalmente, la Segunda Guerra Mundial y el Holocausto a principios de la década de 1940.

Este periodo fue testigo de una aceleración de la transformación radical que había comenzado durante la Edad Dorada (1870-1914) en las economías industrializadas. Esto fue bastante similar, pero más profundo, que lo que acompañó a la Gran Recesión, cuando la estructura del empleo cambió de baja a alta calificación. Los productos demandados después de la guerra eran radicalmente diferentes de los que se demandaban en los albores del siglo XX. Lo mismo puede decirse de los métodos utilizados para producirlos. Para adaptarse a estos cambios, algunas actividades antiguas tuvieron que morir (junto con el capital físico y humano utilizado para producirlas) y las nuevas inversiones tuvieron que crear las nuevas actividades que las estaban reemplazando en la demanda agregada. Esto generó tres problemas. En primer lugar, la estructura de la oferta tendría que cambiar para adaptarse a la estructura de la demanda, dejando a mucha gente sin trabajo y a muchos inversores en bancarrota, mientras que otros tendrían que surgir. En segundo lugar, había que proteger de alguna manera a la población contra el desempleo y el sufrimiento que la acompañaba. En tercer lugar, esto debe hacerse dentro de los ideales de la democracia liberal que han ido creciendo durante los dos siglos anteriores.

Aunque hay muchos paralelismos entre la actualidad y la Edad Dorada, el periodo que más se parece al nuestro es esta época de entreguerras. Son los mismos problemas a los que nos enfrentamos hoy. Esto es aterrador, porque las décadas de 1920 y 1930 son los años que condujeron a las peores tragedias del siglo xx. Y como veremos, las sociedades reaccionaron de manera muy distinta a las crisis de entreguerras, con resultados históricos dramáticamente diferentes. La protección de la población adoptó dos formas principales. Una de ellas fue proteger la estructura económica existente, tratando de forzar la supervivencia de las viejas empresas y actividades que se estaban volviendo obsoletas, para que nada cambiara, los inversores no tuvieran pérdidas y la gente no se quedara sin empleo. Estas políticas fracasaron porque era imposible, excepto con la coerción de tiranías unidimensionales, oponerse a la marea de cambio en las demandas del público. El otro conjunto de políticas consistía en proteger a la población contra los efectos del cambio a través de la seguridad social. Los países que adoptaron el primer método no detuvieron el cambio. Sin embargo, cayeron bajo regímenes totalitarios, mientras que a los que eligieron el segundo les fue mejor económicamente a largo plazo y preservaron sus libertades y la democracia liberal. Estas son las opciones que tenemos hoy.

LA REPÚBLICA DE WEIMAR

La mentalidad vertical a menudo produce profecías autocumplidas, y la confrontación unidimensional de la Alemania de finales del siglo xix daría forma al futuro del país en la primera mitad del siglo xx. Al final de la Primera Guerra Mundial, cincuenta años después de la creación de Alemania, las fuerzas fragmentadoras de su sociedad, que habían dado forma a la verticalidad de sus instituciones, lograron sumir al país en el caos total. Las rígidas instituciones que durante décadas habían resistido la embestida del cambio político colapsaron repentinamente, dejando al país en un caos absoluto.

A finales de 1918, el ejército alemán mostraba los mismos signos de desmoralización que el ejército ruso había mostrado antes de su colapso el año anterior. Sin embargo, la propaganda del gobierno había convencido al pueblo alemán de que estaba ganando la guerra y algunos acontecimientos parecían respaldar su afirmación.

El general alemán Erich Ludendorff pidió en secreto a los aliados un armisticio. El presidente Woodrow Wilson declaró claramente que no negociaría a menos que Alemania se convirtiera en una democracia. Para cumplir con las condiciones de Wilson, Ludendorff ofreció a los partidos mayoritarios en el Reichstag una constitución que convertiría a Alemania en un Estado democrático, con dos condiciones. Una de ellas era que el Parlamento asumiera inmediatamente el control del gobierno, anunciando que se había producido una revolución y que Alemania sería, a partir de entonces, una democracia constitucional de pleno derecho. La otra condición era que, una vez en el poder, debían pedir inmediatamente un armisticio con las potencias aliadas, buscando la firma de un tratado de paz poco después. Esto echaría la culpa de la derrota directamente a los políticos, y en particular a los socialdemócratas.[16]

Ingenuamente, los socialdemócratas aceptaron. Ludendorff informó entonces al káiser de su decisión, y el káiser no tuvo más remedio que aceptarla. Un miembro de la familia real, el príncipe Max von Baden, fue nombrado canciller. Y luego, el 5 de octubre de 1918, el nuevo gobierno anunció al público sorprendido que había habido una revolución socialista, que Alemania había sido derrotada, que ahora era una democracia parlamentaria y que pedían a los Estados Unidos un armisticio.

Como resultado de las maquinaciones de Ludendorff, cuando la democracia finalmente llegó a Alemania, se asoció en la mente de los alemanes con la humillación internacional que siguió, y con el desorden económico de los años posteriores a la guerra. En el imaginario popular, las personas que dirigían la nueva democracia habían traicionado a su país. Como resultado, la naciente

---

[16] Sebastian Haffner, *Failure of a Revolution: Germany 1918-1919*, pp. 37-41.

democracia, llamada República de Weimar, nunca tuvo la autoridad moral que necesitaba para resolver los difíciles problemas de la posguerra.

Se desató el caos. Alemania pasó por una revolución bolchevique que el gobierno tardó nueve meses en sofocar. Los rebeldes incluían marineros, soldados y trabajadores. El 7 de noviembre 100 000 trabajadores con banderas rojas marcharon en Múnich contra el Palacio Real. Luis III, rey de Baviera, huyó, abandonando el trono que la familia Wittelsbach había ocupado durante 1 000 años. Los socialistas independientes bávaros se apoderaron de la capital y nombraron a Kurt Eisner, un crítico musical, como jefe de Estado.

La caída de la Casa de Wittelsbach tuvo un efecto de bola de nieve en todo el país. Los 22 jefes de los estados alemanes —reyes menores, príncipes, grandes duques y duques— cayeron en 24 horas. Se crearon repúblicas soviéticas en Colonia, Múnich, Leipzig, Stuttgart y Fráncfort del Meno. La única cabeza coronada que quedaba era la del propio káiser, que abdicó a los pocos días.

Durante varios meses, los regímenes bolcheviques frenéticos gobernaron en muchos de los estados alemanes. Las turbas que comandaban estos regímenes se parecían a los que gobernaron París durante la Comuna de 1871. Saquearon las capitales, tomaron rehenes y destronaron a los líderes que acababan de poner en el poder. Algunos de los rebeldes eran grupos de desertores, pero otros controlaban unidades del ejército, incluidas las estacionadas cerca de Berlín. Turbas de partidarios de los soviets deambulaban por la capital. Los rebeldes incluso tomaron posesión de los cuarteles del palacio imperial y cortaron las líneas telefónicas de la cancillería.

Un enfrentamiento entre los comunistas caóticos y grupos voluntarios de veteranos dirigidos por oficiales imperiales que actuaban extraoficialmente (llamados *freikorps*) se presentó en toda Alemania. Prevaleció la disciplina y la organización superiores de los *freikorps*. Liberaron ciudad tras ciudad hasta recuperar todo el territorio, y a finales de 1919 la revolución bolchevique alemana había terminado.

Al igual que en Rusia, la rígida estructura del Segundo Reich canalizó los conflictos sociales creados por la Revolución Industrial en una feroz confrontación unidimensional, que condujo al caos. Una institución vertical, el ejército, salvó a Alemania de este caos, lo que pareció justificar la elección que los alemanes habían hecho por la verticalidad en el siglo XIX. Sin embargo, en realidad el ejército había salvado a Alemania del caos que la propia verticalidad había engendrado.

El fin de esta revolución no trajo estabilidad. Los vencedores de la Primera Guerra Mundial impusieron enormes indemnizaciones a Alemania. Incapaz de financiar un creciente déficit fiscal, en parte debido a los pagos de reparaciones, el gobierno recurrió a la impresión de dinero, generando uno de los peores casos de hiperinflación jamás registrados. Los precios a finales de noviembre de 1923 eran 10 200 000 000 veces superiores a los de agosto de 1922.[17] El banco central detuvo la hiperinflación creando una nueva moneda y negándose a imprimirla para financiar al gobierno. Después de este episodio, la economía se recuperó, pero siguió dependiendo de los préstamos del exterior, principalmente de Estados Unidos, para seguir adelante.

Ninguno de los problemas de la República de Weimar fue peor que la confusión interna causada por la adopción de un sistema político, la democracia, que nadie quería. Los alemanes lo aceptaron con disciplina. Sin embargo, su lealtad a ella era escasa, como lo demostraron cuando el desempleo superó el 25% durante la Gran Depresión. La división del país explotó, se desató el caos (de nuevo) y todos sabemos lo que siguió.

El país sin salida

Si bien la República de Weimar se parecía al Segundo Reich en muchos aspectos, no heredó su disciplina y orden. Los gobiernos tendían a ser coaliciones débiles de intereses diversos. Con frecuencia, el Reichstag se estancaba en decisiones cruciales, incapaz de formar una mayoría en un sentido u otro. La Constitución proporcionó una solución para este problema: en caso de estancamiento, el presidente estaba facultado para gobernar por decreto sin tener en cuenta al Reichstag. En consecuencia, Alemania fue gobernada cada vez más por decreto ejecutivo, como lo había sido durante el Segundo Reich. El problema empeoró con el tiempo, hasta que se volvió crítico a finales de la década de 1920. Se tardó un año en formar gobierno después

---

[17] Véase Phillip Cagan, "The Monetary Dynamics of Hyperinflation", en Milton Friedman (ed.), *Studies in the Quantity Theory of Money*.

de las elecciones de 1928. Fue aún peor en 1932, cuando el Reichstag fue disuelto tres veces.

A lo largo de la década de 1920, los comunistas utilizaron la fuerza bruta para intimidar a sus adversarios y al pueblo en general. La derecha respondió de la misma manera. El Partido Obrero Alemán de Hitler —precursor del Partido Nacionalsocialista— creó las Tropas de Asalto, conocidas como SA, un grupo de matones que se enfrentaban violentamente a los enemigos de los nazis. En 1925, Hitler creó el Escuadrón de Protección, conocido como las SS, un cuerpo más disciplinado que alcanzó una notoriedad perversa en la década de 1940 como verdugo de judíos. Incluso en 1925-1929, el periodo más tranquilo de la República de Weimar, la imagen de las SA armadas y los escuadrones comunistas golpeando a la gente en las calles era familiar en Alemania. El país se estaba dirigiendo a un pasado salvaje.

Los extremistas prósperos

Fue en este entorno donde los nazis prosperaron, ofreciendo una visión de una nueva Alemania unificada bajo una sola voluntad. De mayo de 1928 a noviembre de 1932, a medida que la Gran Depresión comenzaba y empeoraba, los dos partidos que ofrecían tiranía en lugar de democracia (comunistas y nazis) aumentaron sus votos de 4 a 17.7 millones, pasando del 13 al 50% del total de votos. De esta manera, en apenas cuatro años Alemania pasó de ser un país donde los extremos representaban solo alrededor del 10% de los votos a uno donde el 50% de los votantes querían destruir la democracia a través del nazismo o el comunismo.[18]

Los votantes del 50% no extremista estaban cada vez más desmoralizados con el sistema. Lo único en lo que los alemanes parecían estar de acuerdo era en que la democracia y la libertad no eran la solución a sus problemas. La democrática República de Weimar estaba siendo asesinada por la fragmentación que había caracterizado a la política alemana desde la unificación del país y por un conjunto de valores que despreciaban la democracia. Finalmente, después de que

---

[18] Véase Samuel W. Mitcham Jr., *Why Hitler?: The Genesis of the Nazi Reich*, Praeger, Westport, Connecticut, 1996.

unas elecciones locales en el pequeño estado de Lippe confirmaran la creciente popularidad de los nazis, el presidente alemán, el mariscal von Hindenburg, decidió llamar a Hitler para formar un gobierno en enero de 1933. Ese fue el final.

Alemania justificó la decisión de Hindenburg con el argumento de que la democracia liberal había fracasado. Sin embargo, lo que fracasó fue la voluntad liberal del pueblo alemán. La velocidad del proceso es una advertencia. Muestra cómo la división de larga data, mezclada con graves trastornos económicos, sociales y políticos, rompió la aparente normalidad de un gobierno célebre por su democracia y destreza cultural, y entregó una terrible tiranía, apoyada por el pueblo, cansado de las divisiones que él mismo había creado. Era un cisma en el alma.

Desmantelando la democracia en siete meses

El 30 de enero de 1933, el presidente Hindenburg, reprimiendo su disgusto por Hitler, lo nombró canciller en un gabinete en el que los nazis tendrían tres de los ocho puestos. Hitler se movió a la velocidad del rayo para hacerse con el poder total. El hecho de que solo tuviera tres puestos en el gabinete no era un obstáculo. Convocó nuevas elecciones el 5 de marzo de 1933 y aumentó la participación del Partido Nazi del 33 al 44%. Incluso si no obtuvo la mayoría, Hitler inmediatamente comenzó a comportarse como si fuera el dictador de Alemania. Le ayudó un suceso fortuito, el incendio del edificio del Reichstag el 27 de febrero de 1933, por parte de un socialista loco. Utilizó esto como excusa para obtener del Reichstag el poder de gobernar por decreto.

Inmediatamente utilizó este poder para abolir la libertad de expresión y justificar la persecución de los enemigos políticos. Luego, sin muchos problemas, eliminó la autonomía de los estados alemanes y concentró todo el poder en sí mismo. Nombró comisarios del Reich nazi para sustituir a las autoridades locales y les dio amplios poderes.

Luego, sorprendentemente, el Reichstag cambió la Constitución de Weimar al promulgar la Ley Habilitante del 24 de marzo de 1933, con la mayoría necesaria de dos tercios. Menos de tres meses después de que Hitler se convirtiera en canciller, esta ley transfirió la autoridad legislativa del Reichstag a Hitler, consolidando todo el poder en manos de Hitler.

Luego disolvió los parlamentos estatales y se hizo cargo de los tribunales de justicia. En mayo anunció que los sindicatos eran ilegales. En su lugar, el gobierno creó una nueva organización llamada Frente Laboral, que representaría no solo a los trabajadores, sino también a los empleadores y profesionales. El marco institucional se asemejaba al que Mussolini había impuesto en Italia. Se prohibieron las huelgas y las negociaciones colectivas. Los representantes del gobierno en cada empresa —irónicamente llamados fideicomisarios laborales— fijaban los salarios. En un extraño proceso que tuvo lugar en junio-julio de 1933, todos los partidos políticos —incluidos los nacionalistas, socios de los nazis en el gobierno— se disolvieron. Finalmente, el 14 de julio, Hitler abolió todos los partidos y movimientos políticos, excepto el nacionalsocialismo, y estableció penas de prisión para los transgresores.

En menos de siete meses, los nazis desmantelaron el Estado de derecho y todo un conjunto de instituciones democráticas sin ninguna oposición considerable, lo que ilustra cuán superficiales eran las raíces del Estado de derecho y la democracia en Alemania. William Shirer, autor de *The Rise and Fall of the Third Reich* (Ascenso y caída del Tercer Reich), escribió sobre su sorpresa por la facilidad con la que terminó la democracia liberal en Alemania:

> En el fondo, sin duda, acechaba el terror de la Gestapo y el miedo al campo de concentración para aquellos que se habían pasado de la raya o que habían sido comunistas o socialistas o demasiado liberales o demasiado pacifistas, o que eran judíos. La purga de sangre del 30 de junio de 1934 fue una advertencia de lo despiadados que podían ser los nuevos líderes. Sin embargo, el terror nazi en los primeros años afectó la vida de relativamente pocos alemanes y un observador recién llegado se sorprendió un poco al ver que la gente de este país no parecía sentir que estaba siendo intimidada y sometida por una dictadura brutal y sin escrúpulos. Por el contrario, la apoyaron con genuino entusiasmo.[19]

Las palabras de Shirer nos recuerdan la observación de Mark Mazower de que el paso crucial en la instalación de una tiranía es la destrucción del prestigio de la democracia liberal. "El ascenso del fascismo se sustentó en una profunda

---

[19] William L. Shirer, *The Rise and Fall of the Third Reich*, p. 320.

crisis de la democracia liberal. La verdadera lección que hay que aprender es de esta crisis de las instituciones democráticas en el periodo de entreguerras".[20]

Los derrochadores

El final del Tercer Reich fue un gran final wagneriano en el espíritu nietzscheano. El búnker de Hitler debajo de la cancillería era su Valhalla. Alemania se consumió en las llamas de su propio odio por el bien del Reich de los Mil Años que un derrochador les había ofrecido. Este era el hombre que los alemanes pensaban que era el más alemán de todos los alemanes, un cabo austriaco al que llamaban su Führer.

Ciertamente, hubo alemanes que se opusieron a las políticas criminales de los nazis. Sin embargo, fueron pocos, como lo demuestra irrefutablemente el pequeño número de víctimas arias del terror de Hitler. Nunca hubo un levantamiento popular contra Hitler, ni siquiera en los primeros días de su reinado, cuando aún no había desarrollado su maquinaria de terror. Nunca hubo nada como Hungría en 1956 o Checoslovaquia en 1968, cuando la población desarmada se enfrentó a los tanques soviéticos en las calles. No había nada parecido a la resistencia de los campesinos a la colectivización en la Unión Soviética. En lugar del cuchillo de un gladiador cortando carne y hueso para matar a un león luchador que se niega a rendirse, las acciones de Hitler para destruir la democracia se asemejaban a un cuchillo cortando mantequilla. Destruyó los sindicatos, el Poder Judicial, la autonomía de los estados, la libertad de expresión y un sistema parlamentario a los seis meses de su llegada al poder, y lo hizo sin mayores problemas. El terror nazi nunca se dirigió contra los alemanes étnicos, no era necesario.

Con su regreso al pasado, los regímenes nazi y comunista se volvieron más rígidos que los regímenes a los que reemplazaron. Eran los últimos baluartes del absolutismo y el feudalismo contra las fuerzas de modernización que la Revolución Industrial había desatado. Crearon mundos donde, como dice el título de la novela de Arthur Koestler, había *Oscuridad al mediodía*.

---

[20] Mark Mazower, "Ideas that Fed the Beast of Fascism Flourish Today", *Financial Times*.

En resumen...

Alemania es un ejemplo perfecto de como las ideas unidimensionales generan una sociedad unidimensional que por su rigidez colapsa en caos cuando el cambio la abruma, y de allí pasa a otro estado, peor, de unidimensionalidad. Este caso confirma la conclusión general que la unidimensionalidad de pensamiento y de acción lleva sin remedio a la destructividad de Nietzsche. En toda su historia previa a su caída al final de la Segunda Guerra Mundial, Alemania, al menos desde su unificación en 1871, actuó dentro de la lógica del poder de Nietzsche. Y así, sembró vientos, y cosechó tempestades.

8

La Unión Soviética

Los dos tipos de mercados

¿Por qué se derrumbó la Unión Soviética? ¿Y por qué cayó tan rápido y de manera tan catastrófica? ¿Contenía el sistema algún defecto interno fatal que condujera irremediablemente a su propio fracaso? ¿O fue el colapso el resultado de una forma particular en que se manejó?

Es difícil imaginar una diferencia más amplia que la que existe entre las visiones idílicas de los teóricos socialistas y la dura realidad de estos países.[1] En lugar de convertirse en un paraíso para los trabajadores, estos países desarrollaron regímenes que se mantenían unidos solo por el terror, un contraste que da peso al argumento de que el socialismo fue una perversión de las intenciones originales de los creadores del sistema. Si esto es cierto, entonces se podría argumentar que el sistema no falló, solo la forma en que se puso en práctica.

Sin embargo, una mirada más cercana a esas visiones originales, y particularmente a los problemas de su implementación, revela una clara relación entre la teoría y la realidad. Tratar de aplicar los principios socialistas *tenía que* conducir a los resultados observados. Esto no significa que haya habido

---

[1] En este capítulo, como en todo el libro, la palabra socialista se usa en el sentido clásico de Marx, que está incluido en el nombre de la Unión de Repúblicas Socialistas Soviéticas. Es el sistema que prohíbe la propiedad privada de los medios de producción. En esta convención, los que se concentran en la distribución del ingreso se llaman social-demócratas.

una fuerza histórica en acción que condenó a los países de Europa central y oriental a su triste experiencia. Contrariamente a lo que Marx creía, el flujo de la historia no es inevitable. Sin embargo, hay causas y efectos. Al seguir el camino socialista, estos países tuvieron que pasar por los puestos de control que señalaba la lógica del socialismo. Sucedió que el caos, el terror o ambos dominaron estas etapas. Fueron el resultado de un conflicto esencial que una economía socialista crea para sus participantes.

El conflicto está arraigado en la visión socialista de lo que hace que las personas trabajen y realicen actividades económicas. El capitalismo trabaja bajo la premisa de que el interés propio es una de las motivaciones naturales de las personas. Los individuos satisfacen las necesidades de los demás sirviendo a fines sociales porque la única forma en que las personas pueden sobrevivir y aumentar su bienestar económico es produciendo y vendiendo algo que sea útil para los demás. Como resultado, las personas se esfuerzan por identificar las necesidades que pueden satisfacer para los demás y luego trabajan para satisfacerlas. En las sociedades capitalistas, las motivaciones egoístas se aprovechan para producir beneficios a la sociedad en su conjunto. El socialismo, por el contrario, se basa en el rechazo del interés propio como motivación legítima para la actividad económica. Es decir, los teóricos socialistas creían que el interés social, que debía ser un complemento del interés propio en una sociedad multidimensional, se convertiría en la única motivación en una economía socialista, una suposición desprovista de sentido común.

El principal argumento del socialismo es que tal cambio en la motivación puede lograrse a través de la prohibición de la propiedad privada de los medios de producción. Sin tener la posibilidad de poseer capital, la gente dejaría de trabajar para acumular riqueza. Más bien, trabajaría en beneficio de la sociedad.

Las expectativas de este tipo de comportamiento se superponían a las motivaciones económicas naturales de las personas, que seguían siendo predominantemente individualistas. Los conflictos creados por este arreglo social eran obvios en muchos sentidos. En el aspecto productivo, las empresas socialistas sufrían de lo que en economía se llama *el problema principal-agente*, el conflicto de intereses que existe cada vez que un individuo (el agente, en este caso unos burócratas-gerentes) administra la propiedad de otra persona (el principal, en este caso, el Estado). Los agentes tienden a administrar los activos para su propio beneficio, no para el del propietario. En casos extremos, en los que el principal está ausente u ocupado haciendo otras cosas, el agente puede incluso robar los activos. Si, como en una economía socialista, los activos no pueden ser robados porque no hay propiedad privada, los administradores aún pueden apropiarse de las rentas producidas por esos activos. No pueden robar la vaca, pero pueden robar la leche.

La posibilidad de apropiarse de las rentas, sin embargo, no se limita a las personas que administran los activos físicos. También puede llevarse a cabo por los burócratas que manejan cualquier parte del complicado aparato necesario para administrar la separación del trabajo y el consumo.[2] Según la doctrina socialista, estos problemas no existirían en una economía socialista porque la gente se comportaría como socialista, sería desinteresada.

En lugar de promover el surgimiento de un ser humano nuevo y desinteresado, la mancomunación social sin restricciones fomentó el consumo ilimitado sin proporcionar los incentivos para producir los bienes y servicios necesarios para satisfacer dicho consumo. El efecto combinado aplastó la economía. En pocas palabras, la desaparición del socialismo fue causada por su irracionalidad básica. El colapso de la economía soviética y de otras economías comunistas no debería haber sido una sorpresa para nadie.

Sin embargo, una cosa es sorprendente. La irracionalidad del sistema es tan marcada que no debería haber durado tanto como lo hizo. Las tendencias caóticas que derribaron los regímenes socialistas en la antigua Unión Soviética y Europa Central son resultados naturales que podrían haberse esperado del sistema desde el principio. Sin embargo, el sistema duró 75 años.

El hecho de que la Unión Soviética pudiera sobrevivir durante tanto tiempo con un sistema económico tan irracional plantea dos preguntas. En primer lugar, ¿cuál fue el pegamento que mantuvo unido al socialismo, evitando su caída hasta hace muy poco? En segundo lugar, ¿por qué desapareció

---

[2] Para una discusión detallada del papel central del problema principal-agente en la inviabilidad del socialismo (comunismo), véase Manuel Hinds, "Markets and Ownership in Socialist Countries in Transition", en Arye Hillman (ed.), *Markets and Politicians: Politized Economic Choice*; Manuel Hinds, "Policy Effectiveness in Reforming Socialist Economies", en Arye Hillman y Branko Milanovic (eds.), *The Transition from Socialism in Eastern Europe: Domestic Restructuring and Foreign Trade*, y Manuel Hinds, "Policies to Overcome the Transformation Crisis: The Case of Russia", en Horst Siebert (ed.), *Overcoming the Transformation Crisis: Lessons for the Successor States of the Soviet Union*.

este pegamento a finales de la década de 1980, dejando al sistema vulnerable a su propia irracionalidad?

El pegamento era el terror. La construcción del socialismo se construyó sobre la base de la coerción y la violencia. Dado que el comportamiento de las personas contradice los objetivos económicos socialistas, la coerción necesaria para que se comportaran como verdaderos socialistas tenía que ser tan abarcadora y generalizada que su nombre apropiado fuera terror. Lenin, Stalin y sus compañeros bolcheviques lo utilizaron para destruir lo que llamaban las clases enemigas, para obligar a los campesinos a entregar sus cosechas, para eliminar el comercio, para romper cualquier resto de iniciativa económica y para crear chivos expiatorios de sus errores económicos. Luego lo utilizaron para obligar a los campesinos a unirse a las granjas colectivas y para forzar el cumplimiento de los objetivos de producción.

Sin embargo, por razones que veremos, los líderes comunistas tuvieron que reducir el terror, y la eficacia de lo que quedaba disminuyó. Esto es lo que mató a la Unión Soviética.

La némesis del comunismo

El problema fundamental del comunismo fue el problema principal-agente, que se manifestó en la corrupción de los trabajadores poco después de la Revolución de 1917. Tan pronto como Lenin nacionalizó las empresas, comenzó a usarlas para su propio beneficio, no para el de la nación. Aumentaron sus salarios y robaron bienes, maquinaria y equipos para venderlos en el mercado negro. Sin capitalistas, los defensores naturales del capital, los trabajadores drenaron todo el capital de las empresas. La economía se deterioró bruscamente en los meses siguientes.

Los dirigentes bolcheviques se sintieron traicionados. Pensaban que las masas no entendían lo que era mejor para ellas y seguían participando en el comercio y otras actividades económicas pecaminosas. Más importante en términos marxistas, la dictadura del proletariado se estaba quedando sin proletarios. El empleo industrial estaba cayendo. La gente huyó de las zonas urbanas, buscando comida y tratando de escapar del control de las células revolucionarias y del odio que prevalecía en las ciudades. El gobierno trató de detener estas migraciones por la fuerza, introduciendo barricadas y destacamentos armados en las fábricas. Fue en vano. A medida que los trabajadores abandonaron sus lugares de trabajo para emigrar en masa al campo, el empleo industrial cayó de 2.6 millones en 1917 a 1.2 millones en 1920.[3] La producción industrial en 1920 era solo el 20% de su nivel de 1913, y la del transporte el 22 por ciento.[4] Lenin estaba alarmado.[5]

Los más intelectualmente inquietos entre los bolcheviques, León Trotsky y Nikolai Bujarin, salieron con diagnósticos paralelos del problema y una solución única. Calculaban que la gente nunca cumpliría voluntariamente con la ética socialista del trabajo, trabajando por nada. Por lo tanto, lo que se necesitaba era obligar a la gente a trabajar no por un tiempo, sino para siempre. Trotsky, entonces comisario de guerra, abogó por la militarización del trabajo, que pensaba que la gente realmente disfrutaría.[6]

Bujarin presentó un argumento más sofisticado. En *La economía de la transición*, publicada en 1920, Bujarin argumentó que los sistemas económicos establecidos tienen una consistencia interna que les da estabilidad. Sostenía que en el capitalismo ese equilibrio no solo era proporcionado por las relaciones de mercado, sino, fundamentalmente, por la propiedad capitalista, que disciplinaba a las empresas. Las fuerzas del mercado, a su vez, disciplinaron a los capitalistas. Las políticas de contratación, despido y compensación eran los medios que los capitalistas utilizaban para disciplinar a la fuerza laboral.

Como resultado de la introducción del socialismo, los capitalistas y las fuerzas del mercado habían desaparecido en Rusia. Sin ellos, y en un ambiente de corrupción laboral generalizada, la coerción estatal era la única forma de hacer trabajar a la gente y de asignar el trabajo a las actividades donde se necesitaba. Bujarin pensaba que esta coerción sería necesaria para siempre, porque la tendencia al equilibrio nunca volvería en ausencia de incentivos de mercado. De este modo, Bujarin planteaba con la mayor claridad el problema principal-agente.

---

[3] Alec Nove, *Historia económica de la Unión Soviética*, p. 57.
[4] Paul R. Gregory y Robert C. Stuart, *Soviet Economic Structure and Performance*, p. 58. También, Alec Nove, *Historia económica de la Unión Soviética*, p. 84.
[5] Véase Lenin, citado por Roy Medvedev en *Let History Judge. The Origins and Consequences of Stalinism*, p. 643.
[6] Véase Trotsky, "Military Writings and Speeches: The Intelligentsia and Power", citado en Philip Pomper, *Lenin, Trotsky and Stalin*, p. 359.

Propuso una solución que sería adoptada por todos los regímenes comunistas: el terror. Él, que sería asesinado durante el Gran Terror de la década de 1930 bajo la lógica de lo que estaba proponiendo, escribió en la década de 1920: "La coerción proletaria en todas sus formas, comenzando con el fusilamiento y terminando con el reclutamiento laboral, es [...] un método para crear la humanidad comunista a partir de los materiales humanos de la época capitalista".[7]

Grigory Zinoviev, otro de los revolucionarios originales asesinados en 1936, dijo: "Debemos llevar con nosotros a 90 millones de los 100 millones de la población rusa soviética. En cuanto al resto, no tenemos nada que decirles. Deben ser aniquilados".[8]

El Comité Central del Partido aprobó estas ideas en noviembre de 1919 y unos meses más tarde formó el Comité Principal para el Servicio Militar Obligatorio Universal.

Al elegir este camino, los regímenes socialistas convirtieron el conflicto entre el comportamiento esperado y el real en uno de ciudadanos contra el Estado y palabras contra hechos. Este conflicto generó la hipocresía característica de los regímenes socialistas. Bajo el comunismo soviético, las ideas socialistas se convirtieron en un instrumento de poder para que pequeñas minorías impusieran un gobierno severo a la población, no en un sistema para mejorar la vida de la gente.

El ejemplo más espectacular de la confrontación de los revolucionarios con su propio electorado se produjo con el levantamiento de la base naval de la isla de Kronstadt en febrero-marzo de 1921. La isla de Kronstadt está cerca de San Petersburgo, que había sido rebautizada como Petrogrado durante la Primera Guerra Mundial. Este levantamiento no solo fue un serio desafío para el gobierno, sino que también llevó consigo un fuerte mensaje simbólico. Esta base había sido parte de la revolución que puso a los bolcheviques en el poder. Ahora,

---

[7] Citado en Stephen F. Cohen, *Bukharin and the Bolshevik Revolution. A Political Biography, 1888-1938*, p. 92. Bujarin fue condenado a muerte y fusilado en 1937. Para una lista de todos los parientes que también fueron asesinados o encarcelados debido a su relación con él, véase Robert Conquest, *The Great Terror. A Reassessment*, pp. 395-396.
[8] Citado en Robert Conquest, *The Harvest of Sorrow. Soviet Collectivization and the Terror-Famine*, p. 24. Zinoviev fue asesinado en 1937, en su celda. Iba a ser ejecutado en el patio de la prisión, pero se arrodilló y lloró tan fuerte que el oficial a cargo decidió matarlo ahí mismo para no molestar a los demás prisioneros.

los marineros se rebelaron en protesta contra las terribles condiciones de vida de la población de Petrogrado, que no compartían porque tenían mejores raciones. A principios de 1921, reaccionando a las noticias que llegaban de la península, enviaron una delegación para investigar lo que estaba sucediendo en la ciudad. Después, afirmaron que la revolución había sido traicionada.

La insurrección convenció a Lenin de cambiar su estrategia. Mientras el Ejército Rojo avanzaba sobre el mar congelado para asaltar Kronstadt, Lenin pronunció un discurso en el X Congreso del Partido Comunista. Dijo que las políticas de los últimos años le habían sido impuestas por el estado de guerra que Rusia había sufrido continuamente desde la revolución; que este comunismo de guerra, como él lo llamaba, se había equivocado y que tenía la intención de poner en marcha una nueva estrategia que corrigiera esos errores. La nueva estrategia se llamaría Nueva Política Económica (NEP). En virtud de ella, se permitiría el libre comercio de productos agrícolas y de algunos bienes de consumo, se permitiría cierta propiedad privada y se invitaría a la inversión extranjera. Dijo que el intento de planificar centralmente la economía había sido abandonado.

El gobierno adoptó estas ideas y la NEP se convirtió no solo en la política oficial, sino también en la nueva ortodoxia. Los compañeros aduladores de Lenin competían entre sí para demostrar lo liberales que eran. El más famoso de estos nuevos liberales fue Bujarin, quien había argumentado que el comunismo debía construirse con violencia y reclutamiento laboral. Les dijo a los campesinos: "*¡Háganse ricos!*".[9] Fue la liberalización económica más profunda que el régimen soviético iba a llevar a cabo en su historia, en muchos sentidos más profunda que la llevada a cabo por Gorbachov bajo la perestroika.

La NEP, sin embargo, terminó cuando Stalin, que sucedió a Lenin después de matar a la competencia, lanzó su Segunda Ofensiva Socialista, con la que se estableció el régimen que duraría hasta Gorbachov. Con eso obligó a los campesinos a trabajar en granjas colectivas; fortaleció la planificación central, que ha sobrevivido bajo la NEP, la convirtió en la máxima autoridad económica, e impuso el terror a los gerentes y a la población en general como medio para controlar a la sociedad, implementando así las ideas originales de Trotsky y Bujarin. Durante la llamada ofensiva, los comunistas mataron a más de 20 millones de personas.

---

[9] Stephen F. Cohen, *Bukharin and the Bolshevik Revolution. A Political Biography, 1888-1938*, pp. 107-125.

Después de que el comunismo se reimpusiera por completo, Stalin dispuso el asesinato de los viejos bolcheviques, los comunistas originales que habían luchado junto a Lenin durante la revolución y que habían llevado a cabo esos 20 millones de asesinatos. La purga de Stalin fue llamada el Gran Terror, y aunque el número de muertos fue de menos de un millón, en comparación con 20, fue socialmente devastadora, ya que se llevó a cabo contra los propios comunistas.

Este régimen de terror, que duró mientras Stalin estuvo vivo, ocurrió mientras la Unión Soviética emergía como una superpotencia que, con la ayuda de Occidente, finalmente derrotaría la invasión nazi del país en 1941-1945. La victoria de Stalin, sin embargo, no fue permanente. El sistema que legó a su país llevaba consigo las semillas de su propia destrucción. Así como la escalada del terror puede explicarse por las necesidades lógicas del sistema socialista, el colapso final del sistema también puede explicarse por la dinámica que el terror total pone en marcha en la sociedad. Un sistema cuya economía solo puede funcionar sobre la base del terror es obviamente muy débil. Si, por alguna razón, hay que reducir el nivel de terror, las tendencias caóticas creadas por la falta de incentivos económicos para la producción toman el control y la capacidad productiva disminuye. Los líderes soviéticos se enfrentaron a esta situación después de la muerte de Stalin. Por razones que exploraremos en breve, los gobernantes se volvieron incapaces de mantener los niveles de terror que habían hecho posible el socialismo. A medida que el terror declinaba, las grietas en la construcción socialista se convirtieron en fracturas, lo que llevó a la desaparición del sistema en un largo proceso que abarcó casi cuatro décadas.

Cuando Stalin murió en 1953, el proceso que había tenido lugar después de la muerte de Lenin casi 30 años antes se recreó mientras los principales líderes intentaban determinar quién lo sucedería. Conociendo a sus camaradas, en 1924 Lenin estaba preocupado por lo que sucedería con el partido después de su muerte. Su principal preocupación era que una lucha por el liderazgo individual llevaría a una escisión, lo que sería desastroso para el régimen. Por esta razón, quería que establecieran un gobierno colectivo. En su testamento —escrito poco antes de morir— nombró a seis hombres como los miembros más destacados del partido, destacando sus cualidades pero también sus defectos. Analizando sus caracteres, llegó a la conclusión de que ninguno de ellos sería un buen líder si actuara solo. De esta manera, trató de convencerlos de que se necesitaban mutuamente y que un gobierno colectivo sería lo mejor.

Las preocupaciones de Lenin resultaron infundadas. Hubo un solo heredero de su poder, y no hubo división del partido. Como si siguiera un complot inventado por Agatha Christie, uno de los hombres de su lista mató a los otros cinco, junto con miles de comunistas prominentes, cientos de miles de comunistas de base y millones de simples mortales.[10] El asesino era Stalin, la persona a la que los viejos bolcheviques habían confiado el manejo de su maquinaria de terror contra la población. Los viejos bolcheviques fueron asesinados por el asesino que habían creado para imponer su terror. De esta manera, Stalin mostró a los líderes comunistas que no eran omnipotentes, y que el terror puede tener consecuencias negativas para quienes lo practican.

Cuando Stalin murió, se volvió a jugar el juego mortal que se había jugado después de la muerte de Lenin. Pero esta vez, la mayoría de los herederos estaban decididos a no permitir nunca más que el poder de ningún individuo creciera a niveles que pusieran en peligro sus propias vidas. Esto significaba que había que frenar el poder de la maquinaria del terror. Los nuevos líderes comenzaron la implementación de su decisión matando al jefe de la NKVD (la organización de policía secreta que se convertiría en la KGB), Lavrenty Beria, quien tenía la mejor oportunidad de convertirse en un segundo Stalin y estaba trabajando para ese fin. Después de eso, Nikita Jruschov denunció los métodos terroristas de Stalin y obtuvo el liderazgo individual del país. El partido, sin embargo, nunca le permitió, ni a él ni a ninguno de sus sucesores, alcanzar el poder absoluto.

La disminución de la eficacia del terror

Los sucesores de Stalin no abandonaron el uso de la violencia para imponer su voluntad. Jruschov utilizó la fuerza bruta para aplastar las rebeliones polaca y húngara en 1956, como hizo Brezhnev contra Checoslovaquia en 1968, y

---

[10] Las seis personas eran Zinoviev, Kamenev, Bujarin, Piatakov, Trotsky y Stalin. Los primeros cuatro fueron juzgados y fusilados bajo las órdenes de Stalin durante el Gran Terror de finales de la década de 1930. Trotsky fue asesinado, también por instrucciones de Stalin, en México en 1940. El "testamento" está incluido en Robert C. Tucker, *The Lenin Anthology*, pp. 725-728.

con mucha menos fuerza y eficacia Mijaíl Gorbachov contra los países bálticos a finales de la década de 1980 y principios de la de 1990. El liderazgo soviético continuó enviando disidentes a Siberia y a hospitales psiquiátricos, y la KGB continuó cazando desertores en todo el mundo. Esta violencia fue suficiente para desalentar cualquier desafío efectivo al régimen socialista y a su élite gobernante. Sin embargo, el régimen se había debilitado por la decisión de sus dirigentes de no permitir que ningún individuo acumulara tanto poder como Stalin, y esta debilidad mostró hasta dónde estaban dispuestos a llegar los dirigentes para aterrorizar a la población. A medida que la gente se dio cuenta de que sus líderes se abstendrían de la matanza y deportación masiva de los años de Stalin, el nivel de terror subjetivo se erosionó gradualmente.

La coerción y el terror no eliminaron la tendencia del sistema comunista al caos, sino que solo la sumergieron de manera temporal. Ciertamente, el terrorismo de Estado obliga a la gente a hacer lo que el gobierno desea que haga, pero solo para aquellos comportamientos en los que los líderes pueden medir el cumplimiento. Sin embargo, la mayor parte del comportamiento individual no es tan fácil de controlar y la gente puede seguir quebrantando las reglas de maneras que con frecuencia hacen que el control estatal no tenga sentido. Aunque severamente restringidos en muchos aspectos, los ciudadanos de regímenes basados en el terror pueden disfrutar de libertades secretas que explotan en su beneficio.

Por ejemplo, el terror no puede ser utilizado para estimular la creatividad. El terror es un instrumento negativo que puede impedir que las personas hagan lo que quieren hacer, pero sin la capacidad de fomentar las actividades positivas pero complicadas necesarias para dirigir una economía moderna de manera eficiente. El terror puede forzar la eficacia, pero no la eficiencia. Este problema se vuelve más difícil cuando el poderío militar depende de la creatividad. Era mucho más fácil obligar a un individuo a colocar un tornillo en su lugar que obligarlo a inventar un nuevo circuito integrado.

Estos dos conjuntos de factores —los que reducen el nivel de acciones terroristas que el gobierno estaba dispuesto a emprender, y los que reducen la respuesta de la población al terror en una sociedad más compleja— interactuaron entre sí para acelerar el proceso de decadencia. A medida que las personas ejercían sus pequeñas libertades, presionaban para ver hasta dónde podían llegar sin ser detenidas. Las nuevas generaciones, que no habían sufrido directamente el impacto de la violencia desnuda, estaban dispuestas a esforzarse más que sus padres. Sin la aplicación periódica de la fuerza represiva, la coerción fue perdiendo su eficacia.

Corrupción

Explotación del Estado

A medida que el terror y su efectividad disminuyeron, los funcionarios del partido y los trabajadores en general eludieron las absurdas restricciones del socialismo al participar en una corrupción generalizada, utilizando activos estatales para beneficio privado. Los trabajadores robaban productos de sus tiendas en tales volúmenes que el robo se convirtió en un problema nacional ya en la década de 1970. Los funcionarios y burócratas del partido utilizaron sus cargos como si fueran su capital, exigiendo el pago personal por los trámites que tenían que autorizar. Los gerentes ocultaban partes sustanciales de su producción a los planificadores centrales y las vendían en el mercado negro. Extrajeron pagos de los trabajadores que contrataban. Incluso inventaron transacciones imaginarias para recibir pagos de los planificadores centrales, que luego utilizaron para aumentar sus salarios. De esta manera, se crearon enormes cadenas de productos imaginarios de algodón imaginario que se utilizaron para producir textiles imaginarios, que luego se transformaron en ropa imaginaria. Los entusiastas participantes en estas cadenas confirmaron las cifras proporcionadas por otros participantes y recibieron pagos de los planificadores centrales, que no pudieron determinar la falsedad de las supuestas producciones, o que, al descubrir tal falsedad, cambiaron su silencio por una parte del botín.[11]

A partir de entonces, la naturaleza del socialismo fue moldeada por la corrupción generalizada. Progresivamente, un régimen comunista se convirtió

---

[11] La corrupción que impregnó el soviet en sus últimas décadas ha sido ampliamente documentada en libros y artículos periodísticos. Para una visión general véanse, por ejemplo, Vladimir Shlapentokh, *Public and Private Life of the Soviet People. Changing Values in Post-Stalinist Russia*, especialmente pp. 203-216; Hendrick Smith, *The New Russians*, y Dusko Doder, *Shadows and Whispers: Power Politics Inside the Kremlin from Brezhnev to Gorbachev*.

en un sistema en el que un único principal abstracto era explotado por todos aquellos que actuaban como agentes de él. De hecho, dado que el Estado solo podía obtener de sus ciudadanos la mayor cantidad de recursos posibles, estos ciudadanos se explotaban unos a otros y reducían sus ingresos colectivos debido a su objetivo de trabajar lo menos posible y consumir lo más posible. Impulsada por estos incentivos y limitada por las instituciones socialistas, una economía de mercado extremadamente distorsionada emergió con una fuerza sin precedentes en la Unión Soviética durante la década de 1970. Estalló en los mercados negros, en el seno de las empresas y en las relaciones entre las empresas y los organismos de planificación, así como en otras empresas. Estos problemas eran consecuencia de la ausencia de un defensor del capital en la empresa. Todo el mundo estaba interesado en cómo extraer rentas del capital de la empresa, nadie en cómo protegerlo y aumentarlo.

Poco a poco, la simbiosis del socialismo y el terror fue sustituida por la simbiosis del socialismo y la corrupción. Sin corrupción, la economía se detendría con brusquedad. Pero permitir que existiera la corrupción eventualmente llevaría al sistema a su muerte. Así, la corrupción se convirtió para la economía socialista en lo que la droga es para un adicto: una compañera indispensable y un camino hacia la muerte. Esta fue la aterradora verdad de la que se dieron cuenta Yuri Andropov y Mijaíl Gorbachov en la década de 1980. El problema no era que el interés propio no estuviera en juego, sino que se canalizaba de manera perjudicial para el funcionamiento de la sociedad en su conjunto. El socialismo logró crear un sistema en el que el interés propio se oponía sistemáticamente a la racionalidad social.

La paralización de la Unión Soviética

A finales de la década de 1970 y principios de la de 1980, había una sensación dentro de los grupos poderosos del Partido Comunista de que la corrupción y la ineficiencia estaban destruyendo el país. La Unión Soviética estaba a la zaga de los países occidentales no solo en el bienestar social y económico de la población —que conocían desde hacía décadas—, sino también, lo que es más importante para ellos, en el poder militar. El principal síntoma de este proceso no fue la oposición activa al régimen, sino la invasión de la apatía y la corrupción. Al mismo tiempo, la capacidad de crecimiento de la economía se vio frenada y comenzaron a surgir los primeros signos de lo que se convertiría en la anarquía de los años de Gorbachov. Una cosa llevó a la otra.

Alrededor de este tiempo, el avance tecnológico se desplazó hacia el campo inmensamente complicado de recopilar, procesar y transmitir información en tiempo real. En un mundo en el que varias potencias fueron capaces de destruir todo el planeta, la velocidad de respuesta se volvió crucial. Occidente avanzó a una velocidad vertiginosa en esta dirección, pero la Unión Soviética sufrió no solo su tradicional falta de incentivos para la innovación, sino también el desafío de desarrollar la tecnología de las comunicaciones en un país donde las autoridades temían que la gente usara las comunicaciones para derrocar al gobierno.

Estos problemas eran paralizantes. Los soviéticos vieron con horror cómo la tecnología de la microcomputación y las comunicaciones avanzaba a pasos agigantados en Occidente, hasta el punto de que algunos juguetes y juegos de computadora fueron incluidos en la lista del gobierno de Estados Unidos de productos que no podían exportarse a la Unión Soviética ni a sus satélites. Los mecanismos de algunos juguetes de control remoto eran mejores que los instalados en los tanques soviéticos. La conectividad que se desarrolló con las nuevas tecnologías impulsó la actual explosión de progreso científico y tecnológico en todas las áreas del conocimiento humano. Los países comunistas estaban fuera de ella, por definición.

La lucha contra la corrupción

Estos problemas provocaron una reevaluación agónica del curso que estaba tomando el socialismo. Como era de esperar, esta reevaluación comenzó en la institución soviética con la visión más completa del mundo: la KGB. Su director, Yuri Andropov, decidió que había llegado el momento de un cambio drástico. La situación era tan desesperada que decidió que para revertir la decadencia del país valía la pena un pacto con el diablo capitalista: estaba dispuesto a conceder cierta apertura limitada de las comunicaciones e incentivos individuales para la producción.

Andropov forjó una alianza de fuerzas de la KGB para hacer avanzar su idea y reunió a un equipo de líderes no manchados por la corrupción para ponerla en marcha. Sabiendo que le quedaban pocos años de vida, eligió a un hombre brillante para liderar el equipo, Mijaíl Gorbachov. Luego aprovechó su breve mandato como secretario general para efectuar cambios en el personal del partido que asegurarían que Gorbachov fuera elegido secretario general después del breve reinado del sucesor de Andropov, Konstantin Chernenko, el último representante del antiguo y corrupto liderazgo.

Liberación a través del caos

Los nuevos líderes identificaron a la planificación central como la culpable de los problemas económicos del país. Concibieron un sistema que seguiría prohibiendo la propiedad privada de los medios de producción y que mantendría al gobierno en control de las principales tendencias de la economía, pero que descentralizaría muchas decisiones cotidianas a la empresa. Iba a ser como un mercado, excepto que no habría dueños, y las empresas tendrían que entregar la mayor parte de su producción al Estado. Esta fue una prueba de cómo las mentes verticales no entienden el funcionamiento del mercado. Nunca se dieron cuenta de que era el mismo sistema que Pedro el Grande instaló a principios del siglo XVIII. Lanzaron estas reformas con gran entusiasmo. El programa fue un completo fracaso.

Las reformas de Gorbachov desmantelaron efectivamente el mecanismo centralizado que Stalin había puesto en marcha 50 años antes. El efecto de tal desmantelamiento, sin embargo, no fue el que esperaban los reformadores. Gorbachov descubrió, para su disgusto, lo que debería haber sido obvio desde el principio: que la única estructura económica bajo la cual el socialismo puede funcionar es la planificación central, porque esa es la estructura consistente con la aplicación del terror, el único incentivo que el socialismo puede proporcionar a sus ciudadanos. La descentralización solo puede aumentar la eficiencia cuando la economía cuenta con incentivos intrínsecos para promover la eficiencia a nivel individual, que solo puede proporcionar la propiedad privada. En lugar de aumentar la eficiencia, la descentralización de las decisiones sin la propiedad privada de los medios de producción en realidad empeora *los problemas principal-agente*: los conflictos de intereses entre los propietarios de la empresa y las personas que la administran.

En lugar de mejorar la economía, el sistema de Gorbachov la destruyó. Para los gerentes y trabajadores, la perestroika ("reestructuración") era una legitimación de un sistema ilegal que habían estado operando durante muchos años. Los gerentes y los trabajadores llegaron al extremo predecible, ignorando por completo a los planificadores centrales. Aumentaron sus propios salarios, dejaron de entregar pedidos estatales y vendieron toda su producción en el mercado negro. Toda la economía soviética se puso patas arriba. El sistema oficial de distribución tanto de insumos de producción como de bienes de consumo colapsó. Las tiendas oficiales se quedaron sin productos. Todo escaseaba, falsamente, de hecho, porque los productos estaban ahí, pero en el mercado negro. Con frecuencia, las mismas tiendas oficiales que decían que no tenían productos vendían por la puerta trasera.

Aun así, encontrar alimentos y otros productos esenciales se volvió extremadamente difícil para el ciudadano soviético promedio, ya que la disponibilidad de productos en el mercado negro era impredecible. A veces, un producto específico estaba disponible en algún lugar, a veces en otro. El simple hecho de recopilar información sobre el lugar al que uno debía ir para obtener un producto en particular tomaba horas. Y la gente necesitaba más de un producto. Los trabajadores abandonaron sus puestos de trabajo en la frenética búsqueda de alimentos y otros productos esenciales. Con los salarios aumentando rápidamente mientras la producción estaba, en el mejor de los casos, estancada, la inflación en el mercado negro era desenfrenada mientras que las colas en las tiendas oficiales se alargaban. Progresivamente, los vendedores del mercado negro se negaron a aceptar rublos. Pidieron otros bienes.

Se desarrolló entonces el trueque al por mayor, intermediado por las empresas en nombre de sus trabajadores. Las empresas comenzaron a obtener bienes básicos para sus trabajadores a través de complejas transacciones de trueque. Por ejemplo, una empresa que fabricaba zapatos cambiaría su producción por verduras; luego, distribuía algunas de estas verduras entre sus trabajadores y cambiaba el resto por ropa. Parte de esa ropa se intercambiaba por leche y huevos, los cuales, a su vez, servían para obtener aceite de cocina y azúcar. Y así sucesivamente. Muchas empresas institucionalizaron su trueque, llegando a alianzas estratégicas con empresas productoras de bienes de consumo. Así, una fábrica de automóviles entregaba tantos coches al mes a una granja a cambio de un suministro mensual de huevos y pollo. Las empresas enviaban delegados de trueque a lo largo de la Unión Soviética para encontrar suministros para sus trabajadores. A veces, tenían que conseguir sus productos en algún rincón lejano del país, mientras que los equivalentes se producían en su propio vecindario, pero se intercambiaban con un socio lejano.

En este juego, las empresas que producían bienes de consumo tenían una ventaja competitiva porque producían algo con una gran demanda. En el otro extremo, las empresas que producían productos militares y científicos de alta tecnología estaban en desventaja. Nadie quería intercambiar bienes de consumo por artículos matemáticos abstractos o componentes de naves espaciales. Muchas de estas empresas pasaron a producir bienes en demanda, a un costo terrible. Por ejemplo, vi en Nizhni Novgorod una fábrica que construía vehículos espaciales que llegó a un acuerdo con una granja lechera local. Produjo una planta pasteurizadora para la granja a cambio de la leche entregada durante cinco años. La planta pasteurizadora debe haber sido la más cara de la historia. Fue construida con materiales que resistieron el reingreso a alta velocidad en la atmósfera. Los trabajadores y científicos que no eran capaces de producir nada inmediatamente útil fueron dejados a la intemperie, literalmente. Ellos, los desempleados y los jubilados formaban parte de las largas colas frente a las tiendas oficiales, en los gélidos días de invierno, con la esperanza de obtener un trozo de queso o una fracción de litro de leche.

Los gerentes y los trabajadores comenzaron a llevar a cabo lo que se llamó "privatización espontánea". Este era otro nombre para robar los bienes de capital de la empresa o incluso toda la empresa. Si el gobierno no era capaz de suministrarles insumos y bienes de consumo, ¿por qué iban a necesitar al gobierno? Dado que, en ese momento, la propiedad privada de bienes de capital todavía estaba prohibida, la privatización espontánea significaba realmente el saqueo de las empresas.

En este entorno caótico, el crimen organizado creció de manera exponencial. Más exactamente, las amplias redes de corrupción que se habían desarrollado en las décadas anteriores racionalizaron su organización y ampliaron sus operaciones para incluir no solo la distribución de bienes en el mercado negro, sino también la venta de protección, estilo mafioso, a tiendas, restaurantes, fábricas y ciudadanos comunes. Si la gente no pagaba, era acosada, sus tiendas destruidas o, a veces, asesinada. En los últimos años del liderazgo de Gorbachov, el crimen organizado sustituyó al gobierno como proveedor de seguridad ciudadana. Los jefes de estas mafias eran los líderes locales de los partidos, los mismos que todos los días declaraban que vender y comprar en el mercado negro era ilegal, y castigaban a algunos de sus propios clientes de vez en cuando para mantener las apariencias.

Este caos destruyó la legitimidad del régimen de Gorbachov. No es que la gente renegara del comunismo. No es que quisieran ser capitalistas o democráticos. Era solo que el gobierno, del que esperaban que satisficiera todas sus necesidades, no estaba satisfaciendo ni siquiera las más esenciales.

Este es el hecho crucial de la caída de la Unión Soviética. Gorbachov, comunista hasta su último día en el poder, no entendía cómo manejar una sociedad comunista. Como era de prever, los trabajadores utilizaron la nueva autonomía que Gorbachov les dio no para mejorar las condiciones de sus empresas, sino para aumentar sus salarios, vender en el mercado negro y robar maquinaria y mercancías. A medida que desviaban la producción hacia el mercado negro, las cadenas oficiales de suministro de la economía colapsaron. La comida desapareció de las tiendas oficiales. En cinco años, la economía volvió a su caos original, destruyendo la complicada maquinaria que los comunistas habían utilizado para controlar a la población a nivel individual. La ironía de todo esto fue que al dar el poder a los trabajadores de las empresas, Gorbachov llevó a la Unión Soviética a su destrucción.

El 9 de diciembre de 1991, Boris Yeltsin visitó a Gorbachov y le informó que la Unión Soviética había dejado de existir. Esto significaba no solo que la posición de Gorbachov como presidente no elas del difunto Estado se había extinguido, sino también que tendría que abandonar sus aposentos en el Kremlin. Cortésmente, Yeltsin no insistió en el punto en ese momento, e incluso le dijo a Gorbachov que podría haber un trabajo para él en la nueva Comunidad de Estados Independientes que él, Yeltsin, había creado entre Rusia, Ucrania y Bielorrusia.

En su libro *Secondhand Time: The Last of the Soviets*, Sventlana Alexievich, premio Nobel de Literatura, reproduce las palabras de cientos de personas a las que entrevistó sobre la vida en la Unión Soviética. Esta es una de las respuestas típicas sobre la vida bajo Stalin. Ahí, una mujer le cuenta a Svetlana lo que una persona que había denunciado a su padre le había dicho muchas décadas después, tras la caída del régimen comunista.

¿Por qué no llevamos a Stalin a juicio? Te diré por qué [...] Para condenar a Stalin, tendrías que condenar a tus amigos y parientes junto con él [...] Nuestro vecino Yuri resultó haber sido quien denunció a mi padre. Para nada, como diría mi madre. [...] Yo tenía siete años. Yuri nos llevaba a mí y a sus hijos a pescar y montar a caballo. Reparaba nuestra cerca. Terminas con una imagen completamente diferente de cómo es un verdugo: una persona normal, incluso decente [...] un tipo normal. Arrestaron a mi padre y unos meses después se llevaron a su hermano. Cuando Yeltsin llegó al poder, obtuve una copia de su expediente, que incluía denuncias de varios informantes. Resultó que uno de ellos lo había escrito la tía Olga [...] Me costó mucho, pero hice la pregunta que me atormentaba. "Tía Olga, ¿por qué lo hiciste?". "Muéstrame una persona honesta que sobrevivió a la época de Stalin" [respondió ella] [...] "Cuando se trata de eso, no existe tal cosa como el mal químicamente puro. No son solo Stalin y Beria. También son nuestro vecino Yuri y la hermosa tía Olga".[12]

Este era el poder de las sillas musicales del terror, que los súbditos de las tiranías comunistas jugaban voluntariamente hasta que descubrían que la silla que faltaba cuando la música terminaba era la de ellos. Lo hacían porque no podían superar su divisionismo. Ese divisionismo no legitimaba el terror, pero justificaba el plegarse a él. En las sociedades comunistas, la fuente de la legitimación de la destructividad cambió de odio mutuo a la protección personal cuando ya no era posible controlarla. Cuando el mal ya se ha instalado, la gente voltea a ver a otro lado y hasta, como en el caso de la tía Olga, denuncia a sus hermanos.

Si ese mensaje no se entiende, muchas personas que hoy claman por la cancelación de otros, llenos de odio, un día terminarán identificándose con los personajes de la época comunista de la Unión Soviética.

---

[12] Svetlana Alexievich, *Secondhand Time: The Last of the Soviets*, pp. 30-31.

En resumen...

La historia de la Unión Soviética es extremadamente trágica. Es la historia de un grupo con ambiciones desmedidas de poder que establecen una tiranía para disfrutarla y, al encontrar que las doctrinas que ellos creían que justificarían sus acciones no funcionaban, decidieron redoblar el terror que estaban imponiendo en la población. Es el caso por excelencia del poder por el poder mismo, a la Nietzsche. Es otro caso que confirma el callejón cerrado que es el optar por una doctrina unidimensional y abandonar la democracia.

9

La sociedad multidimensional

Las historias de los años en los que doctrinas destructivas tomaron el control de Alemania y Rusia demuestran cómo las ideas unidimensionales confluyeron con regímenes verticales para crear las condiciones necesarias para el empeoramiento de la verticalidad en los momentos de cambio social. Esto no pasó en las sociedades multidimensionales, que se ajustaron a los cambios desarrollando la democracia liberal.

Hay un error muy común que confunde la diferencia entre regímenes horizontales y verticales con la que existe entre los regímenes de derecha e izquierda. Inspirados por el récord de los países comunistas, piensan que todos los países de izquierda, y solo los países de izquierda, son antidemocráticos. Esto es absolutamente falso. El error surge de pensar que, por ejemplo, Suecia, que es de izquierda, es como era la Unión Soviética, solo que más moderada. Después de estudiar la historia de la Unión Soviética, uno podría entonces pensar que en Suecia quizá no mataron al 20% de la población, sino un porcentaje menor, pues en Suecia el Estado nunca mató a sus ciudadanos. Siempre se respetaron los derechos individuales.

De la misma forma, los países de derecha no son como era la Alemania nazi, solo que más moderados. La diferencia entre los países democráticos y liberales, sean de izquierda o de derecha, con los países tiránicos es de esencia, no de grado en ser de derecha o de izquierda.

La ambigüedad del liberalismo

Diferente del marxismo, el liberalismo no es un conjunto de dogmas estableciendo lo que todo el mundo debe pensar. Tampoco es una lista de cosas que hay que hacer para resolver todos los problemas de una sociedad. Deja muchos nudos sin atar. No es determinista sino ambiguo porque toma en cuenta las opiniones de mucha gente y contiene muchos pesos y contrapesos en sus procesos de decisión. Esto se le echa en cara como su debilidad más grave. Pero es precisamente por esta razón que funciona. Como ha señalado el historiador David Reynolds:

> El contraste entre Gran Bretaña y Alemania a principios de la década de 1930 es particularmente marcado. La Depresión Alemana demostró la creación del Partido Nazi como fuerza política; su ascenso al poder fue instigado por las élites conservadoras que pensaban que Hitler podía ser manejado, y por el jefe de Estado, el presidente Paul Hindenburg, un mariscal de campo retirado y héroe de guerra que despreciaba la política parlamentaria. En Gran Bretaña, sin embargo, la crisis económica no dio lugar a un gobierno de extrema derecha, sino a una coalición de todos los partidos forjada con el apoyo del jefe de Estado.[1]

Conocemos la historia. Enfrentándose a los mismos desafíos, Alemania se convirtió en esclava de una sola voluntad, mientras que Gran Bretaña se adentró en el incierto mundo de equilibrar las diferentes partes de una coalición. Gran Bretaña apostó a encontrar soluciones a las contradicciones, no a suprimirlas con dictaduras, mientras que Alemania creyó en las absurdas utopías ofrecidas por Hitler.

Este es solo uno de los ejemplos que pueden citarse de la superioridad de la democracia liberal sobre las tiranías. Hitler, Mussolini, Lenin, Stalin, Mao, podrían haber sonado más seguros y convincentes que los demócratas liberales que se les opusieron, pero al final fueron estos los que los derrotaron a aquellos.

Esta ambigüedad da lugar a un argumento común contra la democracia liberal, centrado en los atrasos y confusiones que los pesos y contrapesos pueden

---

[1] David Reynolds, *The Long Shadow: The Legacies of the Great War in the Twentieth Century*, p. 69.

presentar en medio de graves crisis. Este argumento afirma que la democracia liberal es incapaz de hacer frente a tales crisis, y que esta incapacidad significa que la democracia liberal es insostenible no solo durante las crisis, sino en general.

El expositor más conocido de esta crítica fue Carl Schmitt, un jurista alemán muy interesado en las consecuencias políticas del cambio que, en la década de 1930, escribió tratando de justificar la autocracia de Hitler. Dada la similitud de nuestro tiempo con el suyo, ha sido redescubierto recientemente y sus obras están siendo publicadas por prestigiosas editoriales académicas. Sus ideas han sido utilizadas en entornos académicos para atacar a la democracia liberal, como lo fueron hace un siglo.

Schmitt creía que el liberalismo es demasiado débil para operar en el mundo político del siglo XX, y más allá, que existe una contradicción fundamental entre el elemento esencial del liberalismo —su enfoque en la diversidad y los derechos individuales— y la homogeneidad que se necesita para que la democracia funcione.[2] Según él, una sociedad puede priorizar los derechos del individuo o ser gestionada como un Estado coherente, pero no ambas cosas. La diversidad del liberalismo acaba negando la gobernabilidad de los regímenes liberales.

Debido a su diversidad natural, el liberalismo es, y tiene que ser, un recipiente vacío. Debido a su respeto por la libertad de pensamiento, debe abrirse a muchas ideas políticas diferentes, algunas de ellas contradictorias. No puede tener un sentido unificado de la dirección, especialmente porque sus ideas incluyen aquellas que pueden destruir la democracia misma.[3]

Este vacío conceptual, argumentó Schmitt, debilita al liberalismo como medio de orden político. La gente no luchará para promover los intereses de un contenedor vacío. "En caso de necesidad, la entidad política debe exigir el sacrificio de la vida. Tal demanda no es de ninguna manera justificable por el individualismo del pensamiento liberal".[4] El contenedor vacío del liberalismo puede producir, en el mejor de los casos, un Estado administrativo, un sistema procesal que solo funciona en las condiciones más estables. La llegada

---
[2] Carl Schmitt, *The Crisis of Parliamentary Democracy*, p. 17.
[3] *Ibid.*, p. 24.
[4] Carl Schmitt, *The Concept of the Political* (Kindle, posición 1450).

de doctrinas destinadas a destruir la democracia, como el comunismo o, más tarde, el nazifascismo, la paralizaría.[5] ¿Cómo puede el liberalismo trabajar en crisis cuando lleva en sí ideas y movimientos destinados a destruirlo?

Según Schmitt, las sociedades liberales solo tienen dos opciones cuando se enfrentan a las formas modernas de desorden político: o bien se rinden a una revolución caótica, que marcaría su propio fin, o bien imponen una dictadura, que anularía su propia naturaleza liberal. La dictadura podía ser temporal y podía llamarse, como en Roma, un *estado de excepción*. Pero la sola posibilidad de tener que recurrir a una dictadura temporal mata la idea fundamental de la democracia liberal. En realidad, decía Schmitt, el soberano ya no sería la población, como pretende el liberalismo, sino el que decide sobre la excepción.[6] El liberalismo ya no existiría. El régimen se habría vuelto vertical, dependiente de quien decida sobre la excepción.[7]

De esta manera, Schmitt descalificó a la democracia porque no puede manejar situaciones excepcionales. Añadió que si los órdenes sociales liberales son incapaces de gestionar los casos límite, son incapaces de gestionar cualquier caso, porque, en cualquier momento, está claro que el verdadero soberano no sería el pueblo, sino un príncipe oculto que tendría el poder de decretar una excepción. La soberanía del príncipe oculto no desaparece solo porque no esté ejerciendo su poder en tiempos normales. "A veces gobernaría el pueblo y a veces el príncipe, y eso sería contrario a toda razón y a toda ley".[8] Parecía un jaque mate.

El genio del liberalismo

Contradicciones

¿Está la democracia liberal al final de su efectividad? ¿Tiene razón Schmitt en que la democracia no es sostenible sin recurrir al autoritarismo?

No.

---

[5] Véase Carlo Galli, *Janus's Gaze: Essays on Carl Schmitt* (Kindle, posición 1090-1102).
[6] Carl Schmitt, *Political Theology: Four Chapters on the Concept of Sovereignty*, p. 5.
[7] *Ibid.*, pp. 5-7.
[8] *Idem*.

Hay muchas maneras de escapar de la trampa de Schmitt una vez que te das cuenta de que la suya es una construcción unidimensional. Para quedar atrapado en una situación irresoluble, la confrontación debe ser en una sola dimensión, o en múltiples dimensiones pero con doctrinas rígidas y comprensivas, que es lo mismo. En tales condiciones, solo tienes dos opciones: o matas o te matan.

Sin embargo, en un mundo con muchas dimensiones, el compromiso siempre es posible: se gana en algunas dimensiones, se pierde en otras, se alcanza el punto de equilibrio en otras, y así sucesivamente. Y el mundo político, incluso cuando se entiende en el sentido de Schmitt, no es unidimensional. Tiene infinitas dimensiones, y hay infinitas posibilidades de compromiso. Lo que se necesita es una disposición a transigir en esas dimensiones infinitas, una posibilidad que Schmitt descarta porque no considera la posibilidad de ceder en una dimensión para ganar en otra. En respuesta a su argumento, podemos decir que no hay contradicción entre el individualismo liberal y la homogeneidad necesaria para el funcionamiento de la democracia. Esa contradicción solo existe en sociedades unidimensionales.

La única característica necesaria para que una sociedad multidimensional funcione es la voluntad de compromiso, un atributo común de las democracias liberales en todas partes, que deja espacio para la infinita divergencia de puntos de vista entre los ciudadanos.

Quienes apoyan esta crítica a la democracia liberal ignoran un hecho simple y llano: el liberalismo no es un recipiente vacío. Se basa en una visión ética de la sociedad, en un conjunto de principios que dan una dirección clara al progreso. Ofrece mucho por lo que luchar. Contiene todo lo que se necesita en un entorno institucional saludable. No ver esto es un error típico de la visión unidimensional de la vida.

Las teorías de Schmitt, irrefutables cuando se aplican a sociedades unidimensionales como la Alemania de Weimar, son fácilmente refutables en el contexto de las sociedades multidimensionales del siglo XX. Las teorías de Schmitt se utilizaron para justificar el gobierno por decreto en la República de Weimar, que fue un fracaso, y el gobierno de Hitler en la tiranía nazi, un fracaso genocida y asesino. Aunque los comunistas pudieran retroceder horrorizados al ser incluidos con los nazis en un análisis de las ideas de Schmitt, también vivían de acuerdo con ellas. No es que los copiaran —la Unión Soviética ya existía cuando Schmitt publicaba sus escritos—, sino que Lenin y otros líderes comunistas vivían de acuerdo con los principios que inspiraron las ideas de Schmitt.

Las teorías de Schmitt fracasan porque, incluso en sociedades verticales y unidimensionales, la realidad está llena de contradicciones. El arte de vivir consiste precisamente en alcanzar el equilibrio en medio de tantas contradicciones, que ayudan a alcanzar el equilibrio contraponiendo unas contra otras. F. Scott Fitzgerald estaba describiendo la realidad cuando escribió: "La prueba de una inteligencia de primera clase es la capacidad de mantener dos ideas opuestas en la mente al mismo tiempo, y aun así retener la capacidad de funcionar".[9]

Ser capaz de mantener en su seno ideas diferentes e incluso contradictorias es un aspecto del genio del liberalismo.

Incertidumbre

Las contradicciones no son el único problema de las teorías unidimensionales del gobierno. También existe la incertidumbre, un problema que las teorías unidimensionales tratan de resolver con métodos probabilísticos que son, en el mejor de los casos, infantiles, y en el peor, peligrosos por la falsa sensación de seguridad que generan. Estos métodos son buenos para predecir cuántas veces caerá una bola de ruleta en un número determinado si se juega miles de veces, pero no sirven para predecir una crisis financiera que podría devastar la economía mundial o el resultado de una apuesta de ruleta jugada solo una vez en la historia. El marco conceptual de la Unión Soviética era coherente con la lógica de Schmitt, pero se derrumbó de todos modos, y no pudo predecir su propia desaparición. En el mundo real cualquier cosa puede pasar. El comportamiento futuro de una sociedad es imposible de predecir.

Tal conclusión puede parecer inútil para las personas que desean reducir la amplia diversidad del comportamiento humano a una ecuación simple, y luego usarla para predecir un resultado determinista. Sin embargo, es

---

[9] F. Scott Fitzgerald en *The Crack Up*, publicado originalmente en los números de febrero, marzo y abril de 1936 de *Esquire*. Ahora está disponible también en el número del 26 de febrero de 2008 de la misma revista. http://www.esquire.com/news-politics/a4310/the-crack-up/.

extremadamente útil decidir qué tipo de acciones deben tomarse para desarrollar una sociedad sana. Y esto es lo que realmente importa. Lo que se necesita no es una predicción de lo que va a suceder, sino diseñar un sistema que se adapte a eventos potenciales muy diferentes y sea capaz de corregir el curso del ajuste. Y hacer todo lo posible para que funcione.

La capacidad de corregir

El razonamiento desnudo de Schmitt y sus seguidores tiene otra debilidad, íntimamente relacionada con su incapacidad para lidiar con la incertidumbre. Por supuesto, la realidad no se ajusta a escenarios ideales. Las aguas de la historia no son cristalinas, y las corrientes del progreso van y vienen, formando remolinos que por un tiempo pueden cambiar la dirección de la marea. Esto le da una importancia primordial a la capacidad de corregir.

William Morris, un erudito inglés del siglo XIX, capturó mejor que cualquier pensador unidimensional la verdadera naturaleza de la historia y las contradicciones e incertidumbres que impregnan nuestra vida: "Yo [...] Reflexioné sobre cómo los hombres luchan y pierden la batalla, y aquello por lo que lucharon se produce a pesar de su derrota, y cuando llega resulta que no es lo que querían decir, y otros hombres tienen que luchar por lo que quisieron decir con otro nombre".[10]

Las palabras de Morris resumen la historia del mundo. Retratan la complejidad de la vida, nuestra incapacidad para capturar en un concepto nítido lo que deseamos, y nuestra limitada comprensión de los efectos de la interacción de las infinitas dimensiones de la realidad. También retratan cómo perder una batalla puede ser compensado por ganancias inesperadas en otras dimensiones, y cómo los resultados deseados deben perseguirse una y otra vez. Retratan la naturaleza confusa de la vida y la historia. En semejante confusión no hay un país que no haya ido y venido, a veces contradiciendo los mismos principios que había jurado no contradecir jamás.

La única manera de gestionar una realidad contradictoria e incierta es diseñar un sistema que pueda corregir su rumbo, encontrando la respuesta

---

[10] William Morris, *Un sueño de John Ball*, capítulo IV.

adecuada por ensayo y error. Esto es precisamente lo que hace la democracia liberal. La ventaja de la democracia no es que produzca las mejores políticas desde el principio, sino su capacidad para corregirse a sí misma. Como escribió el vizconde Bryce:

> Que una mayoría siempre tiene razón, es decir, que cada decisión a la que llega votando es sabia, ni siquiera el demócrata más ferviente lo ha sostenido jamás, ya que el gobierno popular consiste en el esfuerzo constante de una minoría para convertirse por métodos de persuasión en una mayoría que luego revoque la acción o modifique las decisiones de la mayoría anterior.[11]

Karl Popper, el gran filósofo, llegó a la misma conclusión: "Lo que se puede decir [...] que está implícito en la adopción del principio democrático [...] es la convicción de que la aceptación incluso de una mala política en una democracia (siempre y cuando podamos trabajar por un cambio pacífico) es preferible a la sumisión a una tiranía, por sabia o benévola que sea".[12]

Esta es la esencia de la flexibilidad. A diferencia de las construcciones formales de Marx, Schmitt y otros filósofos y científicos sociales unidimensionales, la democracia liberal no trata de encontrar la solución definitiva a un determinado problema de una sola vez. Se basa en su flexibilidad para aprender en una eterna búsqueda de mejora. Es un recipiente normado por valores, no una estructura.

El pensamiento vertical y rígido percibe la flexibilidad como un defecto fatal. Wolfgang Streeck describe así lo que él percibe como el fracaso del capitalismo:

> El capitalismo siempre ha sido una formación social improbable, llena de conflictos y contradicciones, por lo tanto permanentemente inestable y en constante cambio, y altamente condicionada a eventos e instituciones históricamente contingentes y precarios que apoyan y restringen. Motivar a los no propietarios [...] trabajar duro y diligentemente en interés de los propietarios [...] requiere dispositivos ingeniosos, palos y zanahorias de los más diversos tipos que nunca

---

[11] James Bryce, *Modern Democracies* (Kindle, posición 14510-14513).
[12] Karl R. Popper, *La sociedad abierta y sus enemigos, 1 Platón*, pp. 124-125.

están seguros de funcionar, que tienen que reinventarse continuamente a medida que el progreso capitalista los vuelve obsoletos continuamente [...] De hecho, la historia del capitalismo moderno puede escribirse como una sucesión de crisis a las que el capitalismo sobrevivió solo al precio de profundas transformaciones de sus instituciones económicas y sociales, salvándolo de la bancarrota de formas previsibles y a menudo no intencionadas.[13]

Estas palabras ilustran la marcada diferencia entre el pensamiento multidimensional y el unidimensional. Streeck parece creer que los conflictos y contradicciones de las sociedades de principios del siglo XXI no son atribuibles a la realidad sino al propio capitalismo. De hecho, Streeck casi está repitiendo las observaciones que William Morris hizo sobre la vida y la historia, atribuyéndolas solo al capitalismo, no a la vida, y considerándolas no un rasgo maravilloso de la vida, sino un defecto paralizante.

En segundo lugar, Streeck da a entender que un sistema alternativo que eliminaría la esencia del capitalismo —la libertad económica—, eliminaría también los conflictos y las contradicciones mediante la introducción del poder racionalizador del Estado. Esta era la idea básica de los revolucionarios de hace un siglo. Esto era lo que pensaba Lenin, lo que pensaba Hitler y todos los que querían eliminar el cambio. Por supuesto, la experiencia ha demostrado que el poder económico del Estado no elimina los conflictos, sino que los reprime y crea las condiciones para el abuso.

En tercer lugar, Streeck considera que la capacidad del capitalismo para adaptarse, mediante la transformación de las instituciones económicas y sociales, es un defecto fatal más que una manifestación de resiliencia frente a un cambio radical. Al hablar del problema de atraer a la gente a trabajar diligentemente no ve cómo este problema condujo al terror y la corrupción en los países comunistas, señalando solo que en el capitalismo resolverlo "requiere dispositivos ingeniosos —palos y zanahorias de los más diversos tipos que nunca es seguro que funcionen— que tienen que reinventarse continuamente a medida que el progreso capitalista los vuelve obsoletos continuamente". Eso es parte de la genialidad del capitalismo.

---

[13] Wolfgang Streeck, ¿Cómo terminará el capitalismo?: Ensayos sobre un sistema *en decadencia* (Kindle, posiciones 98-114 y 130).

En lugar de tratar de hacer que las sociedades modernas sean unidimensionales, deberíamos reforzar la naturaleza multidimensional de la democracia liberal. Más que polarización, necesitamos tolerancia; en lugar de la competencia política, necesitamos combinar la competencia con la cooperación política, el tipo de cooperación que hizo posible la fundación de la democracia liberal en Estados Unidos y en otros lugares.

Este cambio de perspectiva es necesario frente a nuestra crisis contemporánea. Pero, lamentablemente, estamos asistiendo a un renacimiento de las ideas verticales de gobierno. En la siguiente parte del libro pasamos a discutir esta nueva situación.

En resumen...

Un examen de la democracia liberal demuestra que sus grandes virtudes surgen de que está diseñada no por filósofos encerrados en sus torres de marfil sino por próceres que, además de desarrollar ideas, actuaban en la realidad compleja de la vida. Por eso, ellos enfatizaron tres elementos fundamentales: la capacidad de tratar con contradicciones e incertidumbres, y de corregir los errores. Y para lograr esto necesitaban que las decisiones se tomaran entre gente que pensara diferente, que viera otras perspectivas, que supiera defender sus ideas y valores. Es decir, se necesitan personas multidimensionales, no personajes kafkianos aplicando lógicas rígidas a un mundo que está en perpetua transformación.

10

La flexibilidad de la democracia liberal

La historia de los años treinta en Estados Unidos, en el peor momento de la Gran Depresión, proporciona un ejemplo claro de cómo la habilidad de corregirse para ir encontrando la solución de problemas muy complejos es la más decisiva en momentos de crisis como los que estamos viviendo. En los primeros años de la administración de Franklin Delano Roosevelt Estados Unidos pareció estarse moviendo hacia un sistema de planificación central de la economía que muchos creyeron que se orientaba hacia el comunismo pero que en realidad se iba pareciendo al fascismo.

Estados unidos

Hacia una sociedad unidimensional

En junio de 1933, en medio de la Gran Depresión y tres meses después de su primera toma de posesión, el presidente Franklin Delano Roosevelt aprobó en el Congreso la Ley de Recuperación Industrial Nacional. La ley hizo cuatro cosas. En primer lugar, creó la Administración de Obras Públicas, que gestionaría un programa extraordinario de inversión pública destinado a sacar a la economía de la Gran Depresión mediante el aumento de la demanda interna. En segundo lugar, creó nuevos derechos laborales, como menos horas de trabajo y un salario mínimo. En tercer lugar, prohibió la reducción de precios, imponiendo implícitamente precios mínimos para todos los productos industriales. En cuarto lugar, creó la Administración de Recuperación Nacional (NRA, por sus siglas en inglés), tal vez la institución más extraña jamás creada en los Estados Unidos. No le quita nada al logro del New Deal de Roosevelt decir que, en la búsqueda de soluciones a los enormes desafíos a los que se enfrentaba, tomó inicialmente algunas acciones que eran peligrosamente unidimensionales. La marca de su grandeza fue que los abandonó una vez que sus efectos negativos comenzaron a manifestarse. Encarnó la capacidad de corrección de la democracia.

La NRA se encargó de garantizar que las empresas se involucraran en mejores prácticas laborales y comerciales. Además de la reducción de la jornada laboral y el aumento de los salarios, la prohibición del trabajo infantil, el establecimiento de la negociación colectiva y el fortalecimiento de los sindicatos, las "mejores prácticas laborales" significaron también la subordinación total de las operaciones comerciales a las instrucciones de los directivos de la NRA y la eliminación de la competencia de precios. Según la nueva ley, las empresas fijarían los precios con sus competidores. Una vez que la NRA hubiera aprobado estos precios, pasarían a ser obligatorios. La NRA no establecería precios máximos, sino mínimos. La idea era que los precios se mantuvieran altos para permitir que las empresas pagaran salarios altos, lo que el gobierno consideraba esencial para mantener fuerte la demanda. Para permitir la fijación de precios, la ley suspendió las leyes antimonopolio.

Sin decirlo explícitamente, el nuevo sistema conduciría, de una forma u otra, a una planificación centralizada de la economía. Como muchos defensores del New Deal entendieron, los precios fijados para cada sector tendrían que ser coherentes con los de otros sectores, y esto implicaba la necesidad de una autoridad central que coordinara los precios fijos. Dado que estos precios tendrían que mantener el equilibrio de la demanda y la oferta, en el sentido de que no conducirían a un exceso de oferta o escasez, la autoridad central de precios tendría que determinar primero qué consumiría la población, y en qué cantidades, y con qué tecnologías e insumos. Una cosa llevó a la otra. Los funcionarios de New Deal nunca lo dijeron con tantas palabras, pero sabían que la centralización era inevitable en este esquema. La NRA sería la institución de planificación para el sector industrial.

El diseño de la NRA fue impulsado por Rex Tugwell, un miembro del grupo de cerebros de Roosevelt. A principios de 1933, había propuesto controlar las empresas a través de las asociaciones comerciales privadas y los sindicatos existentes, como en la Italia fascista. La idea fue adoptada. Cada una de estas asociaciones tendría una oficina de planificación, y una junta nacional fusionaría sus planes en un plan nacional coherente.

La participación del sector privado en la gestión del nuevo sistema, sin embargo, estaba condicionada al comportamiento. Donald Richberg, consejero general y más tarde director ejecutivo de la NRA, lo expresó de esta manera:

> No se les presenta a las empresas estadounidenses otra opción entre las operaciones industriales inteligentemente planificadas y controladas y un retorno a la anarquía chapada en oro que se disfrazó de "individualismo rudo". A menos que la industria sea suficientemente socializada por sus propietarios y administradores privados para que las grandes industrias esenciales sean operadas bajo una obligación pública apropiada al interés público en ellas, el avance del control político sobre la industria privada es inevitable.[1]

Es decir, si el sector privado no coopera con el nuevo sistema, los políticos deberían tomar el control de la industria privada. Los *new dealers* nunca dijeron si esto se haría a través del fascismo (tomando el control pero dejando la propiedad de las empresas a los particulares) o a través del comunismo directo (tomando el control mediante la expropiación de las empresas).

Connivencia en la resistencia al cambio

Estas ideas, plasmadas en la NRA y la AAA (Agricultural Adjustment Administration, una institución gemela que el gobierno creó para el sector agrícola), dieron forma a lo que finalmente se llamó el Primer New Deal. Si bien el control del sector privado a través de asociaciones comerciales era una continuación del pasado en Italia y Alemania, representaba un cambio radical en los Estados Unidos, donde los gremios no habían existido en su sentido feudal y la competencia se había considerado parte del estilo de vida estadounidense desde la fundación de las colonias.

---

[1] Citado en Arthur M. Schlesinger, *The Age of Roosevelt: Volume II, 1933-1935, The Coming of the New Deal*, p. 115.

Arthur M. Schlesinger, uno de los biógrafos más conocidos de Roosevelt, ha descrito sucintamente la razón de este cambio radical:

> Los principios del First New Deal eran que la revolución tecnológica había hecho inevitable la gran empresa; que ya no se podía confiar en la competencia para proteger los intereses sociales; que las grandes unidades eran una oportunidad que había que aprovechar y no un peligro contra el que había que luchar; y que la fórmula para la estabilidad en la nueva sociedad debe ser la combinación y la cooperación bajo una autoridad federal ampliada. Esto significó la creación de nuevas instituciones, públicas y privadas, para hacer lo que la competencia había hecho una vez (o se suponía que había hecho) en la forma de equilibrar la economía, instituciones que bien podrían alterar el patrón existente de decisión económica individual, especialmente en materia de inversión, producción y precio.[2]

Este enfoque era totalmente diferente del régimen económico liberal de manos libres que había prevalecido en los Estados Unidos desde el inicio de las 13 colonias 300 años antes. También era radicalmente diferente de los objetivos de progresistas como Teddy Roosevelt y Woodrow Wilson, que habían introducido la intervención estatal en la economía para proteger la competencia. Ahora, en lugar de tratar de prevenir las prácticas anticompetitivas, la legislación se está utilizando para fomentar la colusión y utilizar los poderes monopolísticos resultantes en beneficio de la población. La NRA sería el núcleo de este nuevo enfoque.

La lógica del mercado no estaba totalmente excluida de las operaciones de la NRA. Sus directivos eran conscientes de que la forma de aumentar los precios era recortar la oferta. En medio de la Gran Depresión, cuando la producción había caído drásticamente, la NRA decidió que, para remediar la subproducción, la producción debía reducirse aún más. De esta manera, los precios subirían, y esto, a su vez, aumentaría la demanda, poniendo fin a la recesión. Por esta razón, la NRA estableció *precios mínimos* y cuotas *máximas* de producción en la mayoría de las industrias. La ley también facultaba a la NRA para emitir (y, por supuesto, denegar) las licencias necesarias para operar un negocio. Tenía la facultad de cerrar cualquier empresa que se negara a cumplir con sus mandatos

---

[2] *Ibid.*, p. 179.

negándose a conceder licencias para su explotación. Este plan, por supuesto, no funcionó como se esperaba. Con los topes a la producción, la depresión empeoró.

La AAA replicó esta extraña filosofía en el sector agropecuario. En un país donde la gente se iba a la cama con hambre, la AAA comenzó a pagar a los agricultores para que produjeran menos. Los agricultores comenzaron a plantar menos grano y mataron lo que la nueva agencia pensó que era un exceso de animales. La AAA obtenía su poder del sistema de licencias, que era similar al de la NRA: requería que los agricultores obtuvieran una licencia para operar una granja, y la falta de una resultaría en una multa de 1 000 dólares por día.[3]

El 20 de junio de 1933, solo cuatro días después de que el presidente firmara la Ley de Recuperación Industrial Nacional, el presidente designado de la institución, Hugh S. Johnson, anunció que la NRA se pondría a trabajar de inmediato. Temiendo que los poderes de concesión de licencias que la ley había otorgado a la NRA pudieran ser inconstitucionales, Johnson decidió no utilizarlos. En su lugar, propuso establecer códigos voluntarios para cada rama de la actividad económica, que prescribirían la forma en que los signatarios se comportarían en términos de salarios, precios, volúmenes de producción y prácticas laborales. La NRA negoció 550 códigos con abogados corporativos que trabajan para asociaciones empresariales. Los sectores con códigos incluían todo lo que producía la economía.

Los partidarios del New Deal se presentaban a sí mismos como agentes del cambio necesario y acusaban a los defensores de la competencia del mercado como reaccionarios que intentaban defender un modo de vida arcaico. De hecho, los *new dealers* defendieron el *statu quo*. Por supuesto, el tipo de orden social basado en cuotas de producción y fijación de precios que proponían era nuevo en Estados Unidos. Pero su efecto fue dejar las cosas como estaban. Con una producción que no podía aumentarse, y unos precios que no podían reducirse, garantizaban la supervivencia del poder económico del *establishment*, eliminando la amenaza que los recién llegados más eficientes podían suponer para sus posiciones en el mercado. Independientemente de sus intenciones

---

[3] Véase Amity Shlaes, *The Forgotten Man. A New History of the Great Depression*, pp. 214-245; Arthur M. Schlesinger, *The Age of Roosevelt: Volume II, 1933-1935, The Coming of the New Deal*, pp. 87-176.

originales, la NRA se convirtió en un instrumento para defender a los ineficientes pero políticamente poderosos contra el cambio.

Fue por esta razón que las ideas de la Ley de Recuperación Industrial Nacional encontraron tanto apoyo entre algunos de los empresarios más grandes del país, quienes vieron en este tipo de "cooperación" la única solución a los problemas que les planteaba la competencia furiosa de la segunda etapa de la Revolución Industrial. Bernard Baruch, un corredor millonario y un asesor presidencial cercano, Henry Harriman, de la Cámara de Comercio, y Gerard Swope, de General Electric, apoyaron la idea de utilizar las asociaciones comerciales para restringir la competencia e imponer un comportamiento uniforme a las empresas industriales.[4]

Tenían su propia teoría sobre los orígenes de la Gran Depresión. Creían que la competencia, a la que llamaban "competencia despiadada", estaba matando a la industria. Creían que la reducción de los precios o la mejora de la calidad al mismo precio introducía desequilibrio en la economía. Por lo tanto, superar la Gran Depresión requería la eliminación de la competencia, que era lo mismo que eliminar a sus competidores. Los trabajadores organizados en sindicatos estuvieron de acuerdo. Sidney Hillman, de Amalgamated Clothing Workers, dijo: "La competencia despiadada hace que el empleador sin escrúpulos sea el líder en cada industria y el resto lo sigue voluntariamente o no".[5]

Estos eran los mismos argumentos que los barones ladrones habían utilizado para justificar la creación de sus trusts (una forma de monopolios) 30 años antes. Nadie explicó mejor la razón de ser de la NRA de la década de 1930 que John D. Rockefeller dos o tres generaciones antes, cuando abogó por la creación de los trusts. En ese momento, los progresistas habían atacado esos argumentos con furia. Ahora los apoyaban. La rueda se había puesto patas arriba, aunque esta vez los líderes de los trusts no serían J.P. Morgan y sus iguales, sino burócratas estatales.

En un momento de rápida innovación y, por lo tanto, de rápida reacomodación de la cuota de mercado, las cuotas de producción incluidas en los códigos liberaron a las grandes empresas de la preocupación que planteaban los competidores más pequeños y agresivos. Los abogados que negociaron y

---

[4] *Ibid.*, pp. 92-94.
[5] Citado en *ibid.*, p. 90.

redactaron los códigos solían trabajar para las asociaciones comerciales, que estaban controladas por las grandes empresas. Esto era cooperación, pero del tipo equivocado, del tipo al que se refería Adam Smith cuando dijo: "Las personas del mismo oficio rara vez se reúnen, ni siquiera para divertirse y divertirse, pero la conversación termina en una conspiración contra el público, o en algún artificio para aumentar los precios".[6]

El sistema de códigos mató la innovación. Por ejemplo, las empresas textiles establecidas en el sur eran más modernas y eficientes que las del norte. Estaban en condiciones de expandirse y ganar cuota de mercado. Sin embargo, los códigos textiles hicieron imposible tal expansión. El país tuvo que pagar precios más altos por los textiles solo para mantener la rentabilidad de los productores del norte.[7] Esta parte del New Deal fue una manifestación de resistencia al cambio, similar a lo que había sucedido en Alemania, donde el gobierno también protegió a las empresas existentes, grandes, ineficientes y políticamente influyentes a través de las asociaciones empresariales. Como señaló Michael A. Bernstein en su libro *The Great Depression: Delayed Recovery and Economic Change in America, 1929-1939*:

> Las pruebas disponibles indican que fue precisamente en las industrias en las que las condiciones económicas eran peores donde los códigos de la industria fueron más bienvenidos. Y tendían a ser las empresas más grandes y más antiguas las que estaban más ansiosas por asegurar la regulación gubernamental. Las empresas siderúrgicas con altos gastos generales y exceso de capacidad acogieron con beneplácito los códigos, mientras que las empresas manufactureras más pequeñas los aceptaron solo a regañadientes.[8]

Sin duda, muchas de las personas que trabajaron en la NRA tenían buenas intenciones, pero sería ingenuo creer que algunos de los burócratas que controlaban el proceso no se sintieron atraídos por la posibilidad de ejercer un

---

[6] Adam Smith, *An Inquiry into the Nature and Causes of the Wealth of Nations*, Feedbooks, http://www.goodreads.com/ebooks/download/25698.The_Wealth_of_Nations, 1776, p. 119.
[7] Michael A. Bernstein, *The Great Depression: Delayed Recovery and Economic Change in America, 1929-1939*, pp. 194-195.
[8] Idem.

poder económico impresionante por medio de un nombramiento político. Era la búsqueda del poder económico a través de medios políticos. En este sentido, la sociedad multidimensional estadounidense se estaba volviendo unidimensional y vertical.

El águila azul

Dado que había descartado el uso de licencias, Johnson tuvo que encontrar una manera de atraer a las empresas, incluso a aquellas que no estaban dispuestas a establecer límites sobre sí mismas, para que se unieran al sistema de códigos. A los pocos días se le ocurrió la idea de una señal de cumplimiento, que cualquier empresa que se adhiriera al sistema pudiera estampar en sus productos y propaganda, para que los consumidores pudieran saber quién estaba ayudando al país cumpliendo con los códigos de conducta y quién no. El letrero sería un águila azul con una leyenda que dijera: "Hacemos nuestra parte".

Johnson lanzó el Blue Eagle con gran fanfarria. Los consumidores formaron su propia organización y firmaron un compromiso para patrocinar los productos que llevaban el letrero del águila azul. A principios de septiembre, la NRA desfiló en Nueva York vitoreada por un millón y medio de simpatizantes. El desfile fue el lado bueno de esta campaña. Johnson, sin embargo, también usó un tono amenazante, que rara vez, si es que alguna vez, se escuchó de un servidor público estadounidense.

> Los que no están con nosotros están contra nosotros, y la forma de demostrar que son parte de este gran ejército del New Deal es insistir en este símbolo de solidaridad exactamente como San Pedro dibujó un pez en la arena como signo y Pedro el Ermitaño exigió la cruz en el bálsamo de todo hombre bueno y verdadero. Esta campaña es una franca dependencia del poder y la voluntad del pueblo estadounidense de actuar juntos como una sola persona en una hora de gran peligro.[9]

---

[9] General Hugh S. Johnson, citado en Arthur M. Schlesinger, *The Age of Roosevelt: Volume II, 1933-1935, The Coming of the New Deal*, pp. 114-115.

Más de dos millones de empleadores firmaron sus respectivos códigos. Henry Ford se negó a firmar y la NRA no se atrevió a hacerle nada. Sin embargo, la institución acosó a las empresas más pequeñas que fueron acusadas de no cumplir con los códigos. Los 1 400 inspectores podían recomendar multas de hasta 500 dólares y hasta seis meses de cárcel por cada infracción.

A finales de 1933, la NRA había adquirido formalmente el control total del sector industrial de los Estados Unidos. La mayoría de las grandes empresas habían firmado sus códigos y el resto no tuvo más remedio que cumplirlos. Además, la ley facultaba a la presidencia para convertir cualquiera de estos códigos en ley. Todo funcionaba, excepto que la depresión estaba empeorando.

Al cabo de un año, Roosevelt, con un apoyo popular muy fuerte, había sido capaz de llevar a cabo una serie de cambios que podrían haber transformado a los Estados Unidos en un país completamente diferente del que los Padres Fundadores habían imaginado, y muy diferente del país que conocemos hoy. Estas reformas se habían llevado a cabo como resultado de la angustia producida por la peor crisis económica de la historia. Tal angustia había moldeado actitudes que no se correspondían con las que prevalecían en los Estados Unidos ni antes ni después de la depresión. Estaban influenciados por el miedo.

Si estas reformas hubieran echado raíces, Estados Unidos podría haberse convertido en un país fascista. La NRA y la AAA eran el tipo de instrumentos que los gobiernos de otros países habían utilizado para concentrar el poder económico y político en el gobierno como preludio de la tiranía. Cumplían con los objetivos de las instituciones que Mussolini creó en Italia.

Sin embargo, cuatro conjuntos de pesos y contrapesos democráticos impidieron que esto sucediera, invirtiendo este proceso unidimensional: un giro negativo en la opinión pública; litigios que los empresarios iniciaron contra la NRA; la creciente oposición en el Congreso, y una sentencia del Tribunal Supremo que dictaminó que la ley que estableció la NRA era inconstitucional.

El giro negativo de la opinión pública

La ineficacia de la Ley Nacional de Recuperación Industrial fue una de las razones por las que la gente dejó de apoyarla. La idea de que los controles administrativos serían mejores que el mercado para regular la industria resultó ser poco realista. En ausencia de competencia, las empresas maximizan sus ganancias aumentando los precios, incluso si su volumen de ventas disminuye. Hay un punto en el que los nuevos aumentos de precios no compensan la reducción de los volúmenes de ventas. Sin embargo, los precios en ese momento son más altos, y el volumen de producción más bajo, que los existentes en un entorno competitivo. Por eso las prácticas monopólicas son malas. Es por eso que los gobiernos intervienen para eliminarlos.

Pero con el gobierno del lado de aumentar o mantener los precios altos, la tentación de aumentarlos era demasiado fuerte. Su única fuerza compensatoria era un débil consejo consultivo de consumidores. Era fácil engañarlos con cifras para conseguir que los precios aumentaran. A medida que los precios se incrementaron, la demanda se debilitó aún más.

La gente también tomó conciencia de los efectos negativos de la falta de competencia de precios. El senador Gerald Nye, de Dakota del Sur, pronunció un discurso en el que acusó a la NRA de generar monopolios, citando varios sectores —electrónica, cemento, pulpa y papel— en los que la NRA estaba permitiendo que los grandes conglomerados se aprovecharan de la suspensión de las leyes antimonopolio para aplastar a sus competidores. Como resultado de su intervención, se creó la Junta Nacional de Revisión de la Recuperación para investigar la influencia de los códigos en el aumento del comportamiento monopolístico. La junta estaba encabezada por un veterano abogado penalista con reputación de ser un libertario civil, Clarence Darrow. Una de las principales conclusiones fue la siguiente: "[En] prácticamente todos los códigos que hemos examinado, una condición ha sido persistente, innegable y aparente para cualquier observación imparcial. Es esto, que el código ha ofrecido una oportunidad para que los intereses más poderosos tomen el control de una industria o aumenten y amplíen un control ya obtenido".[10]

---

[10] Véase Michael Hannon, *Clarence Darrow and the National Recovery Review Board*. Véase también Lowell B. Mason, "Darrow vs. Johnson", *The North American Review*.

Al mismo tiempo, a la AAA, le preocupaba que el aumento de los precios industriales anulara el efecto de sus propios esfuerzos por aumentar los precios de los productos agrícolas por encima de los precios industriales. La AAA había querido cambiar los términos de intercambio entre los productos agrícolas e industriales, de modo que, por ejemplo, los tractores fueran más baratos en términos de productos agrícolas. Pero la NRA aumentó los precios de los bienes industriales tan rápidamente como los de los productos agrícolas. Un lado de la nueva burocracia se volvió contra el otro. Además, a la Administración de Obras Públicas le preocupaba que el aumento de los precios industriales estuviera elevando el costo de la construcción. La asistencia a los pobres se encareció debido a los altos precios de los bienes esenciales.

Aunque nunca lo reconocieron, los creadores y gestores de la NRA comenzaron a entender la complejidad del sistema de precios y el avispero que aguarda a quienes tienen la fatal presunción de creer que pueden controlarlos.[11] Finalmente parecen haber entendido que los precios más altos empeoraron la Gran Depresión y revirtieron su posición. El general Johnson, hablando ante la Asociación Nacional de Minoristas de Productos Secos, mostró su desesperación al ver que su éxito en la creación de un sistema monopólico estaba destruyendo la economía: "Solo tengo cuatro palabras para dirigirme a ustedes [...] 'Mantengan los precios bajos, por el amor de Dios, mantengan los precios bajos' ".[12]

La NRA estaba perdiendo credibilidad y el poder de hacer cumplir los códigos y los beneficios que el sistema de códigos podría aportar a la población. El Cuerpo Civil de Conservación (CCC) abrió un proceso de licitación para 500 camiones. Ford hizo la oferta más baja, 169 000 dólares menos que la siguiente mejor oferta, que provino de Chrysler, una compañía que había firmado el código y, por lo tanto, exhibió el Blue Eagle, lo que Ford no hizo. Para vergüenza de la NRA, Ford pagaba salarios más altos que la otra compañía y pudo vender a un precio más bajo.[13]

---

[11] Arthur M. Schlesinger, *The Age of Roosevelt: Volume II, 1933-1935, The Coming of the New Deal*, p. 131.

[12] General Hugh S. Johnson, citado en *ibid.*, pp. 131-133.

[13] Para las relaciones entre Henry Ford y la NRA véase Sidney Fine, "The Ford Motor Company and the NRA", *Business History Review*, pp. 353-385. Véase también Dr. Burton W. Folsom, *Michigan Resists the New Deal*.

Roosevelt entró en la refriega. Anunció en su siguiente charla informal que, en el futuro, el gobierno compraría solo productos de Blue Eagle. A partir de entonces, Ford quedó fuera de las compras del gobierno. Aun así, las ventas de Ford aumentaron durante el año, ya que los consumidores siguieron comprando productos Ford incluso si no tenían el Blue Eagle. Dada la gran visibilidad de sus productos, el buen desempeño de Ford se convirtió en una fuente de vergüenza para la NRA y su águila.

Por otra parte, la idea de que los precios eran mejor fijados por el mercado que por decisiones administrativas ganó apoyo en un rincón inesperado: los jóvenes profesionales que trabajaban en la propia NRA. Estos profesionales comenzaron a expresar su firme opinión de que la NRA debía olvidarse de la fijación de precios y concentrarse en hacer cumplir la prohibición del trabajo infantil, la reducción de las horas de trabajo y el mantenimiento de salarios más altos. Lo que sucedió después fue muy revelador. Mientras que los profesionales de la NRA querían volver a las libertades del mercado, las grandes empresas se convirtieron en apasionadas defensoras de la fijación de precios.[14]

Mucha gente empezó a ver las similitudes entre la NRA y las instituciones fascistas. El general Johnson reforzó esta impresión invocando el "nombre brillante" de Mussolini en su discurso de despedida cuando renunció como director ejecutivo, y dándole a Frances Perkins, la secretaria de Trabajo, una copia de un libro fascista.[15] James Whitman, profesor de la Facultad de Derecho de Yale, escribió:

> Tampoco el general Johnson estuvo solo en los primeros años del New Deal. Un número sorprendente de nuevos marchantes tuvieron palabras amables para Mussolini. Rexford Tugwell habló de las virtudes del orden fascista italiano. Lo mismo ocurrió con los estudios internos de la NRA. Y el propio presidente expresó su interés en traer los programas de "ese admirable caballero italiano" a Estados Unidos [...] Tanto para sus partidarios como para sus críticos, la NRA del general Johnson, un vasto plan para delegar la autoridad gubernamental a los cárteles privados, parecía similar al "corporativismo" del fascismo italiano.[16]

---

[14] Arthur M. Schlesinger, *The Age of Roosevelt: Volume II, 1933-1935, The Coming of the New Deal*, p. 160.
[15] El libro era Fausto Pitigliani, *The Italian Corporative State*.
[16] James Q. Whitman, *Of Corporatism, Fascism, and the First New Deal*, p. 747.

Por supuesto, la delegación fascista del poder a entidades privadas era una farsa. El gobierno italiano conservó esos poderes gestionando directamente cualquier cosa que se saliera de la línea. La NRA adoptó el mismo enfoque. Si los códigos de cualquier industria no eran satisfactorios para la NRA, el presidente tenía la autoridad para imponer los códigos que quisiera. Cuando Mussolini se enteró de este aspecto de la legislación de la NRA, dijo: "*Ecco un ditatore!* (¡He aquí un dictador!)".[17] Por supuesto, Roosevelt nunca alcanzó los estándares de arbitrariedad que Mussolini estableció, pero el poder para hacerlo estaba ahí, aunque aún no había pasado la prueba de los controles y equilibrios.

Pesos y contrapesos

Era hora de que la Corte Suprema actuara. La oportunidad llegó cuando la NRA presentó contra una pequeña empresa avícola 60 cargos por violar la Ley Nacional de Recuperación Industrial. Una de las acusaciones era que la empresa no se dedicaba a la "matanza directa", lo que significaba que permitían a sus clientes elegir los pollos que querían comprar y matar. De acuerdo con el código, los vendedores no debían permitir que los compradores eligieran. Los vendedores de pollos fueron condenados a prisión y a una fuerte multa. Apelaron ante la Corte Suprema.

Después de un juicio sensacional, el tribunal declaró por unanimidad que el código avícola era inconstitucional porque se basaba en una ley, la Ley Nacional de Recuperación Industrial, que era inconstitucional en dos sentidos. En primer lugar, el Congreso había violado la separación constitucional de poderes al delegar su facultad de regular el comercio en el Poder Ejecutivo. En segundo lugar, el Congreso no tenía la facultad de regular el comercio en este caso, que no se refería al comercio interestatal. El tribunal añadió que la NRA había abusado de la empresa avícola y de otras empresas mediante el ejercicio coercitivo inconstitucional del Poder Legislativo. El juez Louis Brandeis, conocido como un hombre de izquierda, dijo a los ayudantes de Roosevelt al final del juicio: "Este es el final de este asunto de la centralización,

---

[17] *Ibid.*, p. 766.

y quiero que regresen y le digan al presidente que no vamos a permitir que este gobierno centralice todo. Ha llegado a su fin".[18]

La NRA retiró unas 500 demandas contra supuestos infractores de los códigos. En los meses que siguieron, la Corte Suprema declaró inconstitucionales varias otras leyes que fueron cruciales para el New Deal.

Roosevelt estaba furioso. Decidió tratar de llenar la Corte, es decir, nombrar jueces adicionales que simpatizaran con su ideología. Sin embargo, en el momento de la decisión de la Corte Suprema ya se había dado cuenta de cuánta gente estaba preocupada de que el país estuviera virando hacia una forma de sociedad muy diferente de lo que había sido en el siglo y medio anterior. Así que cambió de rumbo.

El Segundo New Deal

Al evaluar la oposición popular a sus primeros movimientos radicales, Roosevelt diseñó un programa diferente de reforma, llamado el Segundo New Deal. Anunciado en enero de 1935, el nuevo programa incluía la creación de un sistema de seguridad social contra la vejez, el desempleo y la enfermedad, la eliminación de los barrios marginales y un programa nacional de bienestar. La NRA habría caducado en julio de 1935. En febrero de 1935, Roosevelt pidió una prórroga de dos años de la ley. El Senado ofreció 10 meses. Roosevelt se negó.

El Segundo New Deal cambió el país para siempre, dotando a la economía de una nueva flexibilidad que le ayudó a evitar el caos político que las enormes tasas de desempleo podrían haber causado. En 1935, cuando se lanzó el Segundo New Deal, la tasa de desempleo había disminuido de su pico de 1933 del 25% al 20%, todavía demasiado alta y cayendo demasiado lentamente. Con el cambio del Primer al Segundo New Deal, Roosevelt cambió de estrategia. En lugar de tratar de reducir la tasa de desempleo manipulando la economía contra el mercado, cambió a una estrategia de reducción del impacto social del desempleo, la jubilación y la incapacidad

---

[18] Véase Amity Shlaes, *The Forgotten Man. A New History of the Great Depression*, pp. 242-243.

por medio de la seguridad social. Esta estrategia no solo redujo el riesgo de una explosión social, sino que también ayudó a revolucionar el capitalismo moderno al reducir el dolor de los inevitables ciclos económicos. En 1911 el Reino Unido había establecido un plan de seguro de desempleo bajo el gobierno liberal de H. H. Asquith, con el apoyo entusiasta de Winston Churchill. Significativamente, los comunistas criticaron el plan británico, pensando que "impediría que los trabajadores comenzaran una revolución".[19]

En 1936, sobre la base de esta nueva plataforma, Roosevelt fue reelegido de forma aplastante. Su Partido Demócrata controlaba el 64% del Senado y el 73% de la Cámara de Representantes. Esto le dio un poder tremendo. Intentó usarlo en su lucha contra la Corte Suprema. A mediados de 1937, propuso una ley que habría aumentado el número de magistrados en uno por cada titular mayor de 70 años, hasta 15. De ser aprobada, su ley le permitiría nombrar de inmediato a los seis miembros que deseara. Sin embargo, sus propios demócratas se unieron a los republicanos para derrotar la ley.

Sin embargo, la aplastante reelección de Roosevelt en 1936 tuvo un efecto inesperado en la Corte. Dos jueces, Charles Evan Hughes y Owen Roberts (que mantenían el equilibrio de poder en la Corte entre liberales y conservadores), abandonaron el principio de los poderes enumerados, que decía que el gobierno federal solo tenía poderes detallados en la Constitución. La Corte comenzó a ratificar leyes que se basaban en atribuciones del gobierno federal que no se mencionaban en la Constitución.[20] Este cambio resultó en sentencias que favorecieron al gobierno federal. Además, en los años siguientes, Roosevelt nombró a cuatro nuevos jueces de acuerdo con

---

[19] Compensación por desempleo, Investopedia, https://www.investopedia.com/terms/u/unemployment-compensation.asp. Una crítica general del marxismo al Estado de bienestar se puede encontrar en Karl Marx y Friedrich Engels, "Discurso del Comité Central a la Liga de los Comunistas", en Robert C. Tucker, editor, *The Marx-Engels Reader*, pp. 501-511. En él, Marx y Engels utilizan el mismo argumento, que las medidas de bienestar impedirían la revolución deseada por los comunistas.

[20] Roosevelt tenía suficientes votos para intentar eludir a la Corte Suprema cambiando la Constitución. Sin embargo, insistió en que no era necesario enmendar la Constitución, sino interpretarla de una manera más adaptada a los tiempos modernos. Véase Keith E. Whittington, *Political Foundations of Judicial Supremacy: The Presidency, the Supreme Court, and Constitutional Leadership in U.S. History*, p. 48, y http://www.questia.com/read/120603071/political-foundations-of-judicial-supremacy-the.

la ley existente. A continuación, la nueva Corte confirmó muchas leyes que nunca habrían sido aceptadas en años anteriores.[21]

El paso del Primer al Segundo New Deal fue dramático y significativo. Roosevelt pasó de un enfoque unidimensional a otro que era coherente con la naturaleza multidimensional de los Estados Unidos. Con el tiempo, el First New Deal fue olvidado a medida que el gobierno se centraba en proporcionar mejores servicios sociales e invertir en capital humano. Poco a poco, los radicales a favor de la planificación central fueron expulsados del gobierno.

De esta forma, Estados Unidos se asomó al abismo pero regresó a sus tradiciones democráticas y liberales porque hasta ese momento seguía siendo una sociedad multidimensional, con pesos y contrapesos que lo mantuvieron en dichas tradiciones.

Otras democracias: Suecia

Desarrollo temprano

El hecho crucial en la historia de Suecia es que su Estado de bienestar surgió de un argumento individualista: la necesidad de liberar a los individuos de las tareas más básicas de la vida para que pudieran desarrollar sus capacidades superiores. Esto sucedió en tres etapas: un periodo moderado de cambio en las décadas de 1930 y 1940; la década radical de 1970, y el periodo que va desde la década de 1990 hasta la actualidad, que ha representado un retroceso de los extremos alcanzados a finales de la década de 1980.[22]

El progreso social y económico de Suecia está estrechamente relacionado con la inversión temprana en capital humano. Su desarrollo dependió en parte del trabajo de destacados inventores y hombres de negocios, que se enriquecieron inmensamente como resultado de importantes innovaciones que solo podían haber sido producto de una cultura culta. Como resultado de este

---

[21] Amity Shlaes, *The Forgotten Man. A New History of the Great Depression*, pp. 305-317.
[22] Véase Carly Elizabeth Schall, *The Rise and Fall of the Miraculous Welfare Machine: Immigration and Social Democracy in Twentieth-Century Sweden*.

capital humano, Suecia, un país muy pequeño, tiene muchas empresas de clase mundial que compiten con éxito a nivel internacional con empresas con mercados internos muy grandes.

En 1920, Suecia había establecido la infraestructura básica de una economía desarrollada y había comenzado a desarrollar su Estado de bienestar en dos dimensiones: la asistencia social y las relaciones laborales. En la década de 1930, el Parlamento sueco aprobó reformas para proporcionar apoyo al desempleo, seguro, centros de atención a la madre, un servicio de empleo del gobierno, vivienda para familias con niños y una semana de licencia legal. Estas medidas no se tradujeron inmediatamente en un aumento sustancial del tamaño del gobierno nacional. El costo de los servicios sociales era cubierto por las autoridades municipales y del condado, que los financiaban con impuestos locales, y en cualquier caso no eran muy elevados. Las políticas sociales seguían estando en manos de los ciudadanos, de una manera muy local, como lo habían estado cuando la parroquia las gestionaba en el siglo XIX.

Los empleadores y sus trabajadores estructuraban sus relaciones de una manera centralizada que se parecía mucho a la que creaba tanta rigidez en Alemania. Pero esta centralización no condujo a los conflictos que creó en Alemania. En la década de 1920, Suecia tuvo más disturbios laborales que cualquier otro país de Europa, pero con el tiempo los desafíos se resolvieron a través de un diálogo tranquilo y racional sin interferencia del gobierno.[23]

En 1938, la Asociación de Empleadores de Suecia y la Confederación de Sindicatos de Suecia firmaron el Acuerdo de Saltsjöbaden, que reconocía el derecho de los empleados a una participación "equitativa" en los resultados de la producción, mientras que los trabajadores reconocían el derecho de los empleadores a "dirigir y asignar el trabajo".[24] Los trabajadores reconocieron que solo se podían obtener mejores salarios a través de una mayor productividad. La creación de más puestos de trabajo con salarios más altos solo era posible si las industrias eran rentables y estaban libres de disturbios laborales. Así que decidieron no buscar el conflicto y apoyar la modernización industrial. Los empresarios apoyaron a los sindicatos, despidieron a los rompehuelgas y aceptaron la construcción del Estado de bienestar. Ambas partes hicieron lo

---

[23] Lars Magnusson, *An Economic History of Sweden*, p. 185.
[24] *Ibid.*, pp. 186-187.

que hicieron por su cuenta porque no querían que el gobierno interviniera en sus asuntos.[25]

Como resultado del desapego del gobierno de las cuestiones laborales, hasta el día de hoy no existe un salario mínimo establecido oficialmente en Suecia. Los salarios y las condiciones de trabajo siguen siendo negociados por las asociaciones de empleadores y empleados sin la participación del gobierno. El derecho de huelga no fue abolido, pero las dos partes acordaron suspenderlo durante la vigencia de cada uno de los acuerdos periódicos. Si los sindicatos quieren ir a la huelga, primero tienen que rechazar el acuerdo permanente, una acción que requiere un aviso con al menos dos semanas de anticipación para desinflar las emociones. Ha habido huelgas después del acuerdo, sobre todo en las últimas décadas y sobre todo en el sector público, pero el espíritu que llevó a su suspensión sigue ahí y la mayoría de los conflictos laborales se resuelven sin recurrir a ellas.

Con el mismo espíritu que mostraron en la prestación de servicios sociales a principios del siglo xx, los suecos encontraron la solución a sus problemas laborales en el ámbito privado. Todas las partes mostraron moderación. Esta fue una de las formas en que Suecia se salvó de la terrible división social y política que se apoderó de Alemania en 1933.

Suecia cambió de marcha en la década de 1970 a medida que aumentaba el tamaño del Estado de bienestar. Impulsadas por la izquierda radical, las nuevas reformas suponían una amenaza para la tradición democrática liberal de Suecia, ya que el gobierno parecía estar posicionándose para controlar la economía. De 1970 a 1990, Suecia parecía estar avanzando hacia el socialismo.

El Estado de bienestar, más radical, de la década de 1970 se basó en una noción aún más individualista. Jonas Love Almqvist publicó en 1838 una novela que criticaba la red de relaciones que unen a las familias. El argumento de la novela era que muchos de estos vínculos eran falsos. La gente los presentaba como manifestaciones de amor, pero en realidad eran el resultado de dependencias económicas malsanas, que debían ser eliminadas. Los vínculos humanos deben ser impulsados solo por el amor verdadero.[26]

---

[25] *Ibid.*, p. 235. También, Kajsa Norman, *Sweden's Dark Soul: The Unraveling of a Utopia*, p. 137.
[26] *Ibid.*, p. 138.

Más de un siglo después de la publicación de la novela de Almqvist, la intelectual Alva Myrdal convenció al gobierno de que todas esas dependencias debían ser abolidas, de modo que si una familia permanecía unida, era porque había amor, no solo dependencias económicas o psicológicas. Para abolir estas dependencias, el gobierno tenía que asumir bajo sus alas todas las responsabilidades mutuas de los miembros de la familia. Es decir, el Estado debe reemplazar al padre y a la madre como proveedores el uno del otro, y como proveedores de sus hijos. Esto eliminaría la influencia que cada uno podría tener sobre el otro, sobre sus hijos y sobre sus padres ancianos. Las personas tenían que ser independientes de todas las relaciones humanas para centrarse en su propia felicidad sin prestar atención a la de los demás. Para ello, por supuesto, tuvieron que volverse dependientes del Estado. Pero el Estado solo estaba feliz de asumir esa responsabilidad. A principios de la década de 1970 los socialdemócratas publicaron un manifiesto en el que argumentaban que "todos los adultos deben ser financieramente independientes de sus familiares más cercanos". Esto fue parte de una campaña que tuvo bastante éxito.[27] El impulso para crear este sueño coincidió con una radicalización drástica de la izquierda, posterior a las revueltas izquierdistas de 1968 que convulsionaron Europa.

En 1971, el gobierno abolió los impuestos conjuntos de las parejas, eliminando así el incentivo fiscal para casarse o permanecer casado. En 1973 abolió los pagos legales de pensión alimenticia para garantizar que las mujeres fueran independientes de sus exmaridos y que los hombres no se sintieran responsables de la manutención de los hijos o de sus exesposas. Las mujeres no necesitarían la pensión alimenticia porque el Estado proporcionaba manutención infantil y subsidiaba sus necesidades primarias. Los hijos, a su vez, no necesitaban ni al padre ni a la madre, y los ancianos no necesitaban tener ninguna relación con sus hijos para sobrevivir. El Estado se encargó de todos ellos.[28] En un famoso documental, Erik Gandini bautizó este tipo de razonamiento como *La teoría sueca del amor*. Parecía socialismo, pero no lo era porque el control final del proceso permanecía estrictamente bajo el control de los ciudadanos, que finalmente ejercían en la dirección de la libertad y el imperio de los derechos.

---

[27] *Ibid.*, pp. 138-141.
[28] *Idem.*

Esto no quiere decir que las reformas de la década de 1970 no tuvieran costo en términos económicos, sociales y políticos. El país dio un giro brusco hacia la izquierda. Contradiciendo el espíritu del Acuerdo de Saltsjöbaden, el gobierno socialdemócrata intervino en el mercado laboral aprobando leyes para satisfacer las demandas radicales de los trabajadores. El impuesto sobre la nómina aumentó del 12.5 al 36.7% de los salarios para cubrir más servicios sociales. Otras regulaciones aumentaron aún más los costos de la mano de obra. Como resultado, los costos salariales aumentaron el 45% a mediados de los años setenta. Los altos impuestos (que alcanzaron el 80% en el margen), combinados con deducciones fiscales de los gastos por intereses, crearon poderosos incentivos para el financiamiento de las empresas por medio de deudas, mientras las ganancias caían. Peor aún, a medida que estas medidas rompieron la espalda de muchas empresas, el gobierno comenzó a subsidiar industrias no rentables para proteger la mano de obra no competitiva. Con eso, comenzaron a obtener la rigidez que tan mal había servido a Alemania durante la República de Weimar.

La más alarmante de las iniciativas de los socialdemócratas de la década de 1970 estaba incrustada en los llamados Fondos de los Empleados. Según la propuesta del Partido Socialdemócrata, estos fondos comprarían acciones de empresas suecas que cotizan en bolsa, financiadas con nuevos impuestos sobre una parte de los beneficios de las empresas. Con el tiempo, los trabajadores serían dueños de las empresas que cotizan en bolsa. Los representantes de los sindicatos los controlarían.[29] Sería como la idea de socialismo de Gorbachov, cuyo fracaso catastrófico ya discutimos.

Como el futuro de la democracia liberal parecía muy oscuro a través de la unificación de los poderes económicos y políticos que se avecinaban con los Fondos de los Empleados, los suecos confirmaron su vocación liberal de dos maneras muy poderosas. La oposición movilizó en octubre de 1983 la manifestación más grande jamás realizada en Suecia. Entre 80 000 y 100 000 personas protestaron en Estocolmo contra los Fondos.[30] Los Fondos fueron descartados. Además, debido a la preocupación de que los poderes del gobierno se estaban volviendo demasiado fuertes, el Parlamento aprobó una nueva constitución

---

[29] Bengt Furaker, "Los fondos asalariados suecos y la democracia económica: ¿hay algo que aprender de ellos?", *SAGE*.
[30] *Idem.*

que reafirmaba los valores liberales del país, haciendo hincapié en la protección de los derechos de los ciudadanos suecos contra la invasión del gobierno.[31] Es decir, incluso cuando se expandió el Estado de bienestar a su cenit histórico, Suecia reforzó el imperio de los derechos.

La crisis y el declive de los socialdemócratas

A principios de la década de 1990, el Estado de bienestar se había vuelto increíblemente caro. Los gastos del gobierno general representaron el 68% del PIB. Los déficits fiscales aumentaron y las ganancias cayeron en toda la economía. Y lo que es más inquietante, la creación de empleo se detuvo e incluso se volvió negativa en muchos años. La creación de empresas innovadoras, clave para la riqueza de Suecia, se detuvo. Los excesivos impuestos fijados para financiar los gastos sociales estaban pasando factura.[32] Peor aún, la excesiva creación monetaria desató una burbuja en la vivienda.[33]

También se hizo visible una nueva división social y política. En 1986 la nación quedó conmocionada por el asesinato del primer ministro Olof Palme, el primer asesinato político en casi 200 años. La burbuja inmobiliaria estalló. El banco central no pudo evitar una caída catastrófica de las reservas internacionales y estalló una crisis financiera en toda regla. El banco central rescató a varios bancos a un costo muy alto. Todo esto empeoró la impresión de que Suecia se estaba desmoronando.

La crisis indujo a una reevaluación de la dirección que estaba tomando el país. Dio lugar a muchas reformas profundas, todas en la dirección de liberalizar la economía.[34] La relación entre el gasto público y el producto interno bruto

---

[31] Véase Magnus Isberg y Hans Hegeland, "The Development of Constitutional Law in Sweden", en *The Constitution of Sweden: The Fundamental Laws and the Riksdag Act*, p. 17.
[32] Véase Nima Sanandaji, *Debunking Utopia: Exposing the Myth of Nordic Socialism* (Kindle, posición 1107-1242).
[33] Véase Kajsa Norman, *Sweden's Dark Soul: The Unraveling of a Utopia*, p. 137, y Andreas Borgh, *The Rise, Fall and Revival of the Swedish Welfare State: What Are the Policy Lessons from Sweden?*
[34] Las reformas enumeradas en los párrafos siguientes se han tomado de una lista mucho más larga publicada en un apéndice del libro de Andreas Borgh, *The Rise, Fall and Revival of the Swedish Welfare State: What Are the Policy Lessons from Sweden?*

(PIB) se redujo en unos 20 puntos, del 68% en 1993 a un 48% estable en 2008.[35] Los socialdemócratas, que alguna vez habían tenido la mayoría de los escaños en el Parlamento, ahora tenían menos de un tercio de ellos, y permanecían en el poder solo a través de acuerdos con partidos a su derecha, que imponían reformas liberales como pago por su apoyo. Si bien el tema que pareció decidir las elecciones de 2018 fue la migración, el nuevo gobierno minoritario se vio obligado a reconocer que tenía que seguir liberalizando la economía y reducir aún más la ingeniería social incrustada en el Estado de bienestar.

Así, pues, como Estados Unidos en los primeros años de Roosevelt, y como el Reino Unido en los años de Margaret Thatcher, la democracia liberal corrigió, sin problemas, siguiendo todos los procedimientos democráticos, los cursos que los votantes habían encontrado errados. Eso no hubiera podido pasar en un país comunista en donde mantener el poder de los que controlaban el sistema comunista era el objetivo fundamental del sistema.

Los países capitalistas nórdicos

A diferencia de los países verdaderamente socialistas, Suecia creó un Estado de bienestar no para aumentar el poder del gobierno, sino para aumentar la libertad de los ciudadanos liberándolos de la pobreza y las dependencias económicas. Sin estas cargas, sus ciudadanos eran más libres para buscar su felicidad en todas las dimensiones de la vida. Y a lo largo de su historia han mantenido separados el poder político y el económico. Como resultado, Suecia es una de las economías más libres del mundo. Esto es cierto para todos los países nórdicos. El primer ministro de Dinamarca, Lars Lokke Rasmussen, aclaró este punto a una audiencia de Harvard en 2015.

> Sé que algunas personas en Estados Unidos asocian el modelo nórdico con algún tipo de socialismo. Por lo tanto, me gustaría dejar una cosa clara. Dinamarca está lejos de ser una economía socialista planificada. Dinamarca es una economía de mercado. El modelo nórdico es un Estado de bienestar ampliado que proporciona un alto nivel de seguridad a sus ciudadanos, pero también es una economía de

---

[35] Datos del informe WEO del FMI.

mercado exitosa con mucha libertad para perseguir sus sueños y vivir su vida como desee.[36]

Nótese el énfasis del primer ministro en las palabras clave: *Libertad para perseguir tus sueños y vivir tu vida como desees*. Esa es la motivación esencial del Estado de bienestar nórdico, más que una doctrina exótica o la voluntad de poder. Sabía de lo que hablaba no solo de Dinamarca, sino también de los demás países nórdicos. De acuerdo con el Índice de Libertad Económica de la Fundación Heritage, 2018, Suecia ocupa el tercer lugar en el mundo en términos de protección de los derechos de propiedad (después de Singapur y Nueva Zelanda) y el número 15 (de 186 países) en términos de libertad económica general, tres posiciones por delante de Estados Unidos. Todos los países nórdicos están por delante de los Estados Unidos en términos de protección de los derechos de propiedad, y tres de ellos en términos de libertad económica general. Marx se revolvería en su tumba si oyera llamar socialistas a estos países. Si los socialistas quieren imitar a Suecia, imitarían una versión del capitalismo.[37]

La paradoja

La historia de Suecia muestra cómo un país muy individualista puede terminar con un orden social que mucha gente piensa que es socialista. Sorprendentemente, adoptaron este orden social por razones individualistas y de interés social: querían crear un sistema en el que todos pudieran perseguir su destino mientras estaban libres de la pobreza. Suecia como nación muestra lo flexible y diverso que puede ser el liberalismo. Superficialmente, Suecia es por completo diferente de las cunas del liberalismo, Gran Bretaña y Estados Unidos. Sin embargo, las tres, así como otras democracias liberales de todo el mundo, comparten un conjunto idéntico de creencias fundamentales: la

---

[36] Lars Lokke Rasmussen, citado en Danish PM en "US: Denmark is not Socialist", *The Local DK*.
[37] Índice de Libertad Económica de la Fundación Heritage, 2018. https://www.heritage.org/index/.

separación del poder económico y político, la creencia en la democracia y la libertad, y el imperio de los derechos. Estas son las características esenciales de la democracia liberal. Lo demás son detalles, ajustes del modelo básico a las preferencias de la población.

Esto es completamente diferente del socialismo clásico, tal como se aplicó en la Unión Soviética. En la Unión Soviética y en todos los países comunistas el propósito del Estado era manejar a la población; en Suecia, la población usa al Estado para sus propósitos.

Otras democracias: Reino Unido

El mundo aparentemente armonioso que prevaleció internamente en Gran Bretaña durante la mayor parte del siglo XIX llegó a su fin a principios de 1900, cuando, como hoy, todo lo que parecía estar en orden de repente cayó en desorden. La política, que había sido cortés a lo largo del siglo XIX, de repente se volvió tan áspera que durante unos meses pareció que el país iba a caer en una guerra civil por la cuestión de la autonomía de Irlanda. La relación entre la Cámara de los Comunes y la Cámara de los Lores se convirtió en una batalla abierta sobre el gasto social y los poderes relativos de las dos cámaras. La relación civilizada que había existido durante muchas décadas entre trabajadores y empleadores también se agrió, y por primera vez Gran Bretaña sufrió huelgas grandes y airadas. Las sufragistas, que entonces hacían campaña por el derecho de la mujer al voto, recurrieron a los incendios provocados y a otras acciones terroristas para conseguir sus objetivos. Para empeorar las cosas, Alemania, un enemigo formidable al otro lado del Mar del Norte, se estaba volviendo cada vez más agresiva. Su economía se había vuelto más grande que la de Gran Bretaña, y representaba la primera amenaza creíble para el dominio de los mares por parte de la Marina Real. Todo se estaba desmoronando.

De estas crisis, solo el problema irlandés resultó duradero. Cuando terminó la Primera Guerra Mundial, Irlanda obtuvo su independencia, aunque una parte de la isla, el Ulster, siguió siendo parte del Reino Unido. Católicos y protestantes continuarían luchando durante todo el siglo XX. Las otras crisis se resolvieron, algunas de ellas de inmediato, otras décadas después. Las mujeres obtuvieron el voto, el país se convirtió en un Estado de bienestar en toda regla, el imperio se disolvió y el malestar laboral se calmó a medida que el país encontraba nuevas formas de lidiar con los conflictos laborales de manera pacífica.

Las soluciones a estos problemas fueron parte de un profundo proceso de transformación que cambió radicalmente al país en cuatro dimensiones principales. Uno de ellos fue el cambio en la composición de la producción. El tipo de bienes y servicios que Gran Bretaña producía a finales del siglo XIX era diferente de los que caracterizarían su economía durante los años centrales del XX. La segunda dimensión fue el cambio de ser el país más poderoso del mundo a convertirse en un distante tercer lugar al final de la Segunda Guerra Mundial, y a una posición más relegada en las décadas siguientes. El tercero fue la culminación de una transformación hacia una democracia plena. El cuarto fue el cambio del gobierno para cumplir con el nuevo papel que los ciudadanos exigían de un Estado de bienestar.

Estas transformaciones fueron de tal alcance que bastarían para romper cualquier estructura social. Presiones como estas destruyeron el marco institucional de Alemania. Pero la estructura británica no solo resistió, sino que su núcleo, el imperio de los derechos, permaneció intacto.

El siglo XX llevó a Gran Bretaña de la derecha a la izquierda y viceversa. Pasó de ser el máximo exponente del capitalismo liberal a ser una de las economías más socialistas del mundo a través de la nacionalización de muchas grandes industrias, y de nuevo a ser una de las sociedades más capitalistas después de que estas fueran privatizadas. Y todo esto sucedió con la típica facilidad británica. A través de su largo experimento con el socialismo, los británicos mantuvieron en su lugar las características más importantes de su sociedad: su amor por la libertad, su cohesión social y el imperio de los derechos. Esto los protegió contra la imposición de la tiranía y permitió que el país se involucrara en experimentos políticos y sociales que no limitaron su libertad ni su capacidad de recuperarse de lo que pensaban que estaba mal.

Como todas las democracias liberales, la del Reino Unido prevaleció por su flexibilidad, que le permitió hacer todos estos ajustes de una manera relativamente armoniosa.

En resumen...

Estos son los últimos párrafos no solo de este capítulo sino también de la tercera parte del libro, en la que hemos examinado cómo los valores prevalecientes en diferentes sociedades (Alemania antes de los nazis y durante su reinado, la Unión Soviética, Estados Unidos y, brevemente, Suecia y el Reino Unido) determinaron la respuesta de estas sociedades a la Revolución Industrial. La Alemania prenazi y la Rusia zarista (examinada en el capítulo 5), que eran sociedades verticales, unidimensionales, se mostraron sumamente rígidas. Resistieron los cambios hasta que las estructuras que los resistían se quebraron con la derrota en la Primera Guerra Mundial y cayeron en el caos total. De ahí salieron ambos capturados por ideologías unidimensionales que los llevaron a tragedias innombrables. En cambio, los países multidimensionales surgieron de esa crisis con sus democracias liberales plenamente desarrolladas y fortalecidas, formando el orden social que prevaleció en las décadas subsiguientes.

Así, las estructuras multidimensionales mostraron su superioridad sobre las unidimensionales, que al principio de la crisis eran las que, como decía Yeats, estaban llenas de convencimiento de lo que iba a pasar frente a las dudas de los demócratas.

Ahora podemos pasar a examinar nuestros tiempos actuales para vislumbrar el futuro que nos espera si seguimos actuando como estamos y las cosas que tendríamos que hacer para evitar que Occidente caiga en un mundo unidimensional.

PARTE 4
DE LA CONECTIVIDAD A LA INTELIGENCIA ARTIFICIAL

—La hora veinticinco —dijo Traian—. El momento donde toda tentativa de salvación se hace inútil. Ni siquiera la venida del Mesías resolvería nada. No es la última hora, sino la hora después. El tiempo preciso de la Sociedad Occidental. Es la hora actual. La hora exacta.

C. Virgil Gheorghiu, 1949[1]

---

[1] C. Virgil Gheorghiu, *La hora veinticinco*, p. 55.

11

La economía del conocimiento

LA ÚLTIMA PARTE

En esta última parte del libro examino la nueva revolución y los cambios que está causando en el orden internacional y en el orden doméstico de las naciones con el propósito de vislumbrar las acciones que tenemos que tomar para asegurar un ajuste armónico en Occidente.

Esta parte del libro tiene cinco capítulos. En este discuto las principales características de la nueva revolución tecnológica y la dirección inicial de su impacto en la sociedad. En el segundo capítulo, "El orden internacional", analizo el impacto de la revolución tecnológica en las relaciones mundiales de poder, mostrando cómo debido a ellas China pasó a ser el contendiente más grande de Estados Unidos en el nuevo mundo que se está creando y vislumbrando cómo el arribo de China a esta posición, combinada con otros eventos, está condicionando el futuro del mundo.

En los siguientes dos capítulos, "El cisma en el alma" y "Hacia una sociedad unidimensional", analizo los orígenes intelectuales y las consecuencias de la fragmentación social y política que está afectando a Occidente en general y a Estados Unidos en particular. Esta fragmentación se ha convertido en la amenaza más grave que tiene el orden mundial porque debilita a la potencia más grande que apoya la democracia liberal e invita a que la ataquen sus nuevos competidores por el poder mundial. El último capítulo del libro, "¿La hora veinticinco?", pone juntas las amenazas domésticas y las internacionales para analizar en conjunto los riesgos más grandes que tiene Occidente y el curso que pueden tomar las cosas en este siglo.

De una revolución a otra

La Revolución Industrial terminó a finales de la Segunda Guerra Mundial. No es que en ese momento hubieran cesado las innovaciones que multiplican el poder del músculo. Al contrario. Las innovaciones industriales siguieron produciéndose, cada vez con más frecuencia, pero su impacto en el orden social de los países líderes de la industrialización y hasta cierto punto del resto del mundo disminuyó sustancialmente. Los países avanzados ya estaban firmemente industrializados. Ya las grandes migraciones del campo a la ciudad y de los países industrializados a los países en desarrollo se habían terminado. La lucha por la hegemonía mundial que Alemania había comenzado en los años anteriores a la Primera Guerra Mundial para destronar al Reino Unido ya se había terminado con la entronización de Estados Unidos como potencia dominante mundial. Ciertamente, la Unión Soviética siempre retó a Estados Unidos hasta su propio final, pero lo hacía desde un segundo lugar muy distante. El triunfo de Estados Unidos aseguró la preponderancia de la democracia liberal en la institucionalidad del nuevo orden internacional y, por lo menos como ideal, en el orden nacional en muchas naciones. Los regímenes coloniales se terminaron y surgieron decenas de países que no habían existido. Los síntomas mórbidos de la transformación de los órdenes sociales de la que había hablado Antonio Gramsci y que habían caracterizado las décadas anteriores se transformaron en la *Pax Americana*.

Para finales del siglo, sin embargo, en Estados Unidos comenzó a surgir una nueva revolución tecnológica que habría de generar otro cambio del orden global.

De la conectividad a la inteligencia artificial

¿Qué es la IA?

La nueva revolución tecnológica tiene una característica que la hace fundamentalmente diferente de la industrial. Esta nueva revolución es habilitante en el sentido que proporciona ella misma los medios para multiplicarse.

Comenzó multiplicando el poder de la mente a través de facilitar la conexión entre mentes y entre ellas y las computadoras y los medios de producción y transporte. Pero a través de esas conexiones, las nuevas tecnologías llevaron al desarrollo de la inteligencia artificial, que es la culminación de la multiplicación del poder de la mente.

Con la aparición de los LLM (Large Language Models, Grandes Modelos de Lenguaje) mucha gente se ha enfocado en dos temas principalmente. El primero ha interpretado equivocadamente que los LLM como GPT-4 son modelos realmente inteligentes en el sentido de que pueden pensar y tener ideas que no les han sido inyectadas previamente. El segundo tema es la capacidad de los LLM, y la IA, de sustituir a los seres humanos, más que la de complementarlos aumentando su productividad.

El primer tema es vacío porque es obvio que los LLM no pueden pensar por sí mismos. Son entrenados con material que ellos luego usan para cumplir con los pedidos que reciben. Su falta de originalidad no se nota cuando tienen mucho material que mezclar en sus respuestas, pero sí se vuelve obvio cuando el material no es muy variado. Varios ofendidos, incluyendo *The New York Times*, han presentado a la justicia acusaciones de violaciones de derechos de autor en contra de Microsoft y OpenAI, mostrando casos evidentes de copia en textos e imágenes producidos por las aplicaciones de IA de estas empresas.[1] En el segundo tema, aunque sí hay muchos casos en los que la introducción de los LLM puede llevar a la sustitución de los trabajadores, también hay muchos casos en los que multiplican el poder de quienes los usan. Es decir, la IA es un hito de la Revolución de la Conectividad, pero no una nueva etapa en la que los robots puedan tener su propia mente.

La nueva revolución se denomina con frecuencia Revolución Informática, porque se basa en el flujo explosivo de información que es posible gracias a la unión de las computadoras y las telecomunicaciones. Pero la revolución no está en las computadoras, los cables o el uso del espectro electromagnético, sino en la capacidad que están adquiriendo las personas para coordinar tareas extremadamente complejas a través de redes de cerebros humanos y electrónicos repartidos por todo el mundo. La revolución está en la explosión de

---

[1] J. Edward Moreno, "Boom in A.I. Prompts a Test of Copyright Law", *The New York Times*.

conexiones entre personas que hace posible el flujo de información. Multiplica hasta el infinito los contactos que las personas pueden establecer con otras personas, para todos los efectos, económicos, políticos y sociales, incluyendo la aceleración de innovaciones destinadas a multiplicar el poder del músculo. Por lo tanto, un nombre más apropiado para el proceso es la Revolución de la Conectividad. Es la multiplicación del poder de la mente a través de más y mejores conexiones. Como dijo Norbert Wiener, "el tiempo actual es la era de la comunicación y el control".

Así como hace 100 años, el mundo se aproxima a un cambio en el orden que lo enmarca tanto nacional como internacionalmente. Es un cambio que involucra una transformación profunda en la manera de vivir y una redistribución del poder económico y político, dentro de cada país y entre ellos. Este cambio puede realizarse de modo armónico o de una manera extremadamente destructiva, con todas las posibilidades intermedias. Las probabilidades de lograr ajustes armónicos varían entre los países, pero el carácter que mueve a los contendientes de Occidente en la lucha por el poder mundial no da mucho motivo para ser optimistas. Los conflictos que ya se están manifestando, nacional e internacionalmente, son unidimensionales, en el sentido de que no dan espacio para negociaciones.

Hacia un mundo más complejo

Si hay una palabra que puede caracterizar las nuevas realidades del mundo del siglo XXI, esta palabra es *complejo*. La complejidad de nuestro mundo se manifiesta desde las máquinas que han disparado la revolución tecnológica (compare usted la complejidad de una máquina de vapor o de combustión interna con la de una computadora corriendo un programa de inteligencia artificial) hasta la de los problemas políticos internacionales (que envuelven al mundo entero) con la de los años más sencillos de la Revolución Industrial. Los caracteres mismos de las diferentes naciones han cambiado o se han debilitado en los intercambios entre las diferentes comunidades, internacionalmente o dentro de la misma sociedad. Es más difícil predecir ahora lo que podría hacer una sociedad que lo que era hace 100 años, cuando sus caracteres eran más definidos.

Igual que pasó durante la Revolución Industrial, las nuevas tecnologías empujan al mundo a integrarse globalmente y a las sociedades a organizarse de una manera más horizontal. Esto, sin embargo, no quiere decir que el nuevo orden mundial vaya a orientarse en esa dirección. Ciertamente, los primeros efectos han llevado a la globalización y el aumento en las comunicaciones horizontales en cada sociedad. Pero, como pasó hace 100 años, unas sociedades pueden usar las nuevas tecnologías para desarrollar aún más el orden democrático y liberal, mientras que otras pueden caer en el caos y usarlas para instalar un totalitarismo aún peor que los del siglo XX.

Hacia una sociedad horizontal y multidimensional

La integración de la economía global del conocimiento

La posibilidad de procesar y transmitir datos y pensamientos a la velocidad de la luz está transformando la economía internacional. Durante la época industrial y hasta el tercer cuarto del siglo XX el mundo se dividía entre los países desarrollados, en donde casi toda la producción industrial se realizaba, y los países en desarrollo, que producían las materias primas para esa producción. Las cadenas de producción en los países industriales eran muy desbalanceadas en términos de la sofisticación necesaria para realizar las distintas tareas que incluían. Algunas tareas requerían mano de obra muy sofisticada y otras, obreros no calificados que podrían conseguirse en los países en desarrollo a mucho menor costo, pero que no podían coordinarse porque las comunicaciones de la época no lo permitían.

Con el desarrollo de la capacidad de coordinar tareas complejas a distancia, estas cadenas de producción se pudieron partir sin perder su coordinación. Las empresas de los países desarrollados trasladaron las tareas que requerían menos calificación a países con mano de obra menos capacitada y por tanto más barata, y mantuvieron en su país aquellas tareas que requerían la mano de obra calificada característica de los países desarrollados. Así, unas partes del producto terminado se elaboran en unos países y otras en otros, hasta unirse en algunos de estos países para acabar el producto terminado. Sobre esta lógica se han formado las líneas globales de abastecimiento, que funcionan como grandes líneas de producción que se extienden por el mundo entero.

Igualmente se han formado líneas globales de producción científica. La colaboración de universidades e institutos de investigación por todo el mundo ha resultado en una explosión de descubrimientos e invenciones jamás vista en la historia. Estas cadenas de producción científica se han unido con las de bienes y servicios, formando poderosas redes que dan concreción a la nueva economía del conocimiento.

Las islas de conocimiento

El conocimiento siempre ha sido un factor básico de producción. La Revolución Industrial se basó en el conocimiento científico, en las invenciones derivadas de estas y en el desarrollo de las habilidades de fabricación. Ese conocimiento estaba incrustado en máquinas que multiplicaban el poder del músculo. Ahora, el conocimiento ha adquirido tal protagonismo en la actividad económica que se ha desvinculado de lo material y cobrado vida independiente. Ya no va solo incrustado en las máquinas. Se produce y se vende como un producto autónomo. La economía se está convirtiendo en un espacio en donde lo más importante que se produce es conocimiento y desde donde fluye al resto de la sociedad en infinitas maneras.

En su libro *Why Information Grows*,[2] César Hidalgo, un profesor del MIT, compara el valor de un automóvil Bugatti Veyron apenas salido de su distribuidor con el valor de lo que quedaría después de chocarlo a 350 kilómetros por hora contra un sólido muro de piedra. En ese segundo estado, los átomos que habían estado organizados en un bello automóvil de 2.5 millones de dólares quedarían reducidos a un puñado de basura con un valor de cero dólares. La diferencia entre los valores de los dos conjuntos de átomos no sería atribuible al número o naturaleza de estos (metales, plásticos, cueros, etc.), que serían los mismos, sino al orden en el que estarían organizados: en el primer momento de una manera muy sofisticada, que puede transportar a dos personas en estilo

---

[2] César Hidalgo, *Why Information Grows: The Evolution of Order, from Atoms to Economies* (Kindle, posición 358).

a 350 kilómetros por hora, y en el segundo de una manera totalmente caótica que no serviría para nada.

Este orden es lo que distingue al Veyron y es lo que le da el valor de 2.5 millones de dólares. Eso es lo que la Bugatti y sus suplidores (de acero, de cuero, de plástico, etc.) les dan a los átomos desordenados con los que empiezan a trabajar para hacer un carro. Ese orden es pura información (las puertas así y asá, el motor de esta manera, las llantas de este tipo, etc.), y esa información es producto del conocimiento. Realmente, lo que la Bugatti produce es pura información, generada por conocimiento, sobre cómo se diseña y se produce y se vende un carro. Eso es todo. Cualquier otra cosa la puede conseguir subcontratando a otros: las máquinas para producir el carro, los locales donde se producen y venden los carros, etc. Si todas estas cosas se destruyen, digamos, en una serie de bombardeos —como pasó con las fábricas alemanas y japonesas durante la Segunda Guerra Mundial—, la Bugatti seguiría existiendo. En cambio, si ese núcleo de conocimientos es destruido, la Bugatti dejaría de existir. El conocimiento es la Bugatti, así como lo es en cualquier empresa.

Es decir, las empresas son esencialmente receptáculos de conocimientos para producir bienes y servicios. Son islas de conocimientos, los lugares en donde la sociedad los guarda y los organiza para que sean productivos.

Gracias a la capacidad para coordinar tareas complejas que la conectividad trajo consigo, estas islas se han ido relacionando, formando grandes cadenas de conocimiento en el mundo entero, que benefician a unas y otras independientemente de dónde están localizadas. Estas cadenas pueden visualizarse como enormes supermercados de conocimientos, a los que todos pueden tener acceso en los mercados internacionales. El beneficio de este acceso es enorme, porque cualquier empresa puede complementar sus conocimientos con los de cualquier otra empresa en el sistema para introducir nuevos productos, mejorar los existentes, entrar en nuevos mercados, y producir más eficientemente. Para producir motores, por ejemplo, no tenemos que producir el conocimiento para hacer inyectores, los podemos comprar de Alemania, ni el necesario para hacer asientos, que podemos comprar en Tailandia, ni luces, que podemos comprar en Inglaterra, y así. La producción se ha vuelto una cooperación mundial, organizada sobre millones de islas de conocimientos, que son las empresas.

En el mundo actual no hay casi ningún conocimiento existente que no esté en oferta en cualquier parte del mundo, en forma pura o convertido en productos. De igual forma, es muy difícil encontrar, aun en Estados Unidos, productos que descansen en conocimientos exclusivamente locales. Equipos de varios países y empresas participan en la invención de la mayor parte de las grandes innovaciones de nuestros días.

Por supuesto, el valor de lo producido por una empresa está determinado por el grado de conocimiento que el producto inyecta al sistema. Mientras mayor es este conocimiento, mayor es el valor agregado y el monto de la factura.

Para poder subsistir y progresar, estas islas tienen que estar conectadas con islas generadoras de ideas y descubrimientos: las universidades y centros de investigación. La economía es un archipiélago de conocimientos organizados.

Así, la información y las habilidades necesarias para dar vida a tal economía (datos, conocimiento científico, destreza tecnológica, vínculos entre expertos y capacidad gerencial, entre otros) están arraigadas en las empresas y las instituciones. El desarrollo de una sociedad es el resultado de la cantidad de información incrustada en estos depósitos de conocimiento. Como sucedió en Alemania y Japón al final de la Segunda Guerra Mundial, una sociedad sigue siendo rica y desarrollada mientras mantiene vivos esos repositorios, incluso si todas sus instalaciones físicas son destruidas. Portan con ellas la riqueza del país. Una vez que tenga ese conocimiento, puede asegurar todo lo que necesita para producir cualquier cosa.

Algunas de las empresas más exitosas de la actualidad han construido su modelo de negocios en torno a la venta de elementos inmateriales puros: conocimiento, capacidad de coordinación y conectividad. Uber, por ejemplo, no tiene automóviles, conductores ni lugares de estacionamiento a su disposición, y solo tiene unos pocos edificios para los empleados que controlan los automóviles, los conductores y las ubicaciones de las personas que coordinan. Igual ocurre con Airbnb y otras empresas que venden coordinación e ideas. Lo mismo ocurre con el núcleo de muchas otras empresas que producen software, o aquellas que compran el conocimiento que no tienen.

De esta forma, la economía internacional ha ido tomando la forma de una gigantesca red de conocimientos. El conocimiento, no maquinaria o dinero, es la sustancia que mueve la red global de producción que sustenta la economía mundial.

Pero las empresas y las universidades y centros de investigación no son las únicas islas de conocimiento. Las instituciones del Estado y la sociedad civil también son islas de otros tipos de conocimiento, que permiten manejar los aspectos colectivos de la sociedad. La riqueza de un país está en la sofisticación de sus redes.

La sociedad de redes

Esta sociedad de redes, sucesora de las economías piramidales del siglo XX, tiene muchas características importantes. La pirámide era una organización vertical basada en jerarquías que se iban haciendo más pequeñas conforme subían en la administración de las empresas. En esta organización no importaba si algunos en la base de la pirámide estaban fuera de la economía productiva o tenían muy poca educación para ser empleables en puestos de alto valor agregado, que eran relativamente pocos. Los capitanes de la industria podían crear negocios muy exitosos con niveles muy bajos de educación si invertían masivamente en maquinaria. En una red de conocimiento la situación es diferente porque la organización es más horizontal y el éxito depende de tener empleados educados en muchos nodos de comunicación. Una red con vacíos en lugar de enlaces es una red débil. Si una empresa carece de personas capacitadas para asumir la responsabilidad de esos enlaces, no hay forma de crear un negocio rentable de alto valor agregado. No puede tener una empresa rentable si no tiene una fuerza laboral sana y bien educada.

La conversión de la economía a una organizada en redes se ve muy claramente en la desmembración de la producción de las oficinas, un fenómeno similar a la globalización, en el que mucho del trabajo que antes se hacía en una oficina ahora se hace en casa.

La creatividad y la complejidad

La creación de estas redes aumenta la complejidad de las economías horizontales, lo cual las vuelve no solo más creativas sino también más flexibles. La sociedad industrial estaba asociada con la masificación de la producción —todo se volvió más barato y asequible con el desarrollo de la capacidad de estandarizar todos los productos y los procesos—. Ahora, las computadoras y sus conexiones permiten controlar los procesos tan finamente que, sin perder las ventajas de la estandarización, se pueden individualizar los productos de una manera jamás soñada en la era industrial. Los consumidores y los productores pueden escoger dentro de infinitas opciones lo que quieren, los primeros para consumir, los segundos para crear nuevas cosas y darles distintos sabores.

Así, la diversidad ha reafirmado de una manera más concreta su papel fundamental en la generación de la creatividad y el desarrollo. Las sociedades más productivas son aquellas que ponen a disposición de los productores más posibilidades de cosas que hacer y más posibilidades de cómo hacerlas. Así, por ejemplo, las sociedades en donde hay más diseñadores, más artistas, más ingenieros, más científicos, y que ofrecen medios de comunicación bien organizados para estar en contacto con los que no viven ahí (a través de empresas ya existentes, universidades e institutos de investigación), ofrecen más posibilidades de hacer cosas que las que tienen menos. Si usted necesita algo (una herramienta, un consejo, un especialista que sabe cómo entrar en un mercado) lo encuentra siempre más fácilmente en Londres, Nueva York, París o Singapur que en un país en desarrollo. La complejidad y la diversidad se han convertido en factores importantísimos para el desarrollo económico y social.

Un grupo de investigadores de MIT y Harvard han diseñado una medición de la capacidad de una economía de producir lo que alguien, cualquier persona, quiere hacer. Ellos le llaman a esto la medida de la complejidad de la economía. Esta medida está relacionada con el ingreso (más complejidad tiende a producir más ingresos) pero no siempre. Aunque una economía puede tener un ingreso alto basado únicamente en la explotación de un material primario, esa sociedad tendría poco que ofrecer a sus ciudadanos en términos de oportunidades de crear nuevos productos y procesos de alto valor agregado, que es lo que lleva al verdadero desarrollo económico y social. Ese es el caso, por ejemplo, de Rusia, que es el país número 49 en el mundo en términos de complejidad en una economía que vive del petróleo y el gas.[3]

---

[3] El indicador se basa en la sofisticación necesaria para producir los bienes y servicios que la economía exporta, basado en la suposición de que si exporta tiene ventajas competitivas en esos productos en los mercados internacionales. Véase A. J. G. Simoes y C. A. Hidalgo, "The Economic Complexity Observatory: An Analytical Tool for Understanding the Dynamics of Economic Development", Workshops at the Twenty-Fifth AAAI Conference on Artificial Intelligence.

La verdadera riqueza de Occidente es su población altamente educada y su capacidad de formar redes complejas que facilitan la creatividad y la creación de riqueza. Sin embargo, sus redes todavía tienen grandes vacíos. Toda persona que está afuera de la economía de la conectividad es un vacío en lugar de un vínculo. En esos vacíos, la sociedad está desperdiciando oportunidades. En cada vacío pierde el que no está y pierde la sociedad. Las sociedades modernas deben encontrar maneras de invertir más efectivamente en sus propios ciudadanos para garantizar el mantenimiento de una economía fuerte.

Por otro lado, la fragmentación social se vuelve más peligrosa en una sociedad que avanza hacia el modelo de red. Los vacíos se vuelven más peligrosos porque una red es más fácil de romper que una pirámide. Hoy, por una variedad de razones (que no son el tema de este libro), muchas personas de todas las clases y razas y en ambos lados de la división ideológica se sienten excluidas, lo que contribuye a la división que es tan peligrosa para el orden social.

Muchos consideran que esta desintegración es un síntoma de un proceso histórico de largo plazo que está demostrando el fracaso de la democracia liberal, sin considerar que similares diagnósticos fueron emitidos hace 100 años también y que los síntomas que lo sugerían desaparecieron por varias décadas al final de la Segunda Guerra Mundial, para aparecer de nuevo en nuestros días, en ambos casos producidos por transformaciones tecnológicas, no por el fracaso terminal del capitalismo o la democracia liberal. Como ya lo entendimos en la Revolución Industrial, una transformación tecnológica importante, no importa de qué tecnología a qué tecnología, produce una crisis a través de volver obsoleto el capital físico y humano existente.

LOS EFECTOS ECONÓMICOS DEL CAMBIO

La distribución del ingreso

Entre los efectos del cambio en sí, que se producirían con cualquier transformación, resalta la concentración de los ingresos, que tiende a darse siempre que se introduce una nueva tecnología. Las diferencias en la rapidez con la que diferentes grupos aprenden a tomar ventaja de ella tienden a concentrar dicha distribución. Los que lo hacen rápidamente (como, digamos, Steve Jobs o Bill Gates o Elon Musk) aumentan su participación en los ingresos totales de la sociedad, mientras que los que lo hacen más lentamente ven su participación reducida. Pero los primeros abren oportunidades para los segundos, de modo que su enriquecimiento aumenta el ingreso de la sociedad también. Esto pasó así con la Revolución Industrial, y al aumentar la capacidad del resto de la población a sacar ventaja de las nuevas tecnologías, esta diferencia inicial se niveló décadas después. Esto puede esperarse que pase esta vez también.[4]

Hay muchos economistas que creen que esta fluctuación de la distribución de los ingresos se debe a fluctuaciones en los impuestos, con la concentración del ingreso aumentando al subir estos y viceversa. Sin embargo, estas fluctuaciones no son capaces de explicar magnitudes tan grandes en los cambios en la distribución de los ingresos, cosa que sí puede explicarse por las ondas de innovaciones tecnológicas. Además, es un hecho que la concentración actual de ingresos ha beneficiado principalmente a una clase de capitalistas, los innovadores. La parte del ingreso total del 1% superior que queda después de restar las ganancias de capital, es decir, los ingresos atribuibles exclusivamente a actividades laborales, representa la mayor parte del ingreso total del grupo. Así, por ejemplo, la participación de los ingresos del trabajo del 1% con mayores ingresos en Estados Unidos fue del 18%, mientras que su participación total fue del 23%. En su parte más baja, entre 1970 y 1985, el grupo tuvo el 9% del total de los ingresos del país, pero el 8% provenían de su trabajo, no de su capital. En 2010, los ingresos del trabajo de ese grupo representaron el 17%, mientras que sus ingresos totales representaron el 20 por ciento.

Así, en los Estados Unidos la participación del 1% superior no está determinada principalmente por las rentas de su capital, sino por los rendimientos de su trabajo. Lo mismo ocurre con el 0.1% superior y el 10% superior. Y esto es cierto no solo para un punto en el tiempo. Ha sido cierto durante los últimos 100 años, a lo largo de las fluctuaciones ondulatorias asociadas primero con la Revolución Industrial y luego con la revolución de la conectividad.

---

[4] Para una discusión más completa de este tema, véase el capítulo 3 de *In Defense of Liberal Democracy: What We Need to do to Heal a Divided America*.

LA ECONOMÍA DEL CONOCIMIENTO

Algunos ejemplos ilustran cómo los ingresos del trabajo se han convertido en riqueza en nuestros tiempos, a través de los precios de venta de empresas que no tenían más activos que el conocimiento de sus empleados.

Cuando Facebook compró Instagram pagó por ella 1 000 millones de dólares. Esta compañía, establecida solo dos años antes, no tenía instalaciones ni maquinaria que pudieran justificar ni un millonésimo del precio que habían pagado por ella. Tenía algo que no se puede tocar, un software, y 13 dueños-empleados que lo habían desarrollado. Esto indica que había creado una riqueza de 76 millones de dólares por empleado. En febrero de 2014, Facebook compró WhatsApp por 19 000 millones de dólares. Esta empresa tenía 55 empleados que, como Instagram, habían desarrollado software, un producto de sus mentes. En promedio, estos empleados habían generado 345 millones de dólares por persona.

El capital de la empresa compradora de estas otras más pequeñas, Facebook, tenía en ese momento un valor en el mercado de 153 000 millones de dólares, con 6 818 empleados. Esto equivalía a 22 millones por empleado. Apple tenía 500 000 millones de valor en el mercado, 14 millones por empleado. Google, 10 millones por empleado. IBM, 5 millones por empleado. Esto es mucho más alto ahora.

Todas estas empresas comparten una característica común: su valor de mercado es el resultado del pensamiento puro, un producto del capital humano. El valor de los bienes de capital convencionales propiedad de Instagram y WhatsApp en el momento de su venta (computadoras, escritorios, cemento y ladrillos) era inmaterial. Lo que Facebook estaba comprando era software invisible y acceso al capital humano que lo creó. Ciertamente, las personas que produjeron esta riqueza invisible ganaron muy buenos salarios y se hicieron extremadamente ricas. Pero se hicieron tan ricas debido a su creatividad.[5]

Ahora compare esto con Chiquita, la gran productora de bananas, la United Fruit que generó el despectivo nombre de *repúblicas bananeras* para los países del área. La empresa tenía grandes instalaciones en la costa atlántica de Centroamérica, una flota de barcos y empleaba a 20 000 trabajadores. En esa misma época fue vendida por 1 000 millones de dólares, un monto igual a 50 000 dólares por empleado.

Esta comparación muestra donde está la fuente de la riqueza en nuestra época. No está en las enormes instalaciones de empresas como Chiquita, que

---

[5] Fuente de datos de valuaciones y empleos de las empresas: *Forbes*, varias fechas.

genera 7000 veces menos riqueza por empleado que WhatsApp. Y hay que recordar que la riqueza generada por empleado es la que lleva al desarrollo. Es la que permite pagar altos salarios e invertir en mejorar el capital humano.

Estas y muchas otras empresas han creado una gran cantidad de multimillonarios, un grupo que parece ser muy fluido. Según Forbes, había 1810 multimillonarios en el mundo en 2016, con un patrimonio neto de 6.48 billones de dólares, frente a los 7.05 de 2015. De estos, 198 eran recién llegados, mientras que 221 habían salido del ranking. A este ritmo, todo el grupo podría renovarse en 10 años. Es decir, como se esperaba en un sistema que premia la creatividad, la parte superior del montón no es un grupo fijo.[6]

La correlación entre los ingresos del trabajo y los ingresos totales es tal que Thomas Piketty, el famoso economista francés que se ha dedicado a estudiar el fenómeno de la concentración, escribió lo siguiente sobre los Estados Unidos: "También se podría llamar a esto una 'sociedad de superestrellas' (o quizá 'supergerentes', una caracterización algo diferente). En otras palabras, esta es una sociedad muy desigualitaria, pero en la que la cima de la jerarquía de ingresos está dominada por ingresos muy altos del trabajo más que por la riqueza heredada".[7]

Esto también se ve en otros países innovadores. Por ejemplo, en el Reino Unido, en la primera lista de los ricos publicada en 1989 por *The Sunday Times*, que contenía a las 1000 personas más acaudaladas del país, solo el 43% habían hecho su propio dinero. El resto de ellos había heredado su riqueza, y muchos de ellos tenían títulos. En 2018, el 94% había construido su propia fortuna. Por primera vez en la historia la persona más rica de Gran Bretaña era un empresario hecho a sí mismo: Jim Ratcliffe, el fundador del gigante químico Ineos. Se crio en una vivienda subsidiada por el Estado. Tony Pidgley, un huérfano que vivió sus primeros años en un vagón de tren abandonado, también se encuentra entre los más ricos, con un patrimonio neto de 310 millones de libras. Hay 141 mujeres en la lista, en comparación con solo nueve en 1989, y 86 en la lista pertenecían a minorías étnicas, en comparación con 25 en 1989. En general,

---

[6] "Forbes Billionaires: Full List of the 500 Richest People in the World 2016", *Forbes*, 7 de agosto de 2016, http://www.forbes.com/sites/kerenblankfeld/2016/03/01/forbes-billionaires-full-list-of-the-500-richest-people-in-the-world-2016/#5b9fdf146c24.

[7] Thomas Piketty, *Capital in the Twenty-First Century*(Kindle, posición 264-265).

solo el 5.7% de la lista de 2018 representa la riqueza pasada de una generación a la siguiente. Según *The Sunday Times*, "quizá la fuerza más llamativa que sopla a través de *Rich List* es la tecnología".[8] Gran Bretaña se ha convertido también en una sociedad de superestrellas en medio de la nueva revolución tecnológica.

Los dejados atrás

La conectividad ha creado nuevas capas sociales, cada vez más educadas tecnológicamente, que están formando la base productiva de Occidente. Estas capas emergentes y las nuevas tecnologías de comunicación están cambiando de modo radical la manera en la que las personas se comunican y las relaciones que sostienen entre sí, volviendo obsoletas partes o el todo de las instituciones que enmarcaron las sociedades industriales. Esto ha tenido un impacto geográfico importante.

Como resultado de estos procesos, las grandes zonas industriales que lideraron el progreso en los últimos dos siglos, como el Medio Oeste de Estados Unidos y el norte de Inglaterra, han sufrido una devastadora desindustrialización que ha dejado a muchas personas sin empleo porque las tareas que realizaban en las líneas de producción han sido trasladadas a otros países donde la mano de obra es más barata. Todavía hasta el tercer cuarto del siglo XX, estas personas ganaban un excelente salario a pesar de que hacían tareas que no requerían mucha educación. La presencia de trabajadores con más habilidades y conocimiento en sus fábricas y vecindarios incrementaban los ingresos en sus localidades, y eso empujaba los salarios en general hacia arriba. En las comunidades ricas, con mucha producción industrial, los salarios de los servicios como tiendas, cafeterías y restaurantes tendían a ser altos, de modo que para poder atraer obreros los industriales tenían que pagar salarios todavía más altos. Así, sin mucha educación, estos obreros podían ganar muy buenos sueldos.

El costo de producción de estas plantas industriales podría reducirse sustancialmente produciendo las partes menos sofisticadas en países en desarrollo en donde había obreros con salarios más bajos, pero eso no se podía hacer

---

[8] Véase Robert Watts, "The Rich List: At Last, the Self-Made Triumph over Old Money", *The Sunday Times*.

porque coordinar partes de la misma línea de producción separadas por miles de kilómetros no era posible en esos tiempos.

Esto se terminó con la Revolución de la Conectividad, que permitió esta coordinación a bajo costo. Las empresas emigraron enteras o en parte a países en los que podían encontrar trabajadores de la misma calidad por salarios mucho más bajos. En muchas partes, los trabajos que se cancelaron se compensaron con la creación de trabajos que tomaban más ventaja de la mayor educación promedio de los trabajadores en los países desarrollados. Pero en muchos otros lugares la gente que quedó desempleada no estaba preparada para trabajar en la nueva economía del conocimiento y su desempleo se convirtió en permanente. Grandes áreas, como la de los Grandes Lagos en Estados Unidos, quedaron devastadas y siguen estándolo porque las empresas de la nueva economía no llegan a ellas. Ahí no pueden encontrar a la gente educada que ellos necesitan y los que viven ahí no pueden emigrar a áreas prósperas por la misma razón. Hay zonas en Europa continental en donde también se ha concentrado la depresión causada por la emigración de las empresas.

Los gobiernos han probado muchas soluciones para este problema, desde dar subsidios directos a la inversión hasta aumentar la creación monetaria e implementar programas de vivienda para los "dejados-atrás", pero esos remedios no solo no han funcionado, sino que en algunos casos han vuelto peor el problema. Ese fue el caso, por ejemplo, de los programas que varios gobiernos estadounidenses crearon en la década de los noventa y en la primera del siglo XXI para facilitarles a las familias con bajos ingresos la adquisición de vivienda, relajando los requisitos que debían cumplir para conseguir créditos e implementando políticas macroeconómicas expansivas. Estos programas resultaron en millones de créditos mal dados a gente que no podía pagarlos, culminaron con la crisis de 2008 y la Gran Recesión.[9]

La solución a este problema no está en medidas macroeconómicas sino en preparar a los "dejados-atrás" para que puedan beneficiarse de la nueva revolución tecnológica. Esta necesidad ha cambiado el papel social de la inversión en capital humano. De ser una actividad deseable desde el punto de vista social y

---

[9] La relación entre los dejados-atrás y la crisis de 2008 está documentada en varios artículos y libros. Véase, por ejemplo, Raghuram G. Rajan, *Fault Lines: How Hidden Fractures Still Threaten the World Economy*.

humano, ha pasado a convertirse en parte esencial de la estrategia económica. Sin educación no hay valor agregado.

La educación como condición fundamental para el crecimiento

En la Revolución Industrial el valor agregado dependía de las máquinas; los gastos sociales eran vistos como una actividad complementaria emprendida no para mejorar la producción sino para cuidar a los demás seres humanos. La estrategia de desarrollo era producir primero para distribuir después. En la economía del conocimiento no se puede producir alto valor agregado sin altos niveles de capital humano. Solo una fuerza laboral saludable y educada puede producirlo. Así que el orden en el que hay que implementar las actividades necesarias para el desarrollo es al revés. En primer lugar, es necesaria la inversión en capital humano, que luego se utiliza para producir riqueza. La salud y la educación se han convertido en bienes públicos cuya provisión beneficia a todos en la sociedad. La idea de que la educación debe ser asunto exclusivo de quienes tienen hijos es obsoleta. La educación y la salud de todos, al igual que la defensa nacional y la policía, deben ser asunto de todos.

Pero los problemas de asignación de recursos en el largo plazo se están complicando con la emergencia de una nueva crisis económica que promete ser peor que la Gran Recesión de 2008-2016, y quizá tan mala como la Gran Depresión de 1929-1941.

El problema de los dejados atrás está muy relacionado con la presión hacia la globalización que ejercen las nuevas tecnologías por el simple hecho de que facilitan la coordinación a la distancia de tareas complejas, lo cual ha permitido, entre otras cosas, dividir las líneas de producción entre diferentes regiones geográficas y mantener el control de sus flujos en tiempo real. Esto es lo que permite que las tareas de bajo valor agregado que necesitan bajos niveles de educación para realizarse puedan trasladarse a lugares donde los trabajadores que las realizan con bajos niveles abundan. Esto es lo que ha dejado a mucha gente atrás en los países desarrollados. Esto, también, es lo que ha causado más oposición a la globalización.

La integración al mundo

Aunque hay muchas diferencias entre las dos grandes revoluciones tecnológicas modernas —una multiplicando el poder del músculo y la otra el de la mente—, las dos han seguido un camino común hacia la integración de territorios y naciones, creando, como dijo Toynbee, sociedades más grandes y disminuyendo las murallas entre ellas.

Esta tendencia ayudó a definir las potencias hegemónicas en cada uno de los últimos tres siglos. En realidad, las dos revoluciones tecnológicas siguieron una tendencia que había comenzado 100 años antes de la Revolución Industrial con la eliminación de los feudos en Francia a finales del siglo XVII bajo Luis XIV. A diferentes velocidades, los europeos fueron cambiando su definición de ser habitantes de un feudo a ser miembros de una nacionalidad. La hegemonía se trasladaba al país que era capaz de dominar un área mayor. Francia, el primer conjunto de feudos que se convirtió en un país grande, pasó a ser la potencia más grande en Europa en el siglo XVII y la mayor parte del siglo XVIII. Luego, la Revolución Industrial abrió los mercados mundiales para materias primas y para productos industriales terminados, y el primer país que se industrializó y dominó los mares, el Reino Unido, se convirtió en el país hegemónico a nivel mundial en el siglo XIX. Luego, en el siglo XX, la hegemonía pasó a Estados Unidos; la potencia que supo usar los medios sofisticados de la segunda etapa de la Revolución Industrial para dominar espacios más grandes que el Reino Unido pasó a tener la hegemonía en el siglo XX. Ahora, los nuevos medios de la Revolución de la Conectividad están abriendo la posibilidad de una sustitución de Estados Unidos.

La Revolución de la Conectividad también empuja hacia la integración en varias dimensiones. Las sofisticadas redes de comunicación vuelven naturales el desarrollo del libre comercio en las redes de conocimiento, las cuales hemos examinado antes en este capítulo, y también el contacto personal a través de las redes sociales y otros medios modernos. Ambas dimensiones de integración prometen enormes beneficios a las nuevas sociedades que están naciendo de entre ellas. Sin embargo, en la transformación hacia la nueva estructura que está surgiendo pueden causar graves conflictos que descarrilen a las sociedades modernas como resultado de su incapacidad de adaptación, exactamente como pasó en la Revolución Industrial.

Las reacciones a la globalización son ejemplos claros de los conflictos que han ido generándose en las últimas décadas.

El libre comercio y el nuevo proletariado

Así, por ejemplo, los habitantes de los Grandes Lagos y otros estados que presenciaron el cierre de las empresas industriales que les dieron el sustento por décadas vieron cómo esas mismas empresas se establecieron inmediatamente en China y otros países en desarrollo y sintieron que esos países, en alianza con los que ellos ven como traidores en Estados Unidos, les habían quitado lo que era suyo. Esa furia empeoró cuando vieron que los habitantes de estos o similares países emigraban a Estados Unidos y conseguían los trabajos que también piensan que les quitan a ellos; a ellos que, también sienten, fundaron el país y lo desarrollaron en lo que es ahora. Esa sensación genera un fundamentalismo que, al igual que el de los musulmanes, está basado en el resentimiento profundo contra los que les quieren quitar algo que es de ellos.

Esto pone a estas personas, los "dejados atrás", en la misma situación que los proletarios cuyo resentimiento Marx explotó para sus revoluciones, de acuerdo con la definición de Arnold Toynbee de lo que es un proletario: "Porque el proletarianismo es un estado de sentimiento más que una cuestión de circunstancias externas [...] El verdadero sello del proletario no es ni la pobreza ni el nacimiento humilde, sino la conciencia, y el resentimiento que esta conciencia inspira, de ser desheredado de su lugar ancestral en sociedad".[10]

Los proletarios de la Revolución Industrial sentían que a ellos les correspondían los puestos de artesanos o de campesinos que sus antepasados habían tenido en la sociedad feudal, puestos que no solo les aseguraban el futuro, sino que también les proporcionaban el respeto de toda la sociedad como miembros importantes de ella. Ahora, sentían ellos, esos puestos les habían sido robados por las empresas industriales que los desplazaron, dejándolos no solo en la destitución económica sino también en la social.

En su artículo académico "Status threat, not economic hardship, explains the 2016 presidential vote", Diana C. Mutz, profesora de la Universidad de

---

[10] Arnold Toynbee, *A Study of History*, vol. I, p. 377.

Pennsylvania, expone los resultados de su investigación de las razones por las cuales Donald Trump atrajo los votos de los "dejados atrás" en 2016. En contra de la común suposición de que estas personas lo hicieron porque estaban en malas condiciones económicas, sus resultados, obtenidos estudiando a los mismos votantes en las elecciones de 2012 y 2016, indican que su motivación había sido la angustia que, para el futuro, les daba lo que habían perdido en el pasado reciente en términos de estatus. Es decir, la fuente del descontento era *la pérdida sufrida en su estatus y la posibilidad de perderlo aún más*, no el nivel actual de su riqueza o ingreso. En las palabras de la doctora Mutz:

> Considero la posibilidad de que la amenaza de estatus sentida por la proporción cada vez menor de estadounidenses de estatus tradicionalmente alto (es decir, blancos, cristianos y hombres), así como por aquellos que perciben el dominio global de Estados Unidos como amenazado, se combinaron para aumentar el apoyo al candidato que enfatizó el restablecimiento de las jerarquías de estatus del pasado. Los resultados no respaldan una interpretación de la elección basada en preocupaciones económicas de bolsillo. En cambio, la distancia relativa más corta entre las opiniones de la gente y el candidato republicano sobre el comercio y China correspondió a un mayor apoyo masivo a Trump en 2016 en relación con Mitt Romney en 2012. Las preferencias de los candidatos en 2016 reflejaron una creciente ansiedad entre los grupos de alto estatus en lugar de quejas sobre el trato pasado entre los grupos de bajo estatus. Tanto la creciente diversidad racial nacional como la globalización contribuyeron a generar la sensación de que los estadounidenses blancos están bajo el asedio de estos motores de cambio [...]
>
> La evidencia apunta abrumadoramente a la amenaza de estatus percibida entre los grupos de alto estatus como la motivación clave que subyace al apoyo de Trump. El dominio numérico decreciente de los estadounidenses blancos en los Estados Unidos, junto con el estatus creciente de los afroamericanos y la inseguridad estadounidense acerca de si Estados Unidos sigue siendo la superpotencia económica global dominante, se combinaron para provocar una clásica reacción defensiva entre los miembros de los grupos dominantes.[11]

---

[11] Diana C. Mutz, "Status Threat, not Economic Hardship, Explains the 2016 Presidential Vote", *Proceedings of the National Academy of Science*.

La atracción hacia Trump no es un culto a la personalidad. Es aferrarse a la persona que uno cree que es capaz de hacer cualquier cosa, saltarse cualquier ley o reglamento, aplastar a cualquier enemigo, para defenderlo a uno. Es la atracción del fascismo.

Así, la amenaza más grande que enfrenta el mundo es estar en medio de una guerra, fría o caliente, entre estados fascistas. El futuro de la democracia depende de lo que pase en Estados Unidos en las próximas décadas porque, parafraseando a G. Borgese, el asiento del fascismo no está en Donald Trump sino en los que lo apoyan.

Pero Trump y la derecha no constituyen la única amenaza de fascismo en Estados Unidos. La izquierda no cuenta con un líder dominante como Trump, pero entre sus filas cuenta con grupos que tratan de imponer su forma de pensar de una manera autoritaria típicamente fascista. La polarización de Estados Unidos cada vez se parece más a la de Alemania en los años treinta: dos grupos extremistas autoritarios y ninguno defendiendo la tolerancia y la cohesión que son esenciales para preservar al país doméstica e internacionalmente.

¿Podrá sobrevivir el Occidente democrático y liberal?

El progreso tecnológico está teniendo enormes efectos en la manera en que vivimos y por eso mismo está ejerciendo grandes presiones en las instituciones y el orden social en general. Como sucedió durante la Revolución Industrial, los cambios tecnológicos están afectando de diferente manera a las sociedades verticales y horizontales. En los capítulos siguientes examino cómo el mundo occidental está enfrentando las amenazas internacionales y sus propios conflictos internos para determinar el nuevo orden mundial.

En resumen...

Las nuevas tecnologías privilegian las conexiones entre humanos y entre humanos y máquinas no solo para coordinar tareas complejas a la distancia (que así fue como empezaron), sino además multiplicando el poder de la mente a través de la IA. Una cosa llevó a la otra. Es un hecho que las nuevas invenciones y descubrimientos son el resultado de trabajos en equipos que tienen sus miembros regados por el mundo entero. Así, las nuevas tecnologías han multiplicado el poder creativo de la humanidad.

En el camino, estas nuevas tecnologías han tendido a privilegiar las organizaciones horizontales, sin jerarquías rígidas, en todas las dimensiones de la vida, desde el manejo de empresas hasta el uso de las redes sociales. Como la Revolución Industrial, la nueva conectividad promueve las organizaciones multidimensionales y horizontales. Sin embargo, esto no ha impedido que esté siendo usada para fortalecer regímenes verticales, como el chino, que usa alta tecnología para espiar y controlar a sus ciudadanos. El resultado de la revolución no dependerá de las características de las nuevas tecnologías sino de la manera en que las usemos. El secreto de absorber el cambio armónicamente está en lograr la armonía interna de los seres humanos. Es la más difícil de las tareas.

En los próximos capítulos exploraremos este tema con más profundidad.

12

El orden internacional

La redistribución del poder

El final de un ciclo de poder

Las presiones para desintegrar el viejo orden social han estado actuando durante varias décadas conforme la revolución tecnológica se fue generando. Al igual que a principios del siglo XX, estas presiones trabajan a nivel internacional y nacional en cada país.

Las presiones del siglo pasado provinieron de la Revolución Industrial, que, a partir del siglo XVIII, provocó un cambio en la ubicación del poder dentro de las sociedades y entre ellas.

Gran Bretaña, que durante casi un siglo había sido la única sociedad industrial del mundo, se había industrializado basada en vapor, el hierro, los textiles, el cable y el telégrafo. Sobre la base de estos, Gran Bretaña impuso un orden global, que llegó a conocerse como la *Pax Britannica*, un periodo que duró un siglo en el que no hubo guerras entre grandes potencias. En el tercer cuarto del siglo XIX surgió una segunda etapa de industrialización, basada en el acero, los productos químicos, los motores de combustión interna, los automóviles, los aviones, la electricidad y la radio. Aunque Gran Bretaña compitió en todas ellas, quedó rezagada con respecto a Alemania y Estados Unidos en esas actividades. Alemania había percibido su creciente poder relativo y quería crear un nuevo orden mundial que ella controlara. Esto inició la peor confrontación por el poder mundial en la historia.

La etapa más intensa de esta lucha se desarrolló en las primeras cuatro décadas y media del siglo XX, hasta la caída del nazifascismo, y luego de manera más moderada durante la larga Guerra Fría, que terminó con la caída de la Unión Soviética y el comunismo. Al final de la Segunda Guerra Mundial, en 1945, ya se había establecido el orden global que prevaleció hasta hoy: la *Pax Americana*.

Más de 70 años después, volvemos a un momento en el que un viejo orden social se está desintegrando y uno nuevo sigue sin aparecer. La gente siente que el poder se escapa de los poseedores actuales, y, como pasó hace 100 años, los nuevos aspirantes —Rusia, China, Irán y sus aliados— notan el vacío de poder y comienzan a tomar el riesgo de arrebatarlo.

Esta nueva transición es muy diferente de la anterior en cinco importantes dimensiones. Primero, diferente al cambio de hace 100 años, en el que Alemania y Estados Unidos estaban superando tecnológicamente al Reino Unido, ahora Estados Unidos se mantiene como el líder mundial tecnológica y económicamente. El cambio del poder relativo es que otros países, especialmente China, han acortado la distancia con Estados Unidos y este está teniendo serios problemas de cohesión social. Segundo, la lucha por el poder puede llevar a un desastre nuclear. Tercero, la importancia del orden internacional relativa a los órdenes domésticos ha aumentado enormemente debido a la creciente interdependencia de las naciones. Cada vez hay más temas que requieren de una coordinación global para su manejo. Cuarto, en la transición anterior, uno de los tres que serían los aspirantes a la hegemonía mundial (Estados Unidos) era una democracia liberal. Los otros dos, Alemania y la Unión Soviética, eran tiranías de las que no podía esperarse que surgiera un orden internacional liberal. En nuestro tiempo todos los nuevos aspirantes —Rusia, China e Irán— son tiranías de las que solo podría esperarse un orden internacional basado en la violencia. Así, el mundo entero tiene mucho que perder si alguno de estos países obtiene la hegemonía mundial. Quinto, la redistribución del poder incluye no solo los cambios relativos de este entre países, sino también entre países y empresas. Hay empresas que se están volviendo más poderosas que sus gobiernos.

Además, la amenaza nuclear es un riesgo que el mundo está corriendo continuamente desde el final de la Segunda Guerra Mundial, que pareció haber desaparecido con la caída de la Unión Soviética pero que ahora está volviéndose cada vez peor. En la medida en que se ha vuelto permanente, se ha ido volviendo uno de los temas que están aumentando la necesidad de una coordinación internacional para mantener el orden global. En las primeras tres o cuatro décadas del siglo XX un país grande como Estados Unidos podía pensar que era posible aislarse del resto del mundo —en 1917 y 1941— se vio obligado a participar en guerras que habían comenzado siendo europeas.

En nuestros días, el aislacionismo ha retornado a Estados Unidos, en donde la mayor parte de la población parece ver la guerra en Ucrania como un evento en el que si Estados Unidos no participa no habría consecuencias para su país. Esta es a todas luces una percepción equivocada. La equivocación trasciende las guerras. Hay muchos otros temas internacionales de los que ningún país, incluyendo a Estados Unidos, puede sustraerse. Todas ellas tienen incidencia en la seguridad nacional.

La disolución electrónica de las fronteras

Durante la Revolución Industrial el comercio mundial se multiplicó en volumen y complejidad y la producción de los países se volvió dependiente de la de otros, que les proporcionaban materias primas o que les compraban los bienes industriales que producían. Hoy esa dependencia se está volviendo mucho mayor en volumen y en complejidad, ya que la producción de los países se entrevera con la de otros a través de todo el proceso para llegar a producir algo. Esto vuelve muy difícil realizar tareas que eran muy fáciles en la era industrial, como asignar una empresa a una jurisdicción o determinar dónde debe pagar impuestos o en qué cantidad. La tecnología está yendo mucho más rápido que las instituciones en la unión del mundo en un solo espacio. En muchas áreas, organizaciones criminales están siendo pioneras en la explotación de las posibilidades de coordinar tareas complejas a distancia y en el arte de evadir jurisdicciones.

Las nuevas tecnologías tienen otros efectos que están a horcajadas entre las relaciones internacionales y la política doméstica. Las redes internacionales de suministro creadas por la conectividad son cada día más poderosas y es posible que ya tengan más capacidad para evadir regulaciones que los gobiernos nacionales para regularlas. Esto es natural porque, como resultado del surgimiento de las cadenas globales de conocimiento y suministro de materiales, los mercados y las empresas ya no pueden clasificarse en términos de fronteras geográficas.

Las nuevas tecnologías están haciendo posible la creación de redes mundiales que funcionan con contratos inteligentes y encriptados, capaces de administrar negocios sin personal, sede o incluso una dirección física, es decir, totalmente fuera del control del gobierno. Está surgiendo un nuevo mundo donde códigos y algoritmos están fuera del alcance de las leyes de cualquier país en particular.[1] Las instituciones nacionales no pueden hacer frente a lo que han desatado las nuevas tecnologías, particularmente en las áreas de impuestos, el sistema financiero y el comercio.

Más aún, las nuevas tecnologías permiten crear redes que operan y coordinan operaciones mundiales sin participación de seres humanos y sin darle cuentas a nadie. Los gobiernos, que solo tienen poder dentro de sus territorios, así se enfrentan a empresas que pueden operar en cualquier parte del mundo y evadir cualquier regulación o impuesto.

De esta forma, las nuevas tecnologías no solo han llevado a un cambio en las relaciones de poder entre las naciones. También han debilitado a los gobiernos nacionales de manera profunda y permanente. Ahora hay empresas que puede argüirse son más poderosas que la mayoría de las naciones no solo en términos de producción, sino también por la dependencia que los países tienen de ellas. La dependencia de Ucrania, Rusia y, a través de ellos, del mundo entero a los sistemas de comunicaciones de Elon Musk es muy conocida.

Mucha gente cree que los gobiernos aún pueden evitar este debilitamiento aislándose del resto del mundo. Pero hacer eso sería suicida en nuestro tiempo. Los separaría de las cadenas globales de conocimiento y suministro. Tal separación también debilitaría las estructuras gubernamentales, porque las expondría a las acciones de grupos que, usando las nuevas tecnologías, simplemente los pueden ignorar o a problemas que un gobierno nacional no puede resolver sin cooperación con otros gobiernos. Es decir, las estructuras de gobierno actuales se debilitan inevitablemente, de una forma u otra.

Mientras disminuye la capacidad de los gobiernos de actuar individualmente, están surgiendo problemas que demandan más cooperación entre países, como el covid-19, el calentamiento global, la sobreexplotación de los recursos naturales, el auge de la piratería y el terrorismo, las crecientes migraciones de los países en

---

[1] Primavera De Filippi y Aaron Wright, *Blockchain and the Law: The Rule of Code.*

desarrollo a los desarrollados, la necesidad de controlar la posesión de las armas nucleares y similares.

Por supuesto, los países han ganado también instrumentos tecnológicos para enfrentar los problemas que sobrepasan las jurisdicciones nacionales. La conectividad está destruyendo tanto como está construyendo en la relación entre las jurisdicciones nacionales y las internacionales, forzando una restructuración que va más lenta que el surgimiento de los problemas. Esto, a su vez, está causando muchos problemas políticos domésticos, levantando resentimientos muy graves entre los ciudadanos, que sienten que están sufriendo por la competencia o la intromisión de extranjeros en sus problemas nacionales. El mundo se está volviendo más complejo. Las acciones en cada parte del mundo se están volviendo más y más funciones de cosas que pasan en otras partes del mundo, volviendo cada vez más cierto lo que dijo Buda: "Nada existe nunca enteramente solo; todo está en relación con todo lo demás".

Estos cambios están provocando una sensación de impotencia que, en varios países, ha generado el renacimiento del nacionalismo a ultranza de Trump pero que, sin la retórica, puede observarse también en otros republicanos y en los demócratas. Este aislacionismo también se está dando en muchos otros países, principalmente en términos de proteccionismo en el comercio internacional.

Esta resistencia al cambio está llevando al mundo a un intento de reversión de la globalización que va a conducir, como durante los años treinta, al proteccionismo económico, que contribuyó muy significativamente a la Gran Depresión. Igualmente, en nuestro tiempo va a llevar a una disminución de la productividad y, por tanto, del crecimiento, porque las redes globales son mucho más eficientes que las nacionales o regionales. Esto, por supuesto, disminuirá la capacidad de rearmarse de los países que se cierren a la integración del comercio y a la producción internacionales. Este cierre, sin embargo, es justo lo que se está dando hoy en día, sin que parezca que los líderes nacionales reconozcan la conexión entre libres fronteras y seguridad nacional. El ambiente puede verse en la política de defensa de la Unión Europea, que excluye al Reino Unido de las compras y ventas de armamentos, lo que causa un problema muy serio a la OTAN, que usa muchos armamentos británicos y que incluye a muchos países de la Unión Europea.[2]

---

[2] Joe Barnes, "EU could halt weapons exports to Britain if war breaks out with Russia", *The Telegraph*.

Otro problema muy serio causado por este nuevo aislacionismo es que las organizaciones criminales sí trabajan globalizadas y con esto llevan una ventaja sobre los países que se están cerrando. Optar por cerrarse está debilitando a Occidente.

El orden que puede esperarse

El orden que los nuevos aspirantes al poder mundial quisieran imponer sería radicalmente diferente al que ha prevalecido desde el fin de la Segunda Guerra Mundial. Ninguno de estos aspirantes buscaría un orden basado en la democracia liberal, los derechos individuales y el imperio de la ley. Por el contrario, China, Rusia, Irán y sus aliados son regímenes verticales que explícitamente quieren permanecer absolutistas y volverse más aún.

De esto no cabe duda en los casos de Rusia e Irán, cuyas economías están conectadas a Occidente solo por sus exportaciones de productos primarios e importaciones de productos sofisticados. En estos casos, un divorcio con Occidente es mucho más manejable que el de China, cuya economía está íntimamente conectada a las redes de suministro y producción de Occidente. El gran crecimiento de China en las últimas décadas se debió a la globalización, de la cual el país tomó gran ventaja atrayendo inversiones de los países que le darían las tecnologías necesarias y le comprarían los productos industriales. Así, el país se integró a Occidente. Los flujos mundiales de suministro se entrecruzan en la economía china. Últimamente, sin embargo, Occidente se ha ido separando de China por razones políticas: la agresiva actitud de China con respecto a Taiwan y el discurso progresivamente comunista de sus líderes políticos. Muchas de las empresas que globalizaron a China se están yendo, la inversión extranjera y local han caído, lo mismo que el crecimiento de la economía. Hasta ahora el gobierno chino parece no haber reconocido la relación que existe entre inversión, exportaciones y crecimiento, e insiste en sus mal orientadas políticas. Con el tiempo, sin embargo, es posible que China se dé cuenta de que está cometiendo un suicidio y deje de ser un problema a nivel mundial, en especial, si paga un precio demasiado alto por Taiwán.

Este razonamiento no se aplica a Rusia e Irán, que están movidos por ideas fundamentalistas que cada vez se vuelven más fuertes y cuyas economías no están tan interconectadas con Occidente. Cualquiera de ellos puede causar una guerra mundial.

Así, al menos en estos casos, la necesidad de una mayor coordinación internacional está creciendo exactamente cuando la agresividad de los nuevos aspirantes a la hegemonía se está volviendo más intensa. Y es en este momento que, quizá como un escape psicológico, el aislacionismo se está volviendo más fuerte en varios países, principalmente en Estados Unidos. Como manifestación de este problema, en 2023 Donald Trump anunció que al volver a tomar el poder (cosa que él nunca ponía en duda) inmediatamente quitaría no solo toda la ayuda a Ucrania, con lo que forzaría a ese país a ponerse a merced de Rusia, sino que también reevaluaría la posibilidad de no ayudar a la Organización del Tratado del Atlántico Norte (OTAN), con lo que también dejaría a Europa a merced de Rusia.

Esta era la actitud de Estados Unidos durante los años treinta y durante dos años luego del comienzo de la Segunda Guerra Mundial. Es posible que esa guerra no se hubiera dado si Estados Unidos hubiera dejado claro a Alemania y Japón que no iba a tolerar los ataques territoriales que eventualmente se tornaron contra Estados Unidos y lo forzaron a reconocer que no podía separarse del resto del mundo. Algo similar a lo que pasaba antes de la guerra está pasando en nuestro tiempo. Si Estados Unidos abandona a Ucrania y la OTAN, la guerra que vendría después sería inevitable y mil veces peor que si no lo hace.

La ausencia de Estados Unidos dentro de la OTAN tendría un efecto mucho peor que la falta de las fuerzas armadas más grandes de la organización y del apoyo económico de la superpotencia económica del mundo. Su ausencia rompería la cohesión del grupo entero. Los países comenzarían a prepararse para el hecho de que los otros los abandonen, que es el mejor camino para que un grupo se desintegre. Cada país estaría más renuente a mandar tropas a defender otros países, algo que hasta ahora no existía porque se confiaba en la fuerza de Estados Unidos para luchar en toda Europa y en el mundo entero. No hay ningún otro país en la OTAN que pueda ofrecer esa seguridad. Este problema ya se está asomando. Por ejemplo, como ya mencioné, la Unión Europea está elaborando una política de defensa en la que excluye al Reino Unido de sus compras y ventas de equipo de guerra, lo cual precluye una coordinación entre las distintas fuerzas armadas en términos de equipo de combate. Como se puede ver en cualquier mapa y en cualquier texto de historia, el Reino Unido es clave en la defensa del continente, por mar, tierra y aire. Esta actitud es suicida porque debilita la capacidad de defensa tanto del Reino Unidos como de Europa.

Este problema se suma a uno ya existente. En caso de una guerra, habría una gran asimetría entre Rusia y la OTAN. Rusia tendría un solo ejército, una sola marina, una sola fuerza aérea. En cambio, la OTAN tendría 32 de cada una de estas armas. Cada una de estas armas están diseñadas para defender a un país, no para ser parte de una fuerza armada mucho más grande. Así, además del problema de coordinación, se puede terminar con demasiados cañones y muy pocos aviones, y demasiados administradores y muy pocos soldados, por ejemplo. En la medida en la que las prioridades se definan nacionalmente, este problema se hará más grande. El aislacionismo es una amenaza para Occidente.

Todo esto apunta en la dirección de un aumento en el caos.

Pero hay otra amenaza todavía peor.

El retorno del monstruo

La invasión rusa de Ucrania fue una poderosa señal de que nuestro orden internacional estaba a punto de girar hacia el pasado: un pasado de caos, de la ley de la selva, de que el más fuerte es el que tiene la razón, un pasado de violaciones de los derechos humanos, de abuso de poder y destructividad desvergonzada. La invasión de Ucrania amenazó, y sigue amenazando, el aparato del derecho internacional que se ha construido dolorosamente en los últimos 400 años desde la Paz de Westfalia.

Sin embargo, el asalto a Israel del 7 de octubre de 2023 fue más devastador que esto. Los atacantes han violado todos los derechos humanos que han violado los rusos en Ucrania pero tienen tres agravantes fundamentales. En primer lugar, todo su salvajismo se realizó abierta y orgullosamente no solo para infundir terror, sino también para obtener y transmitir alegría. En segundo lugar, provocó en muchos lugares del mundo respuestas de alegría por la espantosa muerte de las víctimas en Israel y de odio hacia los judíos de todas partes, incluso en Occidente. Ha sido como celebrar a los nazis empujando las filas de personas hacia las cámaras de gas de Auschwitz. Algunas de estas manifestaciones han tenido lugar en universidades de fama mundial. En tercer lugar, desde el principio estas manifestaciones han sido amenazantes para los judíos que viven en los países que las han tenido. Por primera vez desde el final de la Segunda Guerra Mundial, los judíos se sienten inseguros en los lugares en donde han vivido su vida entera, incluyendo, ominosamente, a los países que los protegieron en el tiempo del Holocausto —Estados Unidos, el Reino Unido, y las naciones que ya eran democráticas y liberales en ese tiempo en la Europa continental—. Esta amenaza no es por algo que ellos hayan hecho. Ni siquiera viven en Israel. Es porque son judíos, como fue durante el Holocausto. Este es el monstruo que ha regresado.

Estos hechos demuestran que no se trata solo de una amenaza militar. Muestra que se han roto los cimientos profundos de la civilización occidental.

Los nazis y los comunistas volvieron normales los ataques a los judíos y burgueses verbalmente y luego los convirtieron en asesinatos masivos. Estamos en la primera etapa de este proceso. Esta etapa es crucial porque consiste en deshumanizar a los enemigos convirtiéndolos en alimañas para justificar su extinción. Después de establecer el principio de que las alimañas merecen ser asesinadas, solo se necesita redefinir quiénes son las alimañas para extender el principio a cualquier persona que se desee.

La conversión de seres humanos en alimañas y chacales se lleva a cabo en un proceso de victimización, en el que los asesinos en ciernes se identifican como víctimas de los que ellos quieren asesinar para tratar de justificar con eso los subsiguientes asesinatos. Matar alimañas y chacales no es malo, es bueno. Con esto establecen el principio de que las víctimas pueden hacer lo que quieran, violar cualquier regla moral y cometer cualquier crimen solo porque son víctimas.

Ghazi Hamad, miembro del Politburó de Hamás, dijo en una entrevista el 24 de octubre de 2023 en la televisión libanesa:

> Debemos darle una lección a Israel y lo haremos una y otra vez. La inundación de Al Aqsa —el nombre que Hamás le dio a su ataque terrorista del 7 de octubre contra civiles israelíes— es solo la primera vez, y habrá una segunda, una tercera, una cuarta [...] ¿Tendremos que pagar un precio? Sí, y estamos dispuestos a pagarlo. Se nos llama una nación de mártires, y estamos orgullosos de sacrificar mártires [...]

Somos las víctimas de la ocupación. Punto. Por lo tanto, nadie debería culparnos por las cosas que hacemos. El 7 de octubre, el 10 de octubre, el millón de octubre, todo lo que hacemos está justificado.[3]

Probablemente Hamad no se dio cuenta de que con sus palabras justificó las acciones de las que él mismo acusa a Israel: la toma del territorio que ahora es Israel. Según la lógica de Hamás, si los israelitas habían sido víctimas, como lo fueron del Holocausto, tendría entonces el derecho de apropiarse del territorio ahora de Israel, lo cual le daría derecho a Hamás a cometer los crímenes sin nombre que cometió el 7 de octubre, lo cual le daría derecho a Israel a destruir Gaza, lo cual le daría derecho a Hamás a atacar a los judíos en todas partes del mundo, y a los israelitas a hacer lo mismo con los palestinos. Esa es la satánica lógica del ojo por ojo, diente por diente, que es la peor amenaza que confronta el mundo en este siglo.

Al momento de escribir este libro, la guerra de Gaza está cobrando una carga enorme de muertes de civiles que el mundo justamente quisiera que terminara de inmediato. Pero Hamás no está defendiendo a la población civil de Gaza. Al contrario, como se ve en las amenazas continuas que Hamás emite, no están dispuestos a hacer nada para terminar la guerra. No libera a los rehenes y sigue amenazando con que, no importa lo que pase, van a tirar a los israelitas al mar. Es decir, están provocando a los israelitas poniéndolos en una situación en la que enfrentan su propia extinción si no combaten a Hamás, que se oculta detrás de la población civil.

No hay razón para dudar de que las palabras de Hamás tienen el propósito de llevar a nuestro mundo a algo similar no solo contra los judíos, sino contra Occidente y contra cualquiera que se oponga o no apoye su fundamentalismo. Con esta manera de pensar, Hamás está llevando al mundo entero a la lógica de Nietzsche, en donde nadie gana, todos pierden. Este es el espíritu de las estepas que nos preguntábamos si podría regresar en nuestro tiempo.

---

[3] Las citas de Gazhi Hamad son de *Wall Street Journal*, "How Hamas Defines Cease-Fire A terrorist leader says: Oct. 7 today, Oct. 7 tomorrow, Oct. 7 forever".

¿Es esto posible?

Así, Occidente se encuentra acosado por países que no tienen nada en común, excepto el deseo de destruirlo. Si lograran hacerlo, estos mismos comenzarían a destruirse el uno al otro porque sus objetivos son incompatibles no porque deseen cosas diferentes, sino porque todos desean lo mismo: la dominación mundial. Mucha gente piensa que los tres países que ahora están retando a Estados Unidos —China, Rusia e Irán— van a seguir compartiendo objetivos si se deshacen de Occidente. Para Irán, China y Rusia son igual de enemigos infieles que los judíos y Occidente.

Si la guerra contra los judíos se generaliza al mundo entero en donde viven judíos, es difícil pensar que China y Rusia no se sientan amenazados. Así como en la Segunda Guerra Mundial la Unión Soviética se unió a las democracias liberales para terminar con el nazismo, nadie debería de sorprenderse de que la guerra global difusa contra los judíos y occidentales termine en una alianza entre China, Rusia y Occidente para detener la destructividad y el caos. Pero esa sería la primera etapa de una guerra mucho más larga, porque China y Rusia combatirían entre ellos y contra Occidente por la hegemonía mundial. China puede reconocer que su destino está con Occidente y unirse a él, porque su economía depende de él. Esa sería una decisión racional. Pero estamos en un mundo que si tiene una característica es que está moviéndose por factores irracionales.

¿Está Occidente preparado para convertirse en el defensor de los derechos ciudadanos y la democracia liberal? ¿O está en un proceso de decadencia que lo llevará a la humillación y la derrota? La respuesta a esta pregunta se puso en duda en los años de crisis de la Revolución Industrial. Eventualmente, después de muchas dificultades, la respuesta se volvió afirmativa. En nuestros días, con los problemas que hemos examinado, todavía está en duda.

En resumen...

Occidente está despertando a la posibilidad de una Tercera Guerra Mundial, teniendo como enemigos a Rusia, China, e Irán y sus aliados. Sin embargo, aunque están comenzando a aumentar su gasto en preparaciones militares, todavía no han integrado sus planes económicos en la estrategia de una guerra total. Así, cuando más necesitan una coordinación estrecha entre los países, están jugando al proteccionismo y a dar la prioridad absoluta en todo a los intereses nacionales definidos en su versión más miope.

Dentro de este problema está el de Estados Unidos. La sostenibilidad de la democracia liberal depende crucialmente de que Estados Unidos conserve su capacidad de defenderla. Pero hay varios obstáculos que se oponen a que el país logre conservar esta capacidad. Para hacerlo, es necesario que:

- Recupere la unidad nacional que ha perdido en los últimos años.
- La recupere dentro del sistema democrático liberal.
- Tenga la decisión necesaria para enfrentar las amenazas.
- Tenga la potencia económica para mantener la superioridad militar.

Hace algunos años, apenas en los noventa, el logro de las dos primeras condiciones se hubiera dado por descontado. Como discuto en los siguientes capítulos, aunque parezca increíble, hoy estos obstáculos son los que parecen más difíciles de superar. Detrás de ellos está una cultura del YO que está prevaleciendo en el país. Si Estados Unidos pierde su capacidad de mantener su unidad en medio de la diversidad, el país y Occidente entero estarán en un peligro mortal.

En los siguientes capítulos discuto los problemas que están dificultando este proceso internamente: un cisma en el alma de la población occidental, que trae una tendencia hacia la unidimensionalidad, que a su vez lleva al aislamiento del individuo, y de ahí al caos y la rigidez social.

13

El cisma en el alma

¿La decadencia de Occidente?

A mediados del siglo XIX, un pensador ruso, Peter Chaadayev, enumeró las fuentes del carácter de Occidente:

> Los pueblos de Europa tienen una fisonomía común, un aire de familia. A pesar de su división general en latinos y teutones, en sureños y norteños, es evidente para cualquiera que haya estudiado su historia que existe un lazo común que los une en un solo grupo [...] Ahí, cada individuo está en plena posesión de la herencia común, y sin dificultad ni esfuerzo reúne para sí aquellas nociones que han sido esparcidas por toda la sociedad, y se beneficia de ellas. ¿Quieres saber cuáles son esas ideas? Son los conceptos de deber, justicia, ley y orden.[1]

Chaadayev era muy perceptivo. Muy a menudo, y especialmente desde la caída del comunismo, la gente ha atribuido el éxito de Occidente al puro individualismo, que sin duda ha jugado un papel muy importante. Chaadayev no cayó en esa trampa. Él percibió que igualmente importantes son el deber, la justicia, la ley y el orden, que son todos obligaciones con alguien, y ese alguien son los demás. Junto al individualismo ha habido un fuertísimo

---

[1] Peter Chaadayev en su *Philosophical Letters*, citado en Edward Crankshaw, *The Shadow of the Winter Palace: Russia's Drift to Revolution, 1825-1917*, p. 92.

interés social, que es lo que le ha dado cohesión a la cultura occidental, combinando la creatividad del individuo con la disciplina del conjunto de ellos. La vibrante vida comunal ha sido una característica de Occidente por siglos. Pero hoy Occidente parece estar perdiendo esa magia y con ella la fuente de sus éxitos. En este capítulo reviso cómo el equilibrio entre intereses individuales e interés social está siendo reemplazado por una sociedad distinguida por la palabra YO, y cómo esto está llevando a una desintegración política y social que está abriendo la puerta al populismo y la verticalidad.

Esta cultura del YO ha capturado tanto a la derecha como a la izquierda, con manifestaciones distintas. Esta última pinta esta cultura como resultado del colapso moral de los capitalistas que solo piensan en sus ganancias inmediatas. Pero es claro que la izquierda también está tomada por la cultura del YO, en la que cada persona quiere imponer en los demás lo que quiere para ella misma. La combinación de estas dos tendencias está llevando al país a conflictos que están erosionando gravemente la cohesión social de Estados Unidos.

En este ambiente, la amenaza del regreso de la destructividad de comienzos del siglo pasado proviene no solo de afuera sino también de adentro.

La mayor parte de los problemas que hemos discutido en los capítulos anteriores —la concentración de los ingresos y la riqueza, la tendencia a crisis financieras, la fragmentación de la política— provienen de los cambios introducidos por las nuevas tecnologías. Son síntomas de la necesidad de hacer ajustes para absorber las nuevas tecnologías. Puede esperarse que sean problemas temporales, como lo fueron los creados por el ajuste a la Revolución Industrial.

Pero detrás de la desintegración hay otros problemas que, aunque agravados por los cambios tecnológicos, se deben a tres tipos de causas que pueden afectar permanentemente la capacidad de los países occidentales de funcionar como democracias liberales.

En primer lugar, está el deterioro en la cohesión social que puede observarse en estos países con respecto a lo que era en el siglo XX. En segundo lugar, está la naturaleza de las nuevas tecnologías mismas, que puede causar daño permanente al interés social. Este daño se puede concretar si las nuevas tecnologías, en vez de acercar a los seres humanos, los alejan, algo que ya está pasando en gran medida. Pero hay una tercera tendencia que está volviendo más difícil el ajuste: la cultura del YO está multiplicando el efecto negativo de los cambios radicales en las relaciones humanas causadas por el cambio y las nuevas tecnologías. Es un tema filosófico que, como en muchas crisis históricas, se convierte en el corazón del problema. Es lo que el historiador Arnold Toynbee llamaba el cisma en el alma.

El efecto combinado de estos problemas puede ser catastrófico para la democracia liberal.

El regreso de Nietzsche

¿De dónde proviene esta pérdida del interés social que ha sido tan característico de Occidente? Esa pérdida, que puede terminar cambiando la esencia de ser occidental, puede ser trazada a las ideas de Friedrich Nietzsche, por conducto de dos famosos filósofos alemanes: Martin Heidegger y Herbert Marcuse. Como confirmación del estrecho parentesco entre el nazismo y el marxismo, Heidegger, un nazi confirmado y matriculado, fue profesor de Marcuse, que es considerado como el padre de la Nueva Izquierda y que perteneció a la Escuela de Frankfurt de teoría crítica, considerada en muchos círculos como marxista.

Como en el caso de Marx, Marcuse se centró en el problema de la obtención del poder.

Marcuse y el ataque a la tolerancia

En un ensayo publicado en 1965, titulado *Repressive Tolerance*, Herbert Marcuse argumentó, dentro de una estructura mental estrictamente unidimensional, que en la vida uno siempre está encima de los demás o debajo de ellos en una lucha perpetua por el poder, y que en estas circunstancias la tolerancia es una mala idea porque ayuda a los poderosos, que son malos, contra los débiles, que son buenos. Lo que se necesita es intolerancia hacia los poderosos y tolerancia hacia los débiles.

En el mundo de Marcuse, el poderoso y malo era la derecha política, y el débil y bueno era la izquierda política. La bondad y la maldad son consustanciales con la identidad del individuo. Este enfoque es muy popular en el mundo académico de hoy. En palabras de Marcuse:

Este ensayo examina la idea de la tolerancia en nuestra sociedad industrial avanzada. La conclusión a la que se llegó es que la realización del objetivo de la tolerancia exigiría la intolerancia hacia las políticas, actitudes y opiniones prevalecientes y la extensión de la tolerancia a las políticas, actitudes y opiniones que están proscritas o suprimidas [...]

[...] la tolerancia no puede ser indiscriminada e igual con respecto al contenido de la expresión, ni en palabra ni en hecho; no puede proteger palabras falsas y malas acciones que demuestran que contradicen y contrarrestan las posibilidades de liberación. Tal tolerancia indiscriminada se justifica en debates inofensivos, en la conversación, en la discusión académica; es indispensable en la empresa científica, en la religión privada. Pero la sociedad no puede ser indiscriminada donde está en juego la pacificación de la existencia, donde está en juego la libertad y la felicidad misma: aquí no se pueden decir ciertas cosas, no se pueden expresar ciertas ideas, no se pueden proponer ciertas políticas, no se pueden permitir ciertos comportamientos sin hacer de la tolerancia un instrumento para la continuación de la servidumbre [...] La tolerancia liberadora, entonces, sería la intolerancia contra los movimientos de derecha y la tolerancia de los movimientos de izquierda.[2]

Marcuse luego agregó: "La restauración de la libertad de pensamiento puede requerir nuevas y rígidas restricciones a las enseñanzas y prácticas en las instituciones educativas que, por sus propios métodos y conceptos, sirven para encerrar la mente dentro del universo establecido de discurso y comportamiento".[3]

Estas ideas se toman en nuestros días como expresión de un pensamiento moderno y sofisticado a pesar de que transmiten una grosera defensa de la intolerancia sin ningún argumento diferente a los que utilizaron los tiranos desde hace siglos para eliminar el derecho a la libre expresión e incluso cometer genocidio con la pretensión nazi de que los judíos no tenían ningún derecho porque, según ellos, habían cometido terribles crímenes. Los argumentos de Marcuse podrían haber sido pronunciados por cualquiera de los autócratas de la era preindustrial, o por los líderes totalitarios del siglo XX,

---

[2] Herbert Marcuse en Robert Paul Wolff, Barrington Moore Jr. y Herbert Marcuse, *A Critique of Pure Tolerance*, pp. 95-137.
[3] *Idem.*

que se creían dueños de la verdad. El esquema de Marcuse justifica a Hitler, a Stalin, a Mao, y a cualquier genocida, porque el genocidio es solamente la consecuencia de llevar este pensamiento a sus últimas consecuencias. Si uno vive en un mundo unidimensional que está dividido entre la maldad y la bondad, y estas son consustanciales con la identidad de personas —de tal forma que las personas en un grupo son malas y las que están en otro son buenas, y que esas personas no pueden cambiarse de grupos precisamente porque sus características son consustanciales a la identidad—, la única solución para eliminar el mal es matar a los que se han identificado como los que conllevan la maldad. Eso era lo que Hitler decía que estaba haciendo, y Lenin y Stalin y Mao también. Además, estas ideas son las que justifican las palabras de Lenin invitando a matar que ya cité: "¿Sangre? Que haya sangre."

Siguiendo la lógica de Marcuse hasta el extremo al que Lenin la llevó antes de que el primero la expresara, si la maldad es intrínseca a las identidades de los viejos chacales, ¿qué otra salida queda si no matarlos?

Pero hay otro lado de los pensamientos de Marcuse que evidencia una irracionalidad adicional en su pensamiento. En su "Liberation from the Affluent Society" afirma la necesidad de rebelarse contra la sociedad actual, a pesar de que no dice por qué y de qué, en realidad provee razones para no hacerlo:

> En cuanto a hoy y nuestra propia situación, creo que nos enfrentamos a una situación novedosa en la historia, porque hoy tenemos que liberarnos de una sociedad relativamente buena, rica y poderosa [...] El problema al que nos enfrentamos es la necesidad de liberación de una sociedad que desarrolla en gran medida las necesidades materiales e incluso culturales del hombre, una sociedad que, para usar un eslogan, entrega los bienes a una proporción cada vez mayor de la población. Y eso implica que estamos enfrentando la liberación de una sociedad donde la liberación es aparentemente sin una base de masas.[4]

Estas afirmaciones no resisten el más mínimo examen crítico. Como escribe Zigmunt Bauman: "Marcuse afirma que hay una necesidad de ser liberado de tal sociedad sin explicar por qué. Llamar a este pensamiento el producto de

---

[4] Herbert Marcuse, "Liberation from the Affluent Society", en Stephen Eric Bronner y Douglas MacKay Kellner (eds.), *Critical Theory and Society: A Reader*, p. 277.

una teoría crítica es altamente irónico o totalmente irracional. Sin embargo, se ha convertido en una expresión representativa de nuestros tiempos".[5]

Estas ideas se han convertido en una expresión de nuestro tiempo porque, en contra de lo que Marcuse pretendía, él no estaba defendiendo el espíritu crítico de las sociedades occidentales sino tratando de dar una excusa para ventilar odios y rencores y usarlos para imponer una tiranía marxista, el objeto de la revolución que él proponía. Él, por supuesto, nunca habló de la tiranía, pero bien sabía que ninguno de los muchos regímenes comunistas establecidos en el mundo dejó de ser una tiranía. Ese tema, la asociación del marxismo con la tiranía, la identidad de los débiles y de los fuertes en esos países, que esclavizaban y mataban a mansalva a los primeros, nunca fue un tema de análisis para él. La filosofía de Marcuse inyectó odio, y lo inyectó a los dos lados de la política occidental.

Las actitudes fomentadas por todas estas ideas están introduciendo una rigidez que la sociedad estadounidense, y en general la occidental, no tenía. La gente se atrinchera en lo que quiere y se niega a ceder un ápice a lo que quieren los demás en cualquier tema que sea. Esta es la base de la rigidez que desempeñó un papel tan destructivo en la Revolución Industrial.

Estas ideas no vienen solas. Son parte de una tendencia hacia el pensamiento unidimensional y la agresividad que se ha apoderado de la academia en Occidente, incluidas las ciencias políticas. La actitud no es nueva, pero la justificación filosófica sí lo es.

Las ideas de Marcuse se expresan no solo en las doctrinas de la izquierda. La derecha también las ha copiado, solo cambiando las palabras que definen a los que deben de sufrir intolerancia y a los que deben ser tolerados en su intolerancia. La derecha fascista también ha adoptado a Marcuse, lo cual es muy fácil porque lo único que necesitan es definir quién es el bueno y quién es el malo en la lucha unidimensional por la existencia.

La actitud de intolerancia se ha juntado con viejos problemas y resentimientos raciales, culturales y sexuales para formar movimientos de un solo tema que han culminado en la fragmentación política que discutimos en el siguiente capítulo.

---

[5] Zygmunt Bauman, *Liquid Modernity*. Prólogo (Kindle, posición 749).

Los racismos de izquierda y de derecha

Curiosamente, en nuestros tiempos las posiciones extremas de izquierda y derecha se han acercado más que nunca la una a la otra y la mayor parte de la gente no se ha dado cuenta. El racismo sigue estando identificado con la extrema derecha y específicamente con el nazifascismo. Ciertamente, la justificación filosófica del racismo surgió de la extrema derecha. Aunque hay pasajes muy racistas en Nietzsche, el filósofo de calibre que proveyó explícitamente los pretextos filosóficos para el racismo fue el profesor de Marcuse, Martin Heidegger (1889-1976), que escribió la base filosófica para el nacionalsocialismo, se inscribió en el partido nacionalsocialista e implementó las odiosas políticas antisemíticas de los nazis como rector de la Universidad de Friburgo.

En su obra clásica, *El ser y el tiempo*, Heidegger contradijo una idea que había sido la base de la filosofía desde la época de los griegos: que había verdades eternas. Decía Heidegger que estas no existían porque el ser humano no definía su existencia por verdades de este tipo sino por su enraizamiento en su lugar geográfico y su época en el tiempo. Es decir, el ser humano era un ser histórico, dependiente de la historia de su comunidad, y enraizado en su tierra. Era un ser de aquí y ahora.

Pero no todos los pueblos eran capaces de enraizarse. La diferencia la hacían las razas. Heidegger clasificaba a los pueblos en dos grandes grupos: los históricos, que se normaban de acuerdo con sus tradiciones históricas, y los ahistóricos, que, al no estar insertados en el lugar y en el tiempo, eran caóticos, nihilistas, herederos de las ideas falsas asociadas con la libertad introducidas durante el Siglo de las Luces por los occidentales (en esa época Alemania no se consideraba parte de Occidente sino su peor enemigo). Por su creencia en la libertad irrestricta, los nihilistas representaban una amenaza existencial para las sociedades históricas, que estaban arraigadas en la época y en la tierra. De estas, Heidegger identificó solo una, la sociedad germánica, y aunque identificó a todas las rivales y enemigas de los germánicos como nihilistas, identificó como la peor de todas a los judíos. Cualquiera puede ver la similitud de las comparaciones que hacía Heidegger con las diferentes visiones del mundo de los que en el mundo actual creen en el globalismo y los que creen que solo las sociedades nacionalistas son decentes.

Volviendo a Heidegger y su tiempo, la peor amenaza que tenía la única raza superior, la germánica, eran estos nihilistas que, envidiosos de las raíces de los germanos, trataban de desintegrarlos para que perdieran sus raíces y quedaran a la deriva como ellos. La amenaza más grande, relacionada con terminar con los germanos, la planteaban los judíos, que debían ser exterminados. Cualquiera puede ver en estas ideas la huella de Nietzsche y de la cultura Volk que predominó en Alemania a finales del siglo XIX y principios del XX.

La cercanía de las ideas extremas se palpa en la similitud de las de Heidegger con las de Marcuse, que, para más cercanía, fue uno de los alumnos de Heidegger. A diferencia de su profesor, que se hizo nazi, Marcuse se hizo marxista, con el mismo pensamiento unidimensional en el que los grupos diferentes solo pueden relacionarse en confrontaciones en las que uno puede triunfar aplastando al otro. En nuestro tiempo, estas ideas de intolerancia, que Marcuse revivió definiendo los grupos diferentes como clases sociales en guerra eterna, se han mezclado con las ideas racistas de Heidegger para formar una ideología intolerante de razas que ha sido adoptada por marxistas y derechistas extremos. Irónicamente, ahora los grupos herederos de Marcuse, descendiente intelectual de un hombre blanco de pura sangre nazi, han creado esquemas de análisis en los que todo lo malo que pasa y ha pasado en el mundo se debe al racismo del hombre blanco. En el mundo de la filosofía unidimensional, los enemigos mortales cambian de identidad muy fácilmente.

Así, las ideas nazifascistas han infiltrado nuevamente a los nuevos marxistas. Antes, ya los había infiltrado con su concepción de que el fin justifica los medios, en un caso para salvar a la raza superior y alcanzar el Reich de los Mil Años, en el otro para llevar adelante la guerra de clases para alcanzar el Paraíso Comunista. Ahora la infiltración ha cambiado el tema actual del marxismo de clases sociales a un tema de razas.

Esto le ha dado nueva vida al marxismo en Estados Unidos, en donde, como el mismo Marcuse reconoció en su "Liberación de la sociedad opulenta", es muy difícil movilizar una revolución "porque hoy tenemos que liberarnos de una sociedad relativamente buena, rica y poderosa". La manera de destruir a Estados Unidos no es por las clases sociales, sino por las razas, algo que nunca cambia para cada individuo. Es un odio que se puede explotar para siempre. Este odio es cada vez mayor en cada uno de los lados.

Esta confrontación se está radicalizando más como resultado de las redes sociales, que están generando una política de odios que nunca había existido en Estados Unidos, ni siquiera en la época de la Guerra Civil. En esa época, había una frontera geográfica que separaba los odios. Hoy están mezclados en todas partes.

Esta transformación de la tolerancia a la intolerancia es un problema muy serio que está disminuyendo rápidamente la capacidad occidental de adaptarse al cambio.

El cisma en el alma de Occidente

En este nuevo mundo, nos hemos vuelto unos contra otros, pero este conflicto está basado en otro más profundo, uno que nos pone a nosotros contra nosotros mismos. Como parte de la cultura del YO, queremos los frutos de la globalización —los bienes baratos y de buena calidad disponibles con lo mejor que cada sociedad en el mundo puede proporcionar—, pero no queremos que eso afecte nuestras condiciones de trabajo. Queremos que los que nos venden cosas estén sujetos a la competencia más salvaje para que suban la calidad y bajen los precios, pero queremos que lo que nosotros vendemos esté protegido por un monopolio. Queremos que la democracia liberal nos dé todo, pero no estamos dispuestos a poner nada para que funcione. No queremos que nuestras economías se vuelvan más pequeñas por falta de población, pero tampoco queremos tener más hijos o abrirnos a las migraciones. En conjunto, nos comportamos como los obreros de General Motors que en los años ochenta protestaban contra la importación libre de carros japoneses a Estados Unidos, y lo hacían en los lotes en donde ellos estacionaban sus propios carros, que eran casi todos japoneses.

Pero el problema más complejo es que queremos gozar de todos los beneficios de una sociedad eficiente y humana mientras estamos perdiendo toda cohesión social. En un mundo en el que los problemas han ido abarcando a toda la humanidad —como los del medio ambiente y muchos de los que hemos discutido aquí—, sus soluciones progresivamente requerirían que nos identificáramos con la humanidad entera. Pero vamos en el sentido contrario. Ya en Estados Unidos las personas no se identifican ni siquiera como miembros de su propio país sino, yendo para atrás en la historia, como miembros de tribus y grupos muchos más pequeños. Esta tendencia lleva a un callejón sin salida porque, como lo expresó Jonathan Sacks, los grupos se definen excluyendo a los demás:

> Así que somos ángeles y demonios, ángeles para los que están de nuestro lado, demonios para los del otro lado. Esto se deriva del instinto humano, y más amplio que el humano, de formar grupos. Los grupos se unen y dividen. Se dividen a medida que se unen. Cada grupo implica la unión de múltiples individuos para formar un Nosotros colectivo. Pero cada Nosotros está definido contra un Ellos, los que no son como nosotros. El uno sin el otro es imposible. La inclusión y la exclusión van de la mano.[6]

Queremos conservar la sociedad, para que nos resuelva nuestros problemas, pero ya no nos identificamos con ella. Ese es el cisma en el alma.

El colapso moral

La esencia del problema no es económica. Es que la sociedad estadounidense ha perdido el balance entre el interés individual y el interés social, creyendo que el primero es la causa de su éxito. Este es un problema muy grave porque la idea es falsa tanto en la economía como en la vida en general. En la economía no es cierto porque una economía sin instituciones que protejan los derechos de todos no es sostenible en una democracia. En la vida en general nadie reconoce como valor al egoísmo, que es otra manera de llamar al interés individual irrestricto. En todas las sociedades, la gente respeta a los que dan algo a la sociedad y desprecian a los que todo lo ven con la psicología de la pala —para llevarse todo hacia adentro—.

Como dijo John Stuart Mill, un demócrata liberal clásico: "[Cuando se dice que] la inteligencia y los sentimientos de todo el pueblo se entregan a los intereses materiales, y cuando estos están orientados a la diversión y ornamentación de la vida privada […] es lo mismo que decir que la era de la decadencia nacional ha llegado…".[7]

---

[6] Jonathan Sacks, *Not in God's Name: Confronting Religious Violence*, p. 30.
[7] John Stuart Mill, *Considerations on Representative Government*, p. 59.

Retroceder a formas unidimensionales de organización social características del subdesarrollo es precisamente esto, un declive nacional. Las consecuencias de tal disminución van mucho más allá de las fronteras nacionales de los países desarrollados. Si los vínculos sociales de las sociedades más avanzadas fracasan, las probabilidades de lograr una transición suave hacia un mundo mejor serían bastante pequeñas para todo el mundo.

Así, la salvación de una terrible guerra mundial pasa por restaurar la cohesión social de Estados Unidos y del Occidente en general. No es que la restauración de la cohesión social resuelva los problemas, sino que si no se restaura no es posible resolverlos.

¿Será posible hacerlo?

En el capítulo siguiente veremos cómo estas ideas de la cultura del YO están distorsionando los sistemas políticos democráticos y liberales porque los están convirtiendo en unidimensionales.

En resumen...

Así como el pensamiento de Hegel, Marx y Nietzsche alimentaron el pensamiento unidimensional que llevó a las tragedias comunista y nazifascista, el pensamiento de Heidegger, Marcuse y Schmitt han dado una columna vertebral al pensamiento unidimensional de nuestro tiempo. La cercanía de todos estos filósofos entre sí y de las ideologías comunista y nazifascista se vuelve obvia al notar cómo ellos usaban las ideas de los otros para convertirlos en su contrario. El hecho de que estas ideas unidimensionales hayan progresado tanto en su dominación de la educación superior en Estados Unidos da una medida de cuánto se acerca la situación de nuestros tiempos a la de los años treinta del siglo pasado. El hecho de que las estructuras políticas en Occidente y en Estados Unidos en particular se están volviendo unidimensionales vuelve este peligro más inmediato.

14

Hacia una sociedad unidimensional

Del debate a la batalla

El síntoma más evidente de la cultura del YO es el divisionismo, que es una consecuencia de la falta de cohesión social necesaria para crear y mantener una organización horizontal. Aunque el divisionismo está presente en todo Occidente, es más evidente en Estados Unidos.

Este divisionismo se manifiesta en todos los medios de comunicación, desde las redes sociales a la televisión y la prensa impresa. Poco a poco los encuentros de distintos grupos en esas redes se han ido convirtiendo en batallas que no quieren establecer diálogos sino causar daño al adversario. Como el adversario también es parte de Estados Unidos, esta actitud puede eventualmente destruir al país entero. Y ya hay síntomas claros de que esta destrucción ha comenzado a suceder.

Por supuesto, el debate político debe tener lugar en cualquier sociedad liberal todos los días y que suceda es una de las virtudes de la democracia. Pero cuando el objetivo no es encontrar la verdad sino destruir al adversario sin oírlo, y cuando este objetivo es perseguido con una intensidad tremenda, como pasa ahora, lo que se trata de destruir es eventualmente destruido, la sociedad va cayendo en el caos, y las condiciones se van creando para el escalamiento de una tiranía, no solo en las circunstancias económicas y sociales, sino dentro de cada uno de los habitantes.

La rigidización de las estructuras políticas

Las redes sociales y la mímesis destructiva

Las redes sociales son resultado directo de la explosión tecnológica de los últimos años. Su mal uso es el resultado del terrible divisionismo que está fragmentando las sociedades modernas. Son a la vez causa y efecto del comportamiento social moderno. Son efecto porque todos los sentimientos y pensamientos que circulan a través de ellas ya existían cuando fueron creadas, y causa porque el ocultamiento de la identidad que permiten aumenta la predisposición de la gente a sacar lo peor de ellas en sus comunicaciones. Sin duda, mucha gente usa las redes para propósitos muy positivos. Sin embargo, para otros están asociadas con linchamientos verbales que tienen consecuencias muy graves para las víctimas. Se han convertido en instrumentos de poder a través del miedo.

La interpenetración de la conectividad moderna está facilitando el resurgimiento en las redes de fundamentalismos de todas clases, disparado por el deseo de reafirmar no solo la voluntad de hacer lo que uno quiere sino de forzar a los demás a hacerlo también, en una manifestación individual de la voluntad de poder. En el pasado, antes de la aparición de las redes sociales, había incentivos muy grandes para que las personas guardaran para sí las manifestaciones destructivas de su personalidad —el miedo de retribución por parte del ofendido, al castigo de la justicia o al desprecio de los espectadores—. Este miedo se eliminó con el anonimato de las redes sociales, pero luego la destructividad verbal se volvió tan exitosa que muchos abandonaron el anonimato para sentirse orgullosos de participar en el mimetismo destructivo que se ha apoderado de gran parte de dichas redes. Ese mimetismo antisocial las ha convertido en armas espantosamente destructivas para muchos de sus usuarios, los que Adler hubiera clasificado como los que han vivido en la atmósfera de los mimados, los que desean destruir a cualquiera que no piensa como ellos.

En vez de un espacio multidimensional, en el cual pudieran conectarse diversas culturas, personal y colectivamente, lo que se ha formado preponderantemente es un ambiente unidimensional en el cual las vanidades, los orgullos y las soberbias se enfrentan en cada instante, con resultados muy destructivos, que van desde la creación de problemas de autoestima en los muy jóvenes hasta la destrucción de carreras y vidas en el resto. A esto es a lo que han llamado la cultura de la cancelación, mejor expresado en inglés como la *cancel culture*, por su asociación con la tecla "cancel" en las computadoras.

Lo vicioso de estos ataques, la facilidad con la que se vuelven masivos y su implacabilidad son demostraciones de cómo el espíritu de la destructividad está caminando entre nosotros sin que le prestemos atención a los avisos que nos está dando.

Esto pudiera parecer una exageración. Al fin y al cabo, aunque muy crueles, los ataques que se llevan a cabo en las redes sociales no causan ningún daño físico en sí mismos. Nadie muere directamente de ataques verbales. Pero decir esto ignora el efecto que las palabras pueden tener en las acciones.

Hay muchos ejemplos del uso de las redes sociales para enardecer a la población en contra de una minoría, o contra una sola persona, para después atacarla. Por supuesto la tecnología de las redes no es necesaria para hacer esta faena. Hitler movilizó a la mayoría de los alemanes contra los judíos con la radio, los periódicos y mítines masivos, creando no solo *fake news* sino también una *fake reality*, una realidad totalmente falsa, similar por falsa con la que crearon los comunistas en la Unión Soviética, China y tantos otros países.

Por supuesto, las empresas que manejan las redes sociales buscan multiplicar sus audiencias a través de pasar noticias y opiniones radicales que con frecuencia llevan a despliegues de violencia verbal y física en sus usuarios.[1] Así, todos los miembros del mismo grupo creen que las cosas que confirman sus prejuicios son la realidad y que están disponibles en las noticias para todos, cuando esos otros están recibiendo noticias y opiniones distintas que también confirman sus prejuicios. Esto, a su vez, envalentona a los miembros de esos grupos a atacar a los que están en contra de sus opiniones.[2]

Pero las redes manipulan a sus usuarios porque entre ellos hay hambre por conflictos y negatividad. El problema está en el interior del individuo. En este ambiente de desintegración prosperan los populistas por sus habilidades para inyectar odio y dirigirlo hacia una minoría para pintarse ellos mismos como los defensores de la mayoría.

---

[1] James Williams, *Stand out of our Light*.
[2] "The Making of a YouTube Radical", *The New York Times*.

El resultado es un ambiente estalinista. Nadie se atreve a oponerse. Nadie quiere que lo acusen de ser defensor de monstruos. En las luchas políticas, las redes sociales se han convertido en instrumentos para llenar a la sociedad de intolerancia.

Identidad contra multidimensionalidad

Inserto en esa fragmentación del cuerpo político en series de grupos monotemáticos va un ataque a la multidimensionalidad de las sociedades democráticas y liberales por parte de un concepto manipulado de la identidad.

La identidad es crucialmente importante en los seres humanos, que tienen una necesidad de identificarse con algo que es más grande que ellos. Según el pensador español José Ortega y Gasset, este deseo es fundamental en la formación de naciones e imperios. Se manifiesta en el deseo de participar en grupos que se van uniendo para formar algo grandioso. Así, la población de los estados modernos ha pasado del deseo de formar parte de una tribu al de participar en un feudo, al de ser ciudadano de pleno derecho en un país. Pero ahora este proceso está entrando en reversa. Mucha gente ya no quiere identificarse con el país sino con una tribu, definida en términos genéticos, o sexuales, o de preferencias sexuales, o generacionales, o de origen, y está causando un terrible divisionismo que amenaza con destruir la integridad de las naciones. Ahora, estas divisiones parecen alinearse todas de un lado y otro de una sola línea, la que separa a los hombres blancos de todos los demás. Pero ellas llevan en sí mismas las semillas de otras divisiones, que están fragmentando las sociedades en miles de pequeñas tribus en conflicto con todas las demás.

Este proceso de disolución no puede terminar bien.

La toma de los partidos políticos

En medio de este ambiente caótico, las posturas extremas están ganando posiciones políticas. Particularmente en Europa, los extremos han ido ganando posiciones en las elecciones. En Estados Unidos estos han ido tomando más poder en partidos ya existentes. En ambos lugares la política está siendo progresivamente dominada por lo que el filósofo John Rawls llama doctrinas integrales, doctrinas compuestas de puntos de vista generales sobre lo que se debe hacer para mejorar la sociedad en todas sus dimensiones.[3] El estilo de estas doctrinas es diferente en Europa y Estados Unidos.

Las doctrinas que cubren todo tienen una larga tradición en Europa, donde filósofos como Marx y Nietzsche proporcionaron una base intelectualmente coherente para el comunismo y el nazismo, respectivamente. En los Estados Unidos de hoy, estas doctrinas se han formado como aglomeraciones de movimientos de un solo tema que no necesariamente tienen algo que ver entre sí racionalmente, aunque sí emocionalmente.

En términos generales, existen dos doctrinas integrales principales en los Estados Unidos, una asociada con los republicanos y la segunda con los demócratas. En un tiempo ambos partidos tenían plataformas basadas en una afiliación estrecha con la democracia liberal y en visiones coherentes del futuro que querían para el país. Una era conservadora y la otra orientada a crear un Estado benefactor, aunque más moderado que lo corriente en Europa. Estas visiones eran bien definidas en sus principios, pero los partidos eran flexibles en la implementación, lo cual permitía negociaciones en prácticamente todos los temas. No todas las personas generalmente conservadoras compartían la misma opinión sobre cualquier tema concebible. Lo mismo sucedía con los progresistas. Esto volvía multidimensional y flexible al sistema.

Pero con el tiempo, los dos partidos se han ido convirtiendo en acumulaciones de agrupaciones monotemáticas que han ido buscando apoyo de los partidos nacionales para lograr sus propósitos. En esta absorción cada uno de estos grupos exige el apoyo total a sus ideas a cambio de su apoyo a las ideas de todos los demás miembros del mismo partido. De esta manera, se han ido llenando de dogmas no necesariamente ligados entre sí. Así, el apoyo a la libertad de género no tiene nada que ver con una actitud indisciplinada hacia los gastos del gobierno, con la oposición a la venta de armas o con la postura positiva hacia la inmigración. Es muy fácil imaginar que estas dimensiones de política pueden formar muchos grupos en los que quienes creen en una cosa no creen en las otras. Pero todas ellas se han ido organizando alrededor del Partido Demócrata. El origen de estas cadenas de opinión ha hecho que estas doctrinas

---

[3] John Rawls, *Political Liberalism* (Kindle, posición 164-175).

comprehensivas sean extremadamente rígidas. Las ideas que algunos de los grupos constituyentes del partido habrían estado dispuestos a negociar porque no son centrales para su bienestar deben defenderse inflexiblemente porque son centrales para los intereses de grupos aliados monotemáticos. Así, resulta que nada es negociable, y porque nada lo es, cada partido trata de imponer su orden integral al resto de la población. El resultado es una polarización en la cultura política estadounidense en un grado sin precedentes desde la década de 1930. Y esto está pasando en casi todo Occidente, aunque no tan pronunciadamente como en Estados Unidos. Conservadores y progresistas se adhieren tanto a sus respectivas doctrinas comprehensivas que en casi todos los temas importantes el país se ha dividido por la mitad. Ambos partidos se han vuelto a favor de la verticalidad. No hay nadie defendiendo la horizontalidad.

En esta nueva versión de la política estadounidense, la gente espera que si otros no están de acuerdo con ellos en el tema de, por ejemplo, el control de las armas, tampoco estarán de acuerdo en la reforma de salud, el aborto, la inmigración y la confirmación de un candidato específico para un cargo judicial, aunque no haya razones por las cuales estas cosas vayan necesariamente juntas. Si las personas dicen que están en contra del aborto, a menudo se les acusa automáticamente de ser racistas, autoritarias, antifeministas y antitransgénero, y si están a favor del aborto, se les acusa de muchos pecados inconexos, incluido el de ser fiscalmente laxos. Como resultado de este etiquetamiento ha desaparecido la infinita diversidad que es indispensable para que una sociedad multidimensional funcione.

Así, la fragmentación de los individuos producida por la convicción de que lo único que importa es satisfacer los deseos personales propios ha resultado en la formación de bloques intolerantes, reacios a soportar disidencia y decididos a imponer sus ideas sobre todos los demás.

La paradoja del individualismo moderno

Como resultado de esta polarización las mayorías en ambos lados del espectro ideológico de Estados Unidos ya no quieren elegir políticos de centro. Apoyan a fanáticos intolerantes. Y les piden total coherencia ideológica. Se espera que la gente acepte los dogmas inconexos de los grupos monotemáticos, en su totalidad, sin excepción. Es realmente sorprendente cómo una nación y una generación que se consideran originales e individualistas se estén convirtiendo una sola masa en la que son, en el fondo, todos idénticos en términos de intolerancia. Esta es la paradoja del individualismo estadounidense. Este es un individualismo muy distinto al que había prevalecido en Estados Unidos, que estaba mezclado con el interés social de respetar los derechos de los otros. Se está convirtiendo en un individualismo orientado a quitarles la libertad a los otros.

Lo más preocupante es que las actitudes, el lenguaje y las acciones de los partidarios fanáticos denotan un crecimiento del odio, un odio que no existía antes. Los vaticinios de guerra civil, algo inaudito desde hace casi dos siglos en Estados Unidos, se han vuelto frecuentes. Aunque estas predicciones puedan parecer exageradas, su existencia muestra la temperatura del intercambio emocional.

Europa occidental parece estar muy lejos de esta situación. No hay ninguna señal de que los países inicien una guerra entre ellos, o que surja dentro de uno de ellos. Sin embargo, la política está cada vez más influenciada por partidos políticos fascistas o fascistoides de derecha e izquierda. El resultado final puede ser el mismo: el triunfo de un nuevo fascismo que eche para atrás el reloj en Occidente, tanto que luego sea difícil o imposible rectificarlo. Occidente está perdiendo una ventaja clara que le daba la democracia liberal: la capacidad de rectificar.

El auge simultáneo de la política monotemática y el declive de la política partidista son dos caras de un mismo fenómeno. Ambas son resultado de la creciente fragmentación de la sociedad. En vez de ser un signo de fortaleza democrática, son un signo de debilidad y un camino a la fragmentación social en donde las personas están participando en la conducción de la sociedad, pero lo están haciendo cada vez más para perseguir intereses estrechos a expensas tanto de todos los demás intereses particulares como de los intereses sociales más amplios.

Los populistas

El apelativo de populistas es generalmente abusado en la literatura actual, por lo que se requiere definir claramente su significado. El populista es un político que da más importancia a las apariencias que a las realidades de lo que ofrece y hace. Definido así, es completamente distinto al tirano tipo Hitler,

Stalin o Mao. Sin embargo, todos los tiranos han comenzado su carrera como populistas. Mussolini, Hitler y Lenin fueron populistas antes de ser tiranos. El populista es una etapa en la construcción de un tirano.

El camino por el cual los populistas convencen a las poblaciones de que acepten una tiranía tiene tres vías: una, mostrándose como la única alternativa al caos; dos, demandando poderes absolutos para ordenar al país, y tres, convenciéndolos de lo que aconsejó Hitler, que todos los problemas provienen de un grupo al que hay que eliminar y que él, o ella, son las únicas personas que pueden hacerlo.

Contra minorías y mayorías

Las oportunidades para generar y aprovechar resentimientos contra grupos específicos son muchas en una sociedad moderna en proceso de cambio, dividiéndola por sexos, por razas, por orígenes nacionales, por religiones, por color de la piel, por opiniones políticas, por niveles de ingresos, y tantas cosas más. Todas estas potenciales líneas de separación cuadriculan a nuestras sociedades. Los aspirantes a tiranos trabajan mucho en profundizar estas diferencias transformándolas en odios y están logrando avanzar en todo el globo. Aunque las tensiones en Europa son serias, especialmente entre inmigrantes y nacionales por generaciones, entre los países desarrollados Estados Unidos es el que, con mucho, está más dividido.

La división más profunda en Estados Unidos es racial, proviene de hace siglos, y se originó con la esclavitud que, aunque desapareció hace 160 años, ha dejado resentimientos profundos que se mezclan con otros adquiridos más recientemente.

Pero el tema racista entre blancos y afroamericanos es solo uno de los canales por los cuales fluye ese odio creciente y generalizado que es nuevo en Estados Unidos y que se expresa en prácticamente todas las dimensiones de la vida. No es posible enumerar todos los temas que dividen profundamente al país, pero con solo mencionar el aborto, los transgéneros, las mascarillas contra el covid-19 durante la pandemia, las vacunas, las migraciones, la legislación electoral y la posesión y portación de armas se puede tener una idea de lo profundos y diversos que son.

La situación en Estados Unidos es única en el sentido de que las divisiones no son solo sobre un tema, como eran en la Alemania en los años que llevaron al escalamiento de Hitler al poder. En la mayor parte de los temas en conflicto ahora en Estados Unidos, la población se divide por la mitad con ambas partes desplegando gran pasión en el ataque a la otra.

Los resultados en la política del país son desastrosos. Hace unos pocos años, los estadounidenses juzgaban positivamente el liderazgo de un político por su capacidad de formar consensos y de mantener la unidad social. Ahora lo que buscan son líderes que busquen destruir por completo a los del partido contrario, política y personalmente. Además de los grupos que han surgido sintiendo que les están quitando algo crucial en sus vidas y herencia, hay muchos otros grupos de gente descontenta. Hace un tiempo estaban orgullosos de su país. Ahora muchos están avergonzados de él, pero cada uno por razones distintas. Otros tienen una extraordinaria sensación de culpa por acciones de sus antepasados. Todos estos son síntomas de una desintegración social muy dañina para todos.

Ninguno de los movimientos monotemáticos que impulsan estas confrontaciones ha planteado la necesidad de cambiar la estructura total del orden social, solo los pedazos de este que los afectan directamente. El problema es que, arrancando y deformando el orden institucional por partes, estos grupos eventualmente van a romper una viga maestra, y entonces se van a sorprender del colapso del orden total. El caos puede venir también del hecho que las dos particiones de la política estadounidense son casi iguales numéricamente, de modo que puede esperarse que siga habiendo alternancia en el poder. En este caso, el caos vendría de que los partidos anulen lo que el gobierno anterior haya hecho, estancando al país en una serie de acciones y contraacciones en cada cambio de gobierno.

Cuando se lleva al extremo, el individualismo desenfrenado da como resultado un caos social y político, que eventualmente termina con la economía también. Esto es lo que acabó con la democracia en la Italia de entreguerras y en la República de Weimar, y es lo que destruyó la posibilidad de crear democracia en Rusia, China y tantos otros lugares.

¿Será que Occidente ha entrado en decadencia? ¿Será que las amenazas incluyen no solo la desestabilización del cambio y las características de las nuevas tecnologías que llevan a una sociedad líquida, sino también una tendencia de mucho más largo plazo, una decadencia trabajando a lo largo de los siglos?

En resumen...

El terrible divisionismo de Estados Unidos está llevando al país a una deformación de sus estructuras políticas, que son la esencia de los pesos y contrapesos de su democracia. Si el pueblo se vuelve unidimensional ante sus divisiones y sus políticos divisivos el país puede estar al borde de perder su democracia.

15

¿La hora veinticinco?

El peligro

En la actualidad, muchas personas predicen para Estados Unidos y Occidente un colapso similar al del antiguo Imperio romano en el quinto siglo después de Cristo. En realidad, no se necesita mucha perspicacia para ver las similitudes de nuestro tiempo con el de la caída del Imperio romano que, en esa época, se veía acosado por migraciones e invasiones de pueblos vecinos mientras sufría terribles fracturas internas. Actualmente, las profundas divisiones de la población y los políticos de Estados Unidos y Occidente pueden llevar a estas sociedades a un proceso destructivo cuyos resultados no podemos ni vislumbrar. Aunque los ataques de los enemigos externos no pueden ignorarse, las peores amenazas de Occidente vienen desde dentro.

Como dice Ortega y Gasset en su *España invertebrada*, para mantener viva una sociedad es esencial tener un dogma nacional, un proyecto sugestivo de vida en común, como lo crearon la Declaración de Independencia en Estados Unidos y los proyectos nacionales de otros países de Occidente. Ese es el proyecto que está resquebrajándose en Estados Unidos y, en gran parte, en Occidente. Por siglos, estas sociedades han ido renovando este proyecto por medio de élites creativas que han mantenido vivo el sueño nacional, adaptándolo a las circunstancias.[1] Pero como sucede en un río que pasa de trechos calmados a rápidos traicioneros, en nuestro tiempo las moléculas de agua se

---

[1] José Ortega y Gasset, *España invertebrada y otros ensayos*, pp. 40 y 43.

han acelerado y alejado tanto que parece que no hay fuerza capaz de volverlas a poner a fluir de una manera armónica.

Pero lo que está quebrando las estructuras no es la turbulencia de los cambios sino la falta de una fuerza cohesiva, y en particular de *un proyecto sugestivo de vida en común, de ese sentimiento de destino compartido*. Al escuchar a los políticos de todos los colores en Occidente lo que se oye es odio y una insensata intención de aplastar toda oposición a sus ideas.

Esta es una tendencia de largo plazo, que ha actuado durante los años de la posguerra para hacer de la sociedad occidental algo muy distinto de lo que era hace un siglo, cuando enfrentó los flujos turbulentos de la Revolución Industrial.

Esto, sin duda, está pasando. Pero ¿es cierto que esta combinación de tendencias está llevando a Estados Unidos y Occidente a la destrucción de la civilización? ¿Está Estados Unidos en el proceso de desintegrarse como se desintegró Roma en el siglo v de la era cristiana?

¿Un colapso total?

Un colapso total como el del Imperio romano no es nada probable.

La descomposición de la sociedad estaba mucho más avanzada en Roma que en Estados Unidos en nuestro tiempo. La situación había sido desastrosa desde uno o dos siglos antes de la caída final en el año 476 de la época cristiana. En los 100 años anteriores la ciudad había sido saqueada por los visigodos y sitiada por los hunos, el desorden se había enquistado en muchas de las áreas del imperio, los impuestos eran tan opresivos que los agricultores abandonaban las tierras agrícolas y, sin embargo, no eran suficientes para el mantenimiento de los ejércitos. La inestabilidad política se había ido acentuando. El manejo del imperio se había dividido, con el Oriente controlado desde Constantinopla y el Occidente desde Roma y luego desde Mediolanum (Milán) y después Ravena. El imperio había perdido su vitalidad en todas sus dimensiones. Nada comparable está pasando ahora.

Dejando fuera la posibilidad de una guerra nuclear, Estados Unidos no está en una situación terminal y tampoco el resto de Occidente. A pesar de los serios problemas institucionales que atraviesa Estados Unidos en este momento, el país tiene estructuras económicas, militares e intelectuales que operan en dimensiones diferentes a la política del día a día y que son demasiado fuertes para permitir que el país se desintegre. Estados Unidos sigue siendo la economía más vibrante del mundo, su producción intelectual todavía sigue siendo formidable, es el líder indiscutible de la ciencia y la ingeniería, la cabeza de la globalización económica y de la nueva revolución tecnológica. Sus ejércitos todavía son los más fuertes del mundo. No tiene par excepto en la capacidad de destruir al mundo que también tienen China y Rusia. La debilidad de Estados Unidos es interna a sus individuos. El cisma es en el alma.

Estas instituciones que todavía no están afectadas por el divisionismo podrían detener el colapso de la sociedad, pero al costo de eliminar la democracia, como pasó en Roma.

Hay varios eventos que podrían disparar una acción de este tipo sobre estas estructuras. Por ejemplo, si el país estuviera en peligro de ser atacado externamente (por ejemplo, por China) por estar debilitado debido a conflictos internos, estas estructuras podrían moverse para cancelar a la fuerza dichos conflictos y así evitar la derrota externa. En el proceso destruirían la institucionalidad democrática, tal vez para siempre. Esto fue lo que sucedió en Roma en el siglo último antes de Cristo, cinco siglos antes de que Roma colapsara totalmente. Y también lo que pasó cuando Napoleón tomó el control de Francia en medio del caos de la Revolución francesa.

En Roma este proceso atravesó cuatro etapas. La democracia se fue desintegrando de manera gradual como resultado de los pleitos sin escrúpulos por el poder por parte de líderes sumamente poderosos que no se daban cuartel entre ellos. Estas luchas fueron poco a poco destruyendo las instituciones políticas de roma. El divisionismo cundió en todo el imperio. Julio César dio un golpe de Estado, se instaló en el poder y después de un tiempo se proclamó emperador. Poco tiempo después, unos patriotas miembros de las familias más nobles de la república asesinaron a Julio César, desencadenando una guerra civil que duró 13 años. Eventualmente, el sobrino adoptado de Julio César, Octaviano, triunfó en esa guerra civil y se proclamó César Augusto. El nuevo César tuvo mucho cuidado de guardar las apariencias, manteniendo el Senado en su lugar, y pretendiendo a medias que él obedecía sus mandatos, aunque él mantenía un control férreo del imperio.

Este es el peligro que Estados Unidos enfrentará si no encuentra un motivo para volverse a unir: el colapso no del país, sino de su democracia. Eso es lo que está en juego.

Esto no ha sucedido y no es seguro, quizá ni siquiera probable, que suceda. Estados Unidos tiene unas enormes reservas de espíritu cívico que pueden sostener la integridad institucional de la democracia liberal. Esas reservas no están en las instituciones de las que hablamos en la sección anterior —las empresas y el ejército—, sino en las instituciones que mantienen a la sociedad multidimensional en Estados Unidos —el sistema judicial y el pueblo en general que todavía tiene cohesión—. La magnitud de estas fuerzas no se conocerá sino hasta que entren en acción.

¿Qué puede hacerse?

Al principio del libro definimos tres dimensiones del cambio que estamos viviendo a principios del siglo XXI: los cambios en las relaciones humanas causados por las nuevas tecnologías, que erosionan las instituciones y crean vacíos que deben llenarse con otras nuevas; el cambio en la actitud con la que enfrentamos esos cambios, y los cambios institucionales y de políticas que debemos realizar para absorber las dos dimensiones anteriores de cambios.

Casi toda la atención del mundo está fijada en la primera dimensión del vórtice, en las políticas que se necesitan para resolver problemas específicos. ¿Qué es lo que hay que hacer con la economía, las migraciones y las demandas de poder de las nuevas potencias? Menos atención se está dando a la otra dimensión de los cambios: la manera en que la sociedad está filtrando los hechos para enfrentarlos de una manera racional y humana a dichos cambios. Esta actitud está cambiando radicalmente en Occidente. Los políticos y el público en general están demasiado concentrados en la mutua destrucción de sus rivales para darse cuenta de que con cada ataque del uno al otro la estructura que sostiene todo puede algún día derrumbarse.

El primer tipo de cambios requiere diseñar e implementar políticas que pueden ir cambiando en el futuro, las políticas económicas, de salud, de educación, de seguridad social, etc. El segundo tipo requiere de una decisión consciente de mantener horizontales y multidimensionales las estructuras por las que va a fluir el poder para decidir esas políticas. Es volver a 1776 y buscar no la perfección técnica sino la sabiduría de los próceres que fundaron la democracia liberal.

La adaptación a los cambios tecnológicos —la emergencia de la sociedad del conocimiento, la globalización total o parcial, el nuevo ritmo de la vida— puede llevarse a cabo de una manera armónica solo en la medida en que se unan con el retorno de la cohesión social.

Las políticas esenciales

Hay al menos tres políticas que son clave para que esa visión integradora se vuelva realidad.

La primera debe partir del reconocimiento de que estamos entrando en la economía del conocimiento y que, por tanto, es del interés de la sociedad entera el contar con una población educada. No debe olvidarse que el esplendor de la economía estadounidense en los años que siguieron a la Segunda Guerra Mundial se debió en gran medida a la G.I.-Bill, que proporcionó educación gratuita a toda una generación que peleó en esa guerra. Un esfuerzo similar será esencial en la economía del conocimiento para asegurar la creación del capital humano necesario para dar vida a una sociedad rica en nuestro tiempo.

La segunda debe llevar a las sociedades libres hacia el libre comercio y flujo de capitales, para asegurar el crecimiento económico que es esencial para mejorar las condiciones de vida de la población y para poder mantener una fuerza militar disuasiva suficiente para difuminar las intenciones bélicas de Rusia, China, Irán, Corea del Norte y similares.

La tercera debe llevar a la armonización de las leyes que norman aspectos de la vida pública que han trascendido las jurisdicciones nacionales para que estas puedan cooperar en la aplicación del imperio de los derechos en las relaciones internacionales. Esta coordinación siempre ha sido importante para mantener en pie la sociedad doméstica, pero es esencial en el nuevo mundo que está surgiendo.

Estas políticas son necesarias en todos los países democráticos. Si estos países no se unifican doméstica e internacionalmente, la democracia liberal está en peligro de desaparecer. Como dijo Ronald Reagan:

La libertad nunca está a más de una generación de su extinción. No se lo transmitimos a nuestros hijos en el torrente sanguíneo. Hay que luchar por ello, protegerlo y transmitirlo para que ellos hagan lo mismo, o un día pasaremos nuestros últimos años contándoles a nuestros hijos y a los hijos de nuestros hijos cómo era una vez en los Estados Unidos donde los hombres eran libres.[2]

Esto es cierto en todo momento. Es mucho más cierto en la crisis que estamos viviendo.

La estructura del poder

La selección del tipo de sociedad en el que queremos vivir debe explicitarse y volverse consciente. Para esto es necesario que los líderes de los partidos que creen en la democracia trabajen juntos para eliminar del ambiente político el divisionismo, los odios y las agresiones, y que lo hagan abiertamente, dando prioridad a la unidad y la cohesión social. El liderazgo que tiene que surgir en estos tiempos de crisis debe orientarse a mantener la sociedad democrática y liberal.

Esto solo puede lograrse con un esfuerzo consciente orientado a reconstruir la cohesión social que está perdiendo el mundo entero. Es necesario recordarles a los ciudadanos de todos los países que en su último mensaje George Washington advirtió a los ciudadanos de su país que la amenaza más grande que existe contra la democracia es la desunión, y que, como dijo Abraham Lincoln, una casa dividida contra sí misma no puede mantenerse en pie.

Esta decisión debe luego concretarse en políticas conducentes a la cohesión social y, al contrario de lo que se busca hoy, a minimizar el impacto negativo en los rivales políticos.

---

[2] Ronald Reagan, "January 5, 1967: Inaugural Address (Public Ceremony)", Ronald Reagan Presidential Library, disponible en https://www.reaganlibrary.gov/archives/speech/january-5-1967-inaugural-address-public-ceremony.

En resumen: la respuesta

Hemos llegado al final de nuestra búsqueda. Podemos contestar las preguntas que hicimos al principio del libro.

Es claro que las condiciones que dieron vida al espíritu destructivo que asoló al siglo XX están presentes en nuestro mundo.

No podemos hacer una predicción de lo que va a pasar, pero sí sabemos que las sociedades que tienen mejores probabilidades de ajustarse a las grandes corrientes de cambio que nos arrastran son las democracias liberales, que son más flexibles que las verticales y unidimensionales. Esto ha quedado claro con las experiencias de la Revolución Industrial, que terminó con un triunfo completo de las democracias liberales. Así, es esencial mantener la democracia liberal en el corazón del nuevo orden mundial.

Algunas de las estructuras que dan forma a la democracia liberal actual están quedando obsoletas por la creciente emergencia de problemas globales que superan el tamaño y el alcance de los estados nacionales. Hay muchas personas que ven esta tendencia como el resultado de una conspiración para formar un imperio mundial. No lo es. Es el resultado natural de los avances tecnológicos y las actividades diarias de la población mundial. Estos problemas, como el medio ambiente, requieren cooperación internacional para ser resueltos. Se necesita resolverlos dentro de un esquema democrático sujeto al imperio de los derechos. El peligro en este tema no es que tengan que existir instituciones que coordinen las actividades internacionales, sino que dichas instituciones sean manejadas verticalmente y se usen para quitarles la libertad a las sociedades.

El problema más serio encarado por las democracias liberales no es la necesidad de crear estas instituciones internacionales, que ya de por sí es difícil, sino la falta de cohesión social que no solo dificulta su creación sino también su sobrevivencia como sociedades horizontales. Esta es la piedra angular de los problemas que tiene nuestro mundo. Si este problema se resuelve, la solución de los otros problemas se vuelve posible. Si no se resuelve, el único camino que queda es la verticalización de los regímenes nacionales e internacionales.

Así, las conclusiones de este libro se pueden resumir en una sola. Que las posibilidades de lograr un ajuste armonioso a la vorágine de cambios que estamos viviendo está inextricablemente ligada la reunificación de las sociedades occidentales sobre la base de la cohesión social y el rechazo a los regímenes verticales. Si no logramos esto, la democracia liberal, el invento más grandioso de la civilización occidental, va a terminar en escombros. Si lo logramos, bajo el impulso de las nuevas tecnologías el mundo va a avanzar a un estadio de desarrollo muy por encima del que ya vivimos.

Bibliografía

"30 Years of The Sunday Times Rich List: How Britain Has Changed", *The Times*. https://www.thetimes.co.uk/edition/rich-list/sunday-times-rich-list-30-years-how-britain-has-changed-d8krmwps2.

Alexievich, Svetlana. *Secondhand Time: The Last of the Soviets, an Oral History*. Nueva York: Random House, 2016.

Andrew, Christopher, y Oleg Gordievsky. KGB, *The Inside Story*. Londres: Hodder & Stoughton, 1990.

Ansbacher, Heinz L. y Rowena R. Ansbacher. *The Individual Psychology of Alfred Adler*. Nueva York: Harper Perennial, 1964.

Arendt, Hannah. *The Origins of Totalitarianism*. Nueva York: Harcourt Brace Jovanovich, 1973 [1948].

Aslund, Anders. *Gorbachev's Struggle for Economic Reform*. Ithaca, NY: Cornell University Press, 1989.

Bakunin, Mikhail. *Critique of the Marxist Theory of the State, Statism and Anarchy*, Marxist Internet Archive. https://www.marxists.org/reference/archive/bakunin/works/1873/statism-anarchy.htm.

Bauman, Zygmunt. *Liquid Modernity*. Prólogo. Cambridge, RU: Polity Press, 2012 [2002]. Edición de Kindle.

Beardsley, Monroe C. (ed.), *European Philosophers from Descartes to Nietzsche*, Nueva York: The Modern Library, 1960.

Bernstein, Michael A. *The Great Depression: Delayed Recovery and Economic Change in America, 1929-1939*. Cambridge: Cambridge University Press, 1987.

Blackbourn, David. *History of Germany, 1780-1918: The Long Nineteenth Century*. Oxford: Blackwell Publishing, 2003.

Borgh, Andreas. "The Rise, Fall and Revival of the Swedish Welfare State: What Are the Policy Lessons from Sweden?", Estocolmo, Instituto de Investigación de Economía Industrial, *IFN Working Paper*, núm. 873, 2011.

Bronner, Stephen Eric, y Douglas MacKay Kellner (eds.). *Critical Theory and Society: A Reader*. Londres: Routledge, 1989.

Bryce, James. *Modern Democracies*. Nueva York: MacMillan, 2013 [1921]. Edición de Kindle.

Bullock, Allan. *Hitler and Stalin: Parallel Lives*. Nueva York: Alfred A. Knopf, 1992.

Campbell, Joseph (ed.), *The Portable Jung*. Nueva York: Penguin Books, 1976.

Clark, Christopher. *Sleepwalkers: How Europe Went to War in 1914*. Londres: Penguin Books, 2012.

Clark, Ronald W. *Lenin. A Biography*. Nueva York: Harper and Row, 1990.

Cohen, Stephen F. *Bukharin and the Bolshevik Revolution. A Political Biography, 1888-1938*. Nueva York: Oxford University Press, 1980.

Conquest, Robert. *The Great Terror. A Reassessment*. Nueva York: Oxford University Press, 2008 [1990].

_____. *The Harvest of Sorrow. Soviet Collectivization and the Terror-Famine*. Nueva York: Oxford University Press, 1986.

Courtois, Stéphane, Nicolas Werth, Jean-Louis Panné, Andrzej Paczkowsky, Karel Bartosek, and Jean-Louis Margolin. *The Black Book of Communism, Crimes, Terror, Repression*. Cambridge, MA: Harvard University Press, 1999.

Crankshaw, Edward. *The Shadow of the Winter Palace: Russia's Drift to Revolution, 1825-1917*. Nueva York: The Viking Press, 1976.

Dawkins, Richard. "Open Letter from Richard Dawkins to Ayaan Hirsi-Ali", *The Poetry of Reality*. https://richarddawkins.substack.com/p/open-letter-from-richard-dawkins.

De Filippi, Primavera, y Aaron Wright. *Blockchain and the Law: The Rule of Code*. Cambridge, MA: Harvard University Press, 2018.

Doder, Dusko. *Shadows and Whispers: Power Politics Inside the Kremlin from Brezhnev to Gorbachev*. Nueva York: Penguin Books, 1988.

Durant, Will. *Our Oriental Heritage. The Story of Civilization 1*. Nueva York: Simon & Schuster, 1976.

_____. *The Age of Faith. The Story of Civilization 4*. Nueva York: Simon & Schuster, 1950.

Ferguson, Niall. *Empire: The Rise and Demise of the British World Order and Lessons for Global Power*. Nueva York: Basic Books, 2002.

Fine, Sidney. "The Ford Motor Company and the NRA, Business History Review", Harvard Business School, vol. 32, núm. 4, invierno de 1958.

Fischer, Fritz. *Germany's Aims in the First World War*. Nueva York: W. W. Norton, 1967 [1961].

Folsom, Burton W. *Michigan Resists the New Deal*. Mackinac Center for Public Policy, 2 de marzo de 1998.

"Forbes Billionaires: Full List of the 500 Richest People in the World 2016", *Forbes*, 7 de agosto de 2016. https://www.forbes.com/sites/luisakroll/2016/03/01/forbes-2016-worlds-billionaires-meet-the-richest-people-on-the-planet/?sh=71b-5239477dc

Friedman, Milton (ed.). *Studies in the Quantity Theory of Money*. Chicago: University of Chicago Press, 1956.

Fritzsche, Peter. *Germans into Nazis*. Cambridge, MA: Harvard University Press, 1998.

Furaker, Bengt. "Los fondos asalariados suecos y la democracia económica: ¿hay algo que aprender de ellos?", *SAGE*, 2015. https://journals.sagepub.com/doi/abs/10.1177/1024258915619310

Galli, Carlo. *Janus's Gaze: Essays on Carl Schmitt*. Durham, NC: Duke University Press, 2015. Edición de Kindle.

Gheorghiu, C. Virgil. *La hora veinticinco*. Buenos Aires: Emecé Editores, 1950.

Goodrick-Clarke, Nicholas. *The Occult Roots of Nazism: Secret Aryan Cults and Their Influence on Nazi Ideology*. Nueva York: New York University Press, 1992.

Gorbachev, Mikhail. *Perestroika. New Thinking for Our Country and the World*. Nueva York: Harper and Row, 1988.

Gramsci, Antonio. "Wave of Materialism" y "Crisis of Authority", en *Selections from Prison Notebooks*. Londres: The Electric Book Company, 1999.

Gregory, Paul R., y Robert C. Stuart. *Soviet Economic Structure and Performance*, 3a. ed. Nueva York: Harper and Row, 1986.

Haffner, Sebastian. *Failure of a Revolution: Germany 1918-1919*. Chicago: Banner Press, 1986.

Hannon, Michael. *Clarence Darrow and the National Recovery Review Board*, Universidad de Minnesota, Biblioteca de Derecho, 2010. http://moses.law.umn.edu/darrow/trialpdfs/National_Recovery_Review_Board.pdf.

Hastings, Max. *Catastrophe 1914: Europe goes to War*. Nueva York: Alfred A. Knopf, 2013.

Hayek, F. A. *The Road to Serfdom*. Chicago: The University of Chicago Press, 2007 [1944].

Hegel, G. W. F., *Introduction to the Philosophy of History* (trad. por Leo Rauch). Indianapolis: Hackett, 2012. Edición de Kindle.

Heiden, Konrad. *The Fuhrer*. Edison, NJ: Castle Books, 2002 [1944].

Hidalgo, César. *Why Information Grows: The Evolution of Order, from Atoms to Economies*. Nueva York: Basic Books, 2015. Edición de Kindle.

Hillman, Arye. *Markets and Politicians: Politicized Economic Choice*. Boston: Kluwer Academic Publishers, 1991.

_____. y Branko Milanovic. *The Transition from Socialism in Eastern Europe: Domestic Restructuring and Foreign Trade*. Washington, D. C.: The World Bank, 1992.

Hinds, Manuel. *Issues in the Introduction of Market Forces in Eastern Europe*. Washington, D. C.: World Bank, 1990. http://documents.worldbank.org/curated/en/723021468915008930/Issues-in-the-introduction-of-market-forces-in-Eastern-European-socialist-economies.

_____. "Markets and Ownership in Socialist Countries in Transition", en Arye Hillman (ed.). *Markets and Politicians: Politicized Economic Choice*, 137-168. Boston: Kluwer Academic Publishers, 1991.

_____. "Policy Effectiveness in Reforming Socialist Economies", en Arye Hillman y Branko Milanovic (eds.). *The Transition from Socialism in Eastern Europe: Domestic Restructuring and Foreign Trade*, 13-39. Washington, D. C.: The World Bank, 1992.

_____. "Policies to Overcome the Transformation Crisis: The Case of Russia", en Horst Siebert (ed.). *Overcoming the Transformation Crisis: Lessons for the Successor States of the Soviet Union*, 285-304. Tübingen: J. C. B. Mohr, 1993.

_____. *The Triumph of the Flexible Society: The Connectivity Revolution and Resistance to Change*. Westport, CT: Praeger, 2003.

_____. *In Defense of Liberal Democracy: What We Need to do to Heal a Divided America*. Waterbridge, MA: Charlesbridge, 2021.

Hirsi-Ali, Ayaan. "Why I am Now a Christian Atheism Can't Equip us for Civilisational War", *UnHerd*. https://unherd.com/2023/11/why-i-am-now-a-christian/.

Hitler, Adolf. *Mein Kampf*. Londres: Hurst and Blackett, 1939.

Holland, Tom. *Dominion: How the Christian Revolution Remade the World*. Nueva York: Basic Books, 2019.

Huff, Toby E. *The Rise of Early Modern Science: Islam, China and the West*, 2a. ed. Cambridge: Cambridge University Press, 2003 [1993].

Isberg, Magnus, y Hans Hegeland. "The Development of Constitutional Law in Sweden", en *The Constitution of Sweden: The Fundamental Laws and the Riksdag Act*. Sveriges Riksdag, 2016.

Judson, Peter M. *The Habsburg Empire: A New History*. Cambridge: Harvard University Press, 2016.

Karl R. Popper. *La sociedad abierta y sus enemigos, 1 Platón*. Princeton: Princeton University Press, 1966.

Kennedy, Ellen. *Constitutional Failure: Carl Schmitt in Weimar*. Durham, NC: Duke University Press 2004. Edición de Kindle.

Khruschev, Nikita. *Khruschev Remembers. The Glasnost Tapes*. Nueva York: Little Brown and Co., 1990.

Kokoshin, Andrei. "How Friedrich Engels' Predictions for World War I Came True", *The National Interest*, 5 de septiembre de 2014. http://nationalinterest.org/feature/how-friedrich-engels%E2%80%99-predictions-world-war-i-came-true-11208?

Kuznets, Simon. "Economic Growth and Income Inequality", *The American Economic Review*, vol. 45, núm. 1, marzo de 1955.

Lenin, Vladímir. *The Lenin Anthology*, Robert C. Tucker (ed.). Nueva York: W. W. Norton, 1975.

Lincoln, W. Bruce. *The Romanov: Autocrats of All Russias*. Nueva York: Anchor Books, 1981.

Lippmann, Walter. *A New Social Order*. Nueva York: The John Day Pamphlets, 1933.

Luce, Edward. *The Retreat of Western Liberalism*. Londres: Little, Brown, 2017.

Lukianoff, Greg, y Jonathan Haidt. *The Coddling of the American Mind: How Good Intentions and Bad Ideas Are Setting Up a Generation for Failure*. Nueva York: Penguin Press, 2018.

Magnusson, Lars. *An Economic History of Sweden*. Londres: Routledge, 2000.

Marcus, Gary. "An Artist Fights Back, and Midjourney has Embarrassed Themselves", 23 de diciembre de 2023. https://garymarcus.substack.com/p/an-artist-fights-back-and-midjourney.

Marx, Karl. "Theses on Feuerbach", Marx/Engels Internet Archive. https://www.marxists.org/archive/marx/works/1845/theses/theses.pdf.

Mason, Lowell B. "Darrow vs. Johnson", *The North American Review*, vol. 238, núm. 6, diciembre de 1934.

Mayer, Arno. *The Persistence of the Old Regime: Europe to the Great War*. Nueva York:

Pantheon Books, 1981.

Mayer, Milton. *They Thought They Were Free: The Germans, 1933-45*. Chicago: The University of Chicago Press, 1955.

Mazower, Mark. "Ideas that Fed the Beast of Fascism Flourish Today", *Financial Times*, 6 de noviembre de 2016. https://www.ft.com/content/599fbbfc-a412-11e6-8898-79a99e2a4de6.

Medvedev, Roy. *Let History Judge. The Origins and Consequences of Stalinism*. Nueva York: Columbia University Press, 1989.

Mill, John Stuart. *Considerations on Representative Government*. Amherst, N.Y.: Prometheus Books, 1991.

Mitcham Jr., Samuel W. *Why Hitler?: The Genesis of the Nazi Reich*. Westport, Connecticut: Praeger, 1996.

Moreno, J. Edward. "Boom in A.I. Prompts a Test of Copyright Law", *The New York Times*, 30 de diciembre de 2023. https://www.nytimes.com/2023/12/30/business/media/copyright-law-ai-media.html.

Morris, William. *Un sueño de John Ball*, capítulo IV, 1866. https://www.marxists.org/archive/morris/works/1886/johnball/chapters/chapter4.htm.

Mussolini, Benito. *My Rise and Fall*. Nueva York: Da Capo Press, 1998 [1918 y 1948].

Mutz, Diana C. "Status Threat, not Economic Hardship, Explains the 2016 Presidential Vote", *Proceedings of the National Academy of Science*, 23 de abril de 2018. https://www.pnas.org/doi/full/10.1073/pnas.1718155115.

Nietzsche, Friedrich y Kaufmann, Walter (ed. y trad.). *Basic Writings of Nietzsche*. Nueva York: Modern Library, 2000.

_____. *The Portable Nietzsche*. Londres: Penguin Books, 1977.

Norman, Kajsa. *Sweden's Dark Soul: The Unraveling of a Utopia*. Londres: Hurst & Company, 2018.

Nove, Alec. *An Economic History of the Soviet Union*. Londres: Penguin Books, 1989.

Ortega y Gasset, José. *España invertebrada y otros ensayos*. Madrid: Alianza Editorial, 2020.

Oxenstierna, Susanne. *From Labour Shortage to Unemployment?: The Soviet Labour Market in the 1980s*. Stockholm: The University of Stockholm, 1990.

Piketty, Thomas. *Capital in the Twenty-First Century*. Cambridge, MA: Harvard University Press, 2014. Edición de Kindle.

Pipes, Richard. *Russia Under the Old Regime*. Nueva York: Charles Scribner's Sons, 1974.

_____. *The Russian Revolution*. Nueva York: Alfred A. Knopf, 1990.

Pitigliani, Fausto. *The Italian Corporative State*. Nueva York: Macmillan, 1934.

Popper, Karl R. *La sociedad abierta y sus enemigos, 1 Platón*. Princeton: Princeton University Press, 1966.

Putnam, Robert D. *Bowling Alone. The Collapse and Revival of American Community*. Nueva York: Simon & Schuster, 2000.

Rajan, Raghuram G. *Fault Lines: How Hidden Fractures Still Threaten the World Economy*. Princeton, NJ: Princeton University Press, 2010.

The Local Denmark. "Danish PM in US: Denmark is not Socialist", en *The Local DK*, 1º de noviembre de 2015. https://www.thelocal.dk/20151101/danish-pm-in-us-denmark-is-not-socialist.

Rawls, John. *Political Liberalism*, edición ampliada. Nueva York: Columbia University Press, 2011. Edición de Kindle.

Reynolds, David. *The Long Shadow: The Legacies of the Great War in the Twentieth Century*. Nueva York: W. W. Norton & Company, 2015.

Runciman, David. *How Democracy Ends*. Nueva York: Basic Books, 2018.

Russell, Bertrand. *The Practice and Theory of Bolshevism*. Londres: George Allen & Unwin Ltd., 1920.

Sabine, George H. *A History of Political Theory*. Nueva York: Holt, Rinehart and Winston, 1961 [1937].

Sacks, Jonathan. *Not in God's Name: Confronting Religious Violence*. Londres: Hodder & Stoughton, 2015.

Sanandaji, Nima. *Debunking Utopia: Exposing the Myth of Nordic Socialism*. Washington, D. C.: WND Books, 2016.

Schall, Carly Elizabeth. *The Rise and Fall of the Miraculous Welfare Machine: Immigration and Social Democracy in Twentieth-Century Sweden*. Ithaca, Nueva York: Cornell University Press, 2016.

Schlesinger, Arthur M. *The Age of Roosevelt: Volume II, 1933-1935, The Coming of the New Deal*. Nueva York: Houghton Mifflin Company, 2003 [1958].

Schmidt, Carl. *The Corporate State in Action: Italy under Fascism*. Oxford: Oxford University Press, [1939]. Edición de Kindle.

_____. *Political Romanticism*. Cambridge, MA: The MIT Press, 2001 [1919].

_____. *The Crisis of Parliamentary Democracy*. Cambridge, MA: The MIT Press, 2001 [1923].

_____. *Legality and Legitimacy*. Durham, NC: Duke University Press, 2004 [1932]. Edición de Kindle.

_____. *The Concept of the Political*, edición ampliada. Chicago: The University of Chicago Press, 2007 [1932]. Edición de Kindle.

_____. *Constitutional Theory*. Durham, NC: Duke University Press, 2008 [1928]. Edición de Kindle.

_____. *Dictatorship*. Cambridge: Polity Press, 2014 [1921]. Edición de Kindle.

_____. *Land and Sea: A World Historical Meditation*. Candor, NY: Telos Press Publishing, 2015 [1942]. Edición de Kindle.

_____. *Political Theology: Four Chapters on the Concept of Sovereignty*. Chicago: The University of Chicago Press, 2005 [1922].

Schulze, Hagen. *The Course of German Nationalism: From Frederick the Great to Bismarck, 1763-1867*. Cambridge: Cambridge University Press, 1991.

Schumpeter, Joseph. *Capitalismo, socialismo y democracia*. Nueva York: Harper Torchbooks, 1975 [1942].

Shirer, William. *The Rise and Fall of the Third Reich. A History of Nazi Germany*, edición electronica. Nueva York: Rosetta Books.

Shlaes, Amity. *The Forgotten Man. A New History of the Great Depression*. Nueva York: Harper Collins Publishers, 2007.

Shlapentokh, Vladimir. *Public and Private Life of the Soviet People. Changing Values in Post-Stalinist Russia*. Nueva York: Oxford University Press, 1989.

Smith, Adam. *An Inquiry into the Nature and Causes of the Wealth of Nations*, Feedbooks, 1776. http://www.goodreads.com/ebooks/download/25698.The_Wealth_of_Nations.

Smith, Hendrick. *The New Russians*. Nueva York: Ballantine Books, 1976.

Smith, Vernon L., y Bart J. Wilson. *Humanomics: Moral Sentiments and the Wealth of Nations for the Twenty-First Century*. Cambridge, MA: Cambridge University Press, 2019.

Stawiarski, Edward. "Aleksandr Dugin: 'I See No Reason Why We Should Not Use Nuclear Weapons'", *The Spectator*, 6 de enero de 2024. https://www.spectator.co.uk/article/i-see-no-reason-why-we-should-not-use-nuclear-weapons-an-interview-with-russian-philosopher-aleksandr-dugin/.

Stern, Jessica, y J. M. Berger. ISIS. *The State of Terror*. Nueva York: HarperCollins, 2015. Edición de Kindle.

Streeck, Wolfgang. *¿Cómo terminará el capitalismo?: Ensayos sobre un sistema en decadencia*. Londres: Verso, 2016. Edición de Kindle.

Syed, Matthew. "Confusing Knowledge with Wisdom is the Blunder that Defines our Age", *The Times*, 21 de agosto de 2022. https://www.thetimes.co.uk/

article/confusing-knowledge-with-wisdom-is-the-blunder-that-defines-our-age-8jx6g3tst.

Tharoor, Ishaan. "What George Orwell said about Hitler's 'Mein Kampf' ", *The Washington Post*. https://www.washingtonpost.com/blogs/worldviews/wp/2015/02/25/what-george-orwell-said-about-hitlers-mein-kampf/.

"The Making of a YouTube Radical", *The New York Times*, 8 de junio de 2019.

The Wall Street Journal. "How Hamas Defines Cease-Fire A terrorist leader says: Oct. 7 today, Oct. 7 tomorrow, Oct. 7 forever", 1º de noviembre de 2023. https://www.wsj.com/articles/Hamas-ghazi-hamad-interview-israel-oct-7-0731bd48.

Toynbee, Arnold. *A Study of History*, resumen en dos volúmenes de D. C. Somervell. Nueva York: Oxford University Press, 1957.

Trotsky, León. "Military Writings and Speeches: The Intelligentsia and Power", citado en Philip Pomper, *Lenin, Trotsky, and Stalin*. Nueva York: Columbia University Press, 1990.

Tuchman, Barbara. *The Guns of August*. Nueva York: Bantam Books, 1967.

_____. *The Proud Tower: A Portrait of the World Before the War, 1890-1914*. Nueva York: Ballantine Books, 1996.

Tucker, Robert C. (ed.). *The Marx-Engels Reader*. Nueva York: W. W. Norton and Company, 1978.

_____. *Stalin as Revolutionary: A Study in History and Personality*. Nueva York: W. W. Norton and Company, 1974.

_____. *Stalin in Power. The Revolution from Above, 1928-1941*. Nueva York: W. W. Norton and Company, 1990.

Vernadsky, George. *A History of Russia*, 6a. ed. rev. New Haven, CT: Yale University Press, 1961.

Wallerstein, Immanuel, Randall Collins, Michael Mann, Georgie Derluguian y Craig Calhoun. *Does Capitalism Have a Future?* Nueva York: Oxford University Press, 2013. Edición de Kindle.

Watts, Robert. "The Rich List: At Last, the Self-Made Triumph over Old Money", *The Times*, 13 de mayo de 2018. https://www.thetimes.co.uk/edition/news/sunday-times-rich-list-2018-at-last-the-self-made-triumph-over-old-money-0qx8tqvjp.

Whitman, James Q. "Of Corporatism, Fascism, and the First New Deal", *The American Journal of Comparative Law* 39, núm. 4 (1991): 747-78. https://doi.org/10.2307/840740.

Whittington, Keith E. *Political Foundations of Judicial Supremacy: The Presidency, the Supreme Court, and Constitutional Leadership in U.S. History*. Princeton, NJ: Princeton University Press, 2007.

Williams, James. *Stand out of our Light*. Cambridge: Cambridge University Press, 2018.

Witoszek, Nina, y Lars Tragardh (eds.). *Culture and Crisis: The Case of Germany and Sweden*. Nueva York: Berghahn Books, 2002.

Wolff, Robert Paul, Barrington Moore Jr. y Herbert Marcuse. *A Critique of Pure Tolerance*. Boston: Beacon Press, 1969. https://www.marcuse.org/herbert/pubs/60spubs/65repressivetolerance.htm.

Wood, Graeme. "What ISIS Really Wants", *The Atlantic Magazine*, marzo de 2015. http://www.theatlantic.com/magazine/archive/2015/03/what-isis-really-wants/384980/.

Esta obra se terminó de imprimir
en el mes de octubre de 2024,
en los talleres de Lyon AG, S.A de C.V.,
Ciudad de México.